U0520694

许渊冲·著

许渊冲百岁自述

中国出版集团公司
华文出版社

图书在版编目（CIP）数据

许渊冲百岁自述 / 许渊冲著 . -- 北京：华文出版社 ,2021.4（2022.7 重印）
ISBN 978-7-5075-5211-9

Ⅰ.①许… Ⅱ.①许… Ⅲ.①许渊冲 – 回忆录 Ⅳ.① K825.5

中国版本图书馆 CIP 数据核字（2021）第 032326 号

许渊冲百岁自述
XU YUAN CHONG BAI SUI ZI SHU

作　　者：	许渊冲
策　　划：	草鹭文化
责任编辑：	方昊飞　景洋子
出版发行：	华文出版社
地　　址：	北京市西城区广外大街 305 号 8 区 2 号楼
邮政编码：	100055
网　　址：	http://www.hwcbs.cn
电　　话：	总编室 010-58336239　发行部 010-58336202
	编辑部 010-58336265　010-58336252
经　　销：	新华书店
印　　刷：	北京博海升彩色印刷有限公司
开　　本：	710mm×1000mm　1/16
印　　张：	26.75
字　　数：	270 千字
版　　次：	2021 年 4 月第 1 版
印　　次：	2022 年 7 月第 5 次印刷
标准书号：	ISBN 978-7-5075-5211-9
定　　价：	98.00 元

版权所有，侵权必究

出版说明

本书为著名翻译家许渊冲的百岁回忆录,充满自信和豪情,乃盛世祥瑞,可喜可贺。书稿从许先生家世写起,详细叙说其求学历程,浓墨重彩介绍抗战期间的西南联大,令人神往;接着略述其巴黎留学,同学交谊,乃至青春暗恋;随后写1950年回国后的人生阅历,着重介绍其中、英、法文的翻译理论和实践,其中的意美、音美、形美的"三美"论,自是其独到见解。就外文翻译而言,向来有不同意见,难于有一致的看法。书中对中外一些译者的译文,多有批评,但只是学术争论,并无意气用事乃至人身攻击,体现的是学者风度。作者自诩"九十年代领风骚,二十世纪登顶峰",给人"自负"之感,但他"译古今诗词,翻世界名著,创三美理论",自有其成就和贡献,还获得国际翻译界最高奖项之一的"北极光"杰出文学翻译奖,可见并非狂妄之言。

在编辑过程中,某些引语中出现的不符合现代语言、标点规范之处,出于尊重时代背景及原文引用的考虑,未作改动与统一。由编者所加注释,在文中以脚注的形式标注。

华文出版社
2020年3月

序 言*

◆杨振宁

  1997年5月,我和许渊冲久别重逢,这真是一件乐事。我发现他对什么事情都像从前一样冲劲十足——如果不是更足的话,就和六十年前我们在一起读大学一年级的时候差不多。后来,我们失去了联系,直到最近我偶然在《清华校友通讯》上读到他的一篇短文,我就追踪寻找,最后找到他在北京大学。1938—1939年,我们在昆明西南联合大学读一年级,两人一同上过叶公超教授的英文课。联大绝对是一流的大学,我们两人后来的工作都要感谢联大给我们的教育。但叶教授的英文课却极糟糕,他对学生不感兴趣,有时甚至要作弄我们。我不记得从他那里学到了什么,许恐怕也和我差不多。那个学期以后,许就和我分道扬镳了,因为我们所在的学院不同——他在文学院,我在理学院。我后来旁听过"英国诗歌",但不记得许在同一班上过课。

  许是一个硕果累累的作家。他在许多书中作出了巨大的努力,

---

* 本文原为杨振宁为《追忆逝水年华》(英文版)所写序言,原文为英文,由许渊冲夫人照君译为中文。

把悠久的中国文学史上的许多名诗译成英文。他特别尽力使译出的诗句富有音韵美和节奏美。从本质上说，这几乎是一件不可能做好的事，但他并没有打退堂鼓。这需要付出多么艰巨的劳动！每当他取得了一次成功，他又会多么兴高采烈！比如说他炼字造句，翻译张若虚的名诗《春江花月夜》的前几句：

春江潮水连海平，海上明月共潮生。
滟滟随波千万里，何处春江无月明？

In spring the river rises as high as the sea,
And with the river's rise the moon uprises bright.
She follows the rolling waves for ten thousand li,
And where the river flows, there overflows her light.

张若虚原诗中洋洋大观、错综复杂的抑扬顿挫、节奏韵律都巧妙地摄入译文中了！

本书是许的自传，这是一个精通中、英、法三种文字的诗人写下的回忆录。我读后再一次体会到诗人的生活和科学家的是多么不同。许多年前，艾略特来参观普林斯顿高等学术研究所。有一天在所长奥本海默家举行的招待会上，奥本海默对他说："在物理方面，我们设法解释以前大家不理解的现象。在诗歌方面，你们设法描述大家早就理解的东西。"许在这本回忆录中写道："科学研究的是一加一等于二，艺术研究的是一加一等于三。"不知道他的意思和奥本海默有无相通之处。

目录

序曲 // 01

第一章 活水源头
我的父亲母亲 // 03
哥哥渊洵 // 10
堂表兄弟 // 19
实验小学 // 31
南昌第二中学 // 34
通往联大的路 // 40

第二章 西南联大
▼ 大一选课
西南联大名师剪影 // 54
叶公超讲大一英文 // 66
闻一多讲唐诗 // 71
潘光旦、金岳霖与皮名举 // 82
钱锺书与他的同代人 // 88
诗酒趁年华 // 102

▼ 大二选课

吴宓讲欧洲文学史	// 111
我眼中的联大三校长	// 119
柳无忌讲西洋文学	// 127
西南联大名家讲座	// 135
西南联大的老师	// 144
西南联大的学生	// 156
联大教授的雅与俗	// 165

▼ 大三选课及战时作息时间

小林同学	// 175
吴达元讲法文	// 184
一代人的爱情	// 189
成为美国空军翻译	// 198

▼ 大四选课

冯友兰讲哲学	// 206
联大和哈佛	// 216
联大毕业前后	// 224
天下第一中学	// 233
如萍	// 243
出国之前	// 253

第三章　留学法国

出国·巴黎·牛津	// 264
巴黎大学	// 273
巴黎生活	// 281
欧游心影：瑞士·罗马	// 290

第四章　翻译人生

回国之后	// 304
与钱锺书话翻译	// 316
卞之琳谈写诗与译诗	// 348
文理大师顾毓琇	// 354
萧乾谈创作与译诗	// 359
杨振宁和我	// 363
逝水余波	// 395

后记　　　　　　　　　　// 407

序曲

锦瑟无端五十弦，一弦一柱思华年。
庄生晓梦迷蝴蝶，望帝春心托杜鹃。
沧海月明珠有泪，蓝田日暖玉生烟。
此情可待成追忆，只是当时已惘然。

——李商隐《锦瑟》

"有美的身体，以身体悦人；有美的思想，以思想悦人。"张爱玲这句话说得不错。这本书就像锦瑟一样，一弦一柱，都在追忆我所见过的"美的身体"，我所听到的或是读到的"美的思想"。这是我对李商隐诗第一联的注解。

"为别人做传记也是自我表现的一种；不妨加入自己的主见，借别人为题目来发挥自己。反过来说，作自传的人往往并无自己可传，就逞心如意地描摹出自己老婆、儿子都认不得的形象，或者东拉西扯地记载交游，传述别人的轶事。所以，你要知道一个人的自己，你得看他为别人做的传；你要知道别人，你倒该看他为自己做的传。自传就是别传。"

钱锺书先生《写在人生边上》的这番话就是"美的思想"，但是我却反其意而用之，用来写回忆录了。回忆录可以是自传，也可以是别传。如果记下了一代人的梦想和心思，那甚至可以说是合传。我们这一代人青年时代的梦想，多是考入名牌大学；大学毕业后的梦想，多是出国留学；而留学回国后的梦想，多是成名成家。这一代人的心思，青年时代多是读书交友；大学时代更要谈情说爱；留学之后就要成家立业了。李商隐诗第二联的"庄生"是知识分子的代表；"望帝"是情人的典型；"蝴蝶"自由飞翔，恋花采蜜，既可以象征读书之乐，也可以隐射爱情之欢；"杜鹃"送春归去，泣血悲鸣，则可以暗指时光流逝之快，生离死别之苦。总之，无论是庄生或望帝的自传也好，蝴蝶和杜鹃的别传也好，回忆的都是悲欢离合、喜怒哀乐之情。

如果把自传和别传中人物的优点，集中到一个人身上，那就可以写出一个圣人；如果把自传和别传中人物的缺点，集中到一个人身上，那又可以写出一个魔鬼。钱锺书先生笔下的魔鬼，并没有集中人的缺点；他《围城》中的人物，也没有体现书中"美的思想"。因此，对同一个人物、同一件事情，可以有不同的看法、不同的写法。如李商隐诗第三联，可以看到沧海遗珠，也可以看到珠海交辉；可以看到过眼烟云，也可以看到蓝田美玉。因此，对一些大人物的小事情或小人物的大事情，既可以像《围城》一样看到它的反面，也可以像本书一样写出它的正面，使海上美人鱼的眼泪在月光下凝成珍珠，使烟云缭绕的蓝田美玉呈现出雾中看花的朦胧美。

关于雾中看花，白居易写过一首朦胧诗：

花非花，雾非雾，

夜半来，天明去。
来如春梦几多时，
去似朝云无觅处。

这首诗可以用来为李商隐诗的第四联作注解，说明"追忆"之情，"惘然"之感，有如雾中之花，因为朦胧隐约，反而显得更美。而"追忆"的逝水年华，"来如春梦""去似朝云"，反而会发出永不消逝的青春光辉。

一生出了三四十本书，写了五六十篇文章，回忆起来，最难忘的还是从大学时代到留学时代这十二年。而这十二年中，最值得回忆的，却是别人的轶事，真是别传成了自传。一个人的一生，值得留下来的是多么少！

回顾我这一生，小学是全市最好的小学，中学是全省最好的中学，大学是全国最好的大学。不过我在这些最好的学校里，只是一个不上不下、时高时低的中等人物，也就是"人中人"。大学（西南联合大学）毕业之后，我在"天下第一中学"（天祥中学）任教，在世界第一流的、培养过居里夫人、罗曼·罗兰任教过的巴黎大学做研究，认识了不少"人上人"，自然就不免"见贤思齐"了。

回国之后，我这种向上看齐的思想，被说成是"名利思想""白专道路"，每年都要受到批判。而在20世纪50年代，"一三五七九，运动年年有"，我又自然成了"运动健将"。不过我是"口服心不服"，因为我认为批"名利思想"应该批的是"名不副实"，或是"名高于实"，而不该是"名副其实"。如果批判"名实相符"，那岂不是要人"有实无名"吗？如果"有实"的人都没有名，那"有名"的人岂不都是"无实"的吗？无怪乎后来会出现"武大郎开店，不许比我高"的现象了！

幸亏十一届三中全会提出了"尊重知识，尊重人才"的口号，知识分子才算开始翻身；但是经过"武大郎"三十年来的压制，知识分子大多成为"有名无实"的了。无怪乎毛泽东在八大二次会议上说："'人怕出名猪怕壮。'名家是最落后的，最怕事的，最无创造性的。……年轻人要胜过老年人的，学问少的人可以打倒学问多的人，不要被权威、名人吓倒……学问再多，方向不对，等于无用。"

看看中国的外文界、翻译界，真正名副其实的名家，寥若晨星。在我看来，英译中要达到杨必《名利场》的水平，法译中要达到傅雷译作的水平，才可以算是翻译文学，译者才可以算是名家，因为他们的译作可以和创作并列于文学之林而毫无逊色。一般人认为译作比起创作来总是要低一等，不能平起平坐的；我却认为这种看法"方向不对"，对世界文化的发展非常不利。历史是铁面无情的，试想当年的诗词歌赋都曾被当作"雕虫小技"，戏曲小说也不过是"稗官野史"。但在今天看来，有什么作品比《西厢记》和《红楼梦》更能"以美悦人"呢？国外也是一样，莎士比亚生前不如波芒出名，巴尔扎克没有当选法兰西学院院士，托尔斯泰没有得到诺贝尔文学奖。但在今天看来，哪个院士和得奖人比得上巴尔扎克和托尔斯泰呢？看到今天文学创作的地位，就不难预见到21世纪翻译文学的地位了。

英国诗人济慈说过："美就是真，真就是美。"德国哲学家叔本华更说过："最高级的善就是美，最高级的乐趣就是美的创造。"如果能把一个国家创造的美，转化成为全世界的美，那不既是最高级的善，又是最高级的乐趣吗？而翻译文学正是为全世界创造美的艺术。

第一章

活水源头

我的父亲母亲

小时候听到过的话,后来对我一生影响比较大的,可能是"七十二行,行行出状元"了。九十三岁时,我在七十二行中的一行,居然得到了一项国际大奖*,也可以算是中了一次状元吧。这个"状元"怎么中的?回忆一下过去的酸甜苦辣,现在会觉得比当年更苦还是更甜呢?一般说来,痛苦已成过去,多半都会淡忘,有的甚至还会变成乐趣。1936年我十五岁,在江西南昌第二中学读高中一年级,那时日军占领了我国的东北,正在进犯华北地区。为了准备抗日战争,江西全省高中一年级男学生都集中在西山万寿宫接受为期三个月的军事训练,每天天不亮就要起床,在烈日下全副武装操练,没有自由,夜里还要起来站岗,睡眠不足,苦不堪言。西山风景虽好,但当时填了半首词,发出的却多是怨言:

南昌故园,西山古庙,

---

* 2014年8月2日,许渊冲获国际翻译界最高奖项之一的"北极光"杰出文学翻译奖,系首位获此殊荣的亚洲翻译家。

钟鼓惊梦，号角破晓。
参天松柏，垂地杨柳，
万木浴风竞自由，
望长空，
恨身无双翼，难追飞鸟！

抗日战争胜利之后，当时一同接受军训的同学后来多有成就，谈起当年事来，却觉得几乎可以和西山比美了：没有当年的钟鼓惊梦、号角破晓，哪能保住今天的参天松柏和垂地杨柳呢！回忆是望远镜，既可以看到远方，又可以看到近来，近来的喜就可以减少过去的苦了。回忆还是放大镜，把当年的小事放大，可以发现意想不到的乐趣。例如1938—1939年，我和杨振宁在昆明西南联合大学同上大学一年级的英文课，叶公超教授讲赛珍珠的《荒凉的春天》时，课文中有一个动词的过去分词并不表示被动的意思，全班同学都没有发现，只有杨振宁一个人提出问题。当时大家只觉得杨振宁好学爱提问而已，不过小事一桩。等到1957年他获得诺贝尔物理学奖后，我才想到这是他善于发现异常现象的结果。1957年以前，物理学家都认为宇称是守恒的，他却能注意到不守恒的现象，结果得了大奖。十八年前，他发现过去分词不表示被动的用法，不就已经显示了善于发现异常现象的才能吗？这就是回忆可以起放大镜作用的一个例子。

1939—1940年，我在昆明西南联合大学外文系读二年级。这里需要补充说明一下，西南联大是清华大学、北京大学和南开大学联合组成的。因为1937年日本帝国主义发动了侵略中国的战争，占领了北京（当时叫北平）和天津，三校奉命南迁长沙，后又西迁昆明，组成联大。当时清华师生约占全校一半，北大约占四成，南开约占一成。1938年迁到昆明后，教学楼租用昆华农校、昆华工校的校舍，宿舍租用昆华中学南院、北院。我大学一年级住昆华中学北院22室。杨振宁和他父亲杨武之教授一家住北院附近的文化巷11号，钱锺书教授也住在那里。就是在这一年，我见到了这两个重要的联大人。我二年级住昆华中学南院3室，就是在这间小房子里，我读到了柯尔律治的名言"散文是编排得最好的文字，诗是编排得最好的绝妙好辞"和英国《泰晤士报》登载的"面对硝烟"和"涂脂抹粉"的新闻。后来翻译《为女民兵题照》时，就用从报纸上学来的表达方式来翻译"红装"和"武装"了。不料"文化大革命"期间，红卫兵看见这个译文，说是歪曲了毛泽东思想，用树枝抽了我一百下，于是我就把译文改成 They love to be battle-dressed, and not rosy-gowned。这样从字面上看更忠实于原文，而且原诗第二行的"演兵场"译成 drilling ground，和"红装"（rosy-gowned）正好押韵，并且和原诗更加音似，所以后来出版时，我就改用这个意似而且音似的译文了。毛泽东诞辰一百周年再版时，我认为意似不如意美重要，音似更不如音美和形美受欢迎，于是恢复了原译。原译出版之后，英国一家杂志编辑来信，认为译文极妙，甚至可以说是胜过原文。乐趣有人同享，可以倍增其乐。再想到这种译法符合柯尔律治的理论，把最美的表达方式放在最好的地方，于是在理性的乐趣上增加了感性的快乐，这是我情趣发展的三部曲。

这种情趣是从哪里来的呢？仔细回想一下，追本求源，才发现源头活水还是我父亲爱好整洁的生活方式。他教我从小就要将文房四宝放在最方便取用的地方。后来我写字的时候，把文房四宝扩大到文字，也就是最好的表达方式，最方便取用的地方也可以概括为最好的位置。于是"面对硝烟"和"涂脂抹粉"这两个四字词语就放到女民兵身上去了。这样日积月累，哪怕一天只碰到一个，如果能够放在最恰当的地方，一年就有三百，十年就有三千，有这么多得意之笔，那还能不中状元吗？父亲培养了我把最好的文字放在最恰当的地方的习惯，但他只是在生活上这样要求自己，要求子女。而在工作上呢，我记得他最早的工作是在江西抚州（今天的临川）第七中学管理财务。七中出了一个名师，就是后来成为北京大学副校长的游国恩，和一个更有名的学生饶漱石（他和陈毅同是华东军区领导）。父亲管理财务很出色，得到七中领导信任，我把他管理钱财的条理应用到翻译上来了。

父亲培养了我对秩序的爱好。据冯友兰说，我国古代"礼乐之治"的"礼"就是模仿自然界外在的秩序，"乐"就是模仿自然界内在的和谐。如果说"礼"是"善"的外化，那么，"乐"就是"美"的外化。父亲教我要爱秩序，这是"礼"的教育。母亲生前爱好图画，给我的是对"美"的爱好，这就是"乐"的教育。

"礼乐"的教育在《诗经》第一篇《关雎》中就可以看出来。《关雎》第一段一开始就是："关关雎鸠，在河之洲。""关关"（guān guān）就是"咕咕"（gū gū），是雎鸠或斑鸠的叫声，因为"咕咕"是闭口音，在诗歌中听起来不够响亮，所以加上"安"（an）这个元音，写起来就是"关关"（guān guān），听起来就响亮悦耳了。《诗经》开始两句就表现成对成双的斑鸠鸣春。接着，第二段说："参差荇菜，左右流之。""荇菜"据北京大学许智宏校长在《燕园草木》中说，是两千年前周朝男子献给情人的玫瑰或莲花，开花好看，果实好吃，北大未名湖中还有。"流之"的解释很多，我认为最美的解释是荇菜开花，得到流水的抚爱。《关雎》第二段接着说:"窈窕淑女,寤寐求之。"是把淑女比作夏天开花的荇菜,把君子比作流水。两千五百年前的《诗经》中,已经有象征主义诗歌的萌芽了。《关雎》第四段说:"参差荇菜,左右采之。"是说荇菜秋天结果,可以采集。最后一段"左右芼之",最好的解释是:到了冬天,可以煮熟荇菜,招待左邻右舍、亲朋好友。总而言之,《诗经》第一首诗写荇菜春生、夏长、秋收、冬藏,这是自然界的秩序和人类活动相结合:荇菜在春天发芽生长,青年男女在春天发生感情;荇菜在夏天开花,青年男女在夏天求爱;荇菜在秋天结果,青年男女在秋天定情;荇菜在冬天待客,青年男女在冬天成亲。这就是"礼",是人类在模仿自然界外在的秩序,追求达到"天人合一"的境界。《关雎》又写了斑鸠鸣春,这是春天的音乐;流水潺潺,这是夏天求爱的歌声;"琴瑟友之",是秋天订亲的伴奏;"钟鼓乐之",是冬天成亲的婚歌。这就是"乐"。这首诗说明了人是如何通过"礼乐"模仿自然界外在的秩序和内在的和谐,走上"天人合一"之道的。

  父亲用行动对我进行了"礼"或"善"的教育。母亲对"美"或"乐"的爱好又是怎样影响了我的呢?父亲只读过几年私塾,母亲却是一百年前江西省立女子职业学校的学生。但是母亲去世太早,她教我认"字角"的事是父亲告诉我的。"字角"是一张小方块纸,正面是一个字,反面有图画。小时候母亲就是这样教我看图认字的。我仿佛有个印象:我抱住她的腿要她教我认字,她忙,没有时间,我就用头顶她的肚子,那时她正怀孕,却对父亲说:"让他顶下来也好。"因为她梦见一个女鬼向她索命。生下妹妹之后,她果然离开了人世。妹妹没人喂奶,也送人做童养媳了。

  母亲去世的时候,我还不到四周岁,只记得她留下的遗物中,有两本图画、一本作文。图画中的花木鸟兽对我的吸引力不大，却引起了我对"美"的爱好。作文中给我印象最深的是《项羽与拿坡仑》（拿坡仑，现多译作"拿破仑"），后来我十岁时读《秦汉演义》，读到少年英雄项羽大破秦兵的故事，不禁手舞足蹈，非常崇拜。再读到垓下之战、霸王别姬，对失败的英雄充满了同情。这是不是开始培养了我不以成败论英雄的思想？后来听京剧唱片，听到金少山唱的《垓下歌》，声音洪亮，简直像是霸王再世，使我知道了音美和意美的关系。我把项羽的《垓下歌》译成英文，原词只有四句："力拔山兮气盖世，时不利兮骓不逝（驰）。骓不逝兮可奈何，虞兮虞兮奈若何！"第一句"力拔山兮"很形象化，但太夸张，如果按照字面译成 I am powerful to pull up mountains，读者恐怕无法理解。"气盖世"的"气"字没有对等的英文词，勉强解释为英雄气概吧。"盖世"从正面说是超过全世界的人，从反面说是全世界无人能及，能不能译成 With heroism unsurpassed？我觉得如果要求对等，恐怕很难译得像诗，只有按照中国学派"从心所欲不逾矩"的理论来翻译。"从心所欲"是发挥译者的主观能动性，选择最好的译语表达方式；"不逾矩"是不超过客观规律所允许的范围，不违反原文的意思。于是我先把译文改成 I could pull mountains down, oh! with might and main（"气盖世"说成"用尽全力"）。第二句"时不利兮骓不逝（驰）"按照字面可以译成 Time is unfavorable, oh! my horse won't run（gallop）。原文"逝"在当时可以和"驰"互用，如果说是奔驰，那么为什么战马要奔驰呢？还不是为了作战吗？所以如果要选择更好的表达方式，第二句可以改译为 But my good fortune wanes, oh! my steed won't fight。

比较一下两种译文，可以看出旧译散文味重，新译把命运比作月亮，把"时不利兮"说成时运像月亮一样亏损了，这就是受母亲爱美的影响，把时运具体化了。旧译把"骓"译成普通的马，不如新译的骏马。旧译的"奔驰"也不如新译的"作战"。为了一二句押韵，第一句又可以改译为 I could remove mountains, oh! with main and might。用"移山倒海"来译"拔山"比用"推倒"或"推翻"更好，自然比"拔山"又好得更多了。由此可见，选择更好的表达方式是一种翻译的艺术。《垓下歌》第三句"骓不逝兮可奈何"可以翻译为 Whether my steed will fight, oh! I do not care。这句"骓"和"逝"的翻译，前面已经说过了。"可奈何"解释为"不在乎"，可以算是"等化"。最后一句"虞兮虞兮奈若何"，不译"虞"而译"姬"，可以算是"浅化"：What can I do with you, oh! my lady fair! 举项羽的译例，也可以看出母亲对我的影响吧。

可以说，母亲影响了我译诗的"音美"，父亲则影响了我译诗的"形美"。

哥哥渊洵

父母对我小时候的影响，我当时并不清楚，是后来回顾时才发现的。其实，小时候对我影响更大的，是哥哥渊洵。他比我大四岁，在模范小学（后来改名为实验小学）读书时，比我高两级。当时小学的读本是看图识字的。我喜欢看他读本中的图画，不认得的字就问他，所以在一年级就等于上三年级了。记得他的读本中有鸡犬牛马的图画，故事是个寓言，说过年要吃好菜，吃什么呢？先说杀鸡，鸡说："我会啼鸣，杀了我，谁替你们报晓？"于是就说杀狗，狗说："我会看门，杀了我，谁替你们守夜？"再说宰牛，牛说："宰了我，谁给你们耕田？"又说杀马，马说："杀了我，谁给你们拉车？"最后只有杀猪，猪却只能说："今天大家都快活，为何要杀我？"这个寓言是教人要做个有用的人，颇有"意美"；书中有画，又有"形美"；猪说的话押韵，还有"音美"。这从小就培养了我对"三美"的爱好。

培养对"音美"的爱好，更重要的是音乐课。记得上海"五卅惨案"时，哥哥在音乐课上学了一支歌，回家来唱给我们听，直到八九十年之后，我还依稀记得歌词，可见"音美"给人印象之深。歌词大致如下：

帝国主义勾结军阀害我中华，
几阵枪声满街热血一场残杀。
此仇不报还成什么国家？
热泪的抛：抛，抛，抛！
大凡的恼：恼，恼，恼！
心头的火：烧，烧，烧！
此仇必报：报，报，报！

后四句每句三个叠字，给我印象很深。后来读到陆游写给他前妻唐琬的《钗头凤》，才知道这种叠字的用法古已有之。陆游词的原文如下：

红酥手，黄藤酒，满城春色宫墙柳。
东风恶，欢情薄。
一怀愁绪，几年离索。错，错，错！

春如旧，人空瘦，泪痕红浥鲛绡透。
桃花落，闲池阁。
山盟犹在，锦书难托。莫，莫，莫！

我把第三行（心中充满哀思，我们分别多年）和第六行（山盟海誓还在，谁能替我送信？）译成英文如下：

（第三行）In my heart sad thoughts throng;

We've severed for years long.

Wrong, wrong, wrong!

（第六行）Our oath is still there.Lo!

No word to her can go.

No, no, no!

把叠字译成英文叠词，可见"音美"对我影响多大。

再看美国译者华逊（Burton Watson）这两行的译文：

（第三行）A heart all sadness,

Parted how many years?

Wrong! wrong! wrong!

（第六行）Mountain-firm vows go forever.

But a letter would be useless now,

Don't! Don't! Don't!

"一怀愁绪"说成"满心忧伤"，基本是对等译法，这四个字译得还算不错。"几年离索"译成问句（离别了多少年？）就误解了原意。"错，错，错"虽然译成三个叠词，但原意说分开是错误的，华译改成问句就上下文不连贯了。"山盟"没用字对字的译法，说是誓言坚定如山，译得很好，但"在"字的意思是当年的誓言还留在墙上，华译 go forever 就牛头不对马嘴了。原文"锦书难托"是音信难通的意思，华译 useless 却是说写信也没有用，最后虽然用了三个叠词，还是没有传达诗人的思想感情。其实，找不到对等词时，可选最好的译语表达方式。这就是中国学派的优化译法或创译法。

不同的译文，优化的方法可以相同，也可以不同，如陆游词这两行的法译文：

（第三行）Nous déplorons le sort,
De ces années, vivant comme morts.
Tort, tort, tort !
（第六行）Notre voeu reste inébranlable comme un mont,
Mais est-ce qu'il tient bon ?
Non, non, non.

"一怀愁绪，几年离索"说成我们为这几年生不如死的命运而悲叹，这是"从心所欲"的译文，但是有没有逾矩呢？悲叹不是愁绪吗？生不如死的命运不是"离索"的具体化吗？所以可以说，译文是为了音美而加强了意美。至于原文第六行，"山盟"说成像山一样不可动摇的盟誓，比美国华逊的英译强调意味更重。"锦书"的内容是什么呢？不就是问，当年的山盟海誓还起作用吗？回答是不起作用了。这就是舍形式而取内容的翻译法，说明中国"从心所欲不逾矩"的翻译理论可以解决意美和音美之间的矛盾。

也许一个译例说服力不够强，我们再看看唐琬回答陆游的《钗头凤》，全词如下：

世情薄，人情恶，雨送黄昏花易落。
晓风干，泪痕残。
欲笺心事，独语斜阑。难，难，难！

人成各，今非昨，病魂常似秋千索。

角声寒，夜阑珊。

怕人寻问，咽泪装欢。瞒，瞒，瞒！

现在，先看原诗第三行、第六行的英译文：

（第三行）I'd write to him what's in my heart;
Leaning on rails, I speak apart.
Hard, hard, hard!
（第六行）Afraid my grief may be descried,
I try to hide my tears undried.
Hide, hide, hide!

第三行的译文说：我要写信把我的心事告诉他，斜倚着栏杆，我还能把心事告诉谁呢？难啊，难啊，难啊！这段译文和原文比较接近，所以没有多少从心所欲的文字。第六行的译文说：怕人发现我的痛苦，我不让人看见我还没有擦干的眼泪。隐瞒吧，隐瞒吧，隐瞒吧。这里把"寻问"具体化为发现我的痛苦，把吞下眼泪浅化为没有擦干。这都是为了押韵的音美而淡化了一点意美。是得是失？各有各的看法。下面再看这两行的法译：

（第三行）Silencieuse, je m'appuie sur
La balustade pour épancher mon coeur pur:
Dur, dur, dur.
（第六行）J'ai peur d'etre vue, effacant la tache

De mes pleurs sur mon visage et je me cache.

Cache，cache，cache！

  第三行的"欲笺心事"，说成"为了吐露我纯洁的心灵"而放下一行了，"纯洁"是为了押韵而加上去的，介词却放到上一行了。这都是为了音美而做出的权宜之计，是否得不偿失，可以研究。第六行的"怕人寻问"说成怕人看见，"咽泪"为了押韵说成"擦去泪痕"，也是为了押韵而做出的变通。这些变通是否得当，要看能否使人知之、好之、乐之了。总而言之，这些叠词的译法都是小时候听哥哥唱爱国歌曲学来的。可见，小事情可以产生大影响，大事情也是由一点一滴的小事积累而成的。

  哥哥教我的歌后来对我影响更大的，可能还是他去参加全省体育运动会学的《大同歌》。歌词是从两千年前的《礼记》中选出来的，当时一点不懂，但是因为并不难唱，居然记住了，几十年不忘。歌词是："大道之行也，天下为公。选贤与能，讲信修睦。……货，恶其弃之于地也，不必藏于己；力，恶其不出之于身也，不必为己。……"现在看来，"大道"具体地说是大路，抽象地说是大道理，就是说，走路要走大路，行为要合乎大道理。什么大道理呢？天下是公众的，是为公众服务的。用今天的话来说，这不就是民主之道吗？天下是公众的，这不是"民有"吗？为公众服务，这不是"民享"吗？我在高中二年级上英文课时，读了美国总统林肯的演说词，记得他说过"民主"包括"民有、民治、民享"（of the people, by the people, for the people）。"选贤与能"不就是"民治"吗？可见民主之道，早在两三千年前的《礼记》中就有了，怎么西方还说中国不民主呢？至于"货"就是货物、商品，货物不要浪费，不要垄断，这不是反对垄断资本主义吗？力，只怕自己没有出力，而出力不只是为了自己，这不是社会主义、共产主义的各尽所能、不谋私利吗？而在西方，柏拉图也说过：共产主义要建立领导没有私产的社会，可见民主和共产主义，早就是中西共有的了。

中西都要民主，西方强调民治，中方强调民享。中国也要民治，不过强调的是选贤与能，贤者有德，能者有才，德才兼备才能为人民服务，而在古代，有德有才就可进行礼乐之治。礼是善的外化（或具体化），乐是美的外化，礼乐之治就是尽善尽美地为人民服务。冯友兰说：礼模仿自然界外在的秩序，乐模仿自然界内在的和谐，礼乐之治就是天人合一。由此可见礼教和乐育的重要，礼乐培养的是好人。西方不谈礼教，重视体育和音乐。体育要人跑得快，跳得高，举得重，扔得远，培养身强力壮的强人。这就是中西文化的差异。在真、善、美三方面，西方更重真，中方更重善，双方都重美。西方更重强人，中国更重好人，中西结合，就可以建设一个不以强凌弱的和谐社会、大同世界了。这就是我从小时候学唱的《大同歌》中学到的东西。更巧的是，《大同歌》是作为运动会会歌来教育学生的。这就是说，早在我小时候，音乐和体育就已经结合起来对我进行教育了。

以上讲的都是中文歌对我的影响。其实不只是中文歌，我学的第一首英文儿歌也是哥哥教的，记得前两句是：

Twinkle, twinkle, little star,
How I wonder what you are!
小小星星眨眨眼睛，
我不知道你是什么精灵。

Twinkle（闪烁）发音并不容易，但是因为两句押韵，念得顺口，跟着哥哥唱，也就记住了，可见音美有助于记忆。我不但记住了，后来翻译的时候还用上了。如译徐志摩的《再别康桥》，第二段前半部的原文和我的译文分别是：

寻梦？
撑一支长篙，
向青草更青处漫溯；
满载一船星辉，
在星辉斑斓里放歌。
但我不能放歌，
悄悄是别离的笙箫。

Where is the dream？

Could a pole long

Pick up among the weeds a dreamer's song？

My boat is fully loaded with the twinkle

Of stars，but I won't wrinkle

The water with my flute

Which，hearing us part，becomes mute.

原文是"彩虹似的梦"，所以"青草更青处"的颜色就不一定要翻译了。"星辉"是指星光，可以译成starbeams，但星光是静态的，星辉更有动感，所以这里用twinkle（闪烁）更好。"放歌"也有动感，如说"唱歌"那就更重声音，更重听觉，这里译文用了

wrinkle（起皱），仿佛歌声像风一样吹皱了康河的水面，这就用触觉代替了听觉，而且"起皱"和"闪烁"的英文押韵，加强了听觉的音美，这就不至于得不偿失了。最后一行，诗人说"笙箫""悄悄"，是把乐器拟人化，所以译文说笙箫听见人要离别就悄无声了，也是用听觉来加强静态。此外，第二、三行的 long（长）和 song（歌）押韵，最后两行的 flute（笙箫）和 mute（悄悄）也押韵，这都用了音美来增加诗意或诗的意美。总之，徐志摩是喜欢象征主义的诗人，喜欢"视、听、闻、味、触"五官并用，所以译者也把音乐和体育结合起来了，而这和哥哥教的儿歌有关。

以上谈的是在音美方面我受到家庭的影响，至于形美方面的影响可能更大。虽然母亲喜欢画的是花木虫鸟，哥哥和我喜欢玩的却是英雄画片。我小时候喜欢的第一本连环图画书《杨戬出世》，画的是少年英雄杨戬打败哼哈二将郑伦、陈奇，后来又打败孙悟空的故事。画片上的杨戬头戴紫金冠，身披黄金甲，手执三尖两刃刀，身边跟着一只哮天犬。孙悟空会七十二变，杨戬却能每一变都胜过他：悟空变鸟，他就变鹰；悟空变虎，他就变狮；悟空变庙，他又变神。这从小培养了我的好胜心。甚至后来翻译文学作品时，如果作品已有前人的译文，我就要尽可能胜过前人。不能胜过也想别出心裁，不肯落入前人的老套。

1956年由许渊冲翻译的英国桂冠诗人德莱顿的诗剧《一切为了爱情》出版后，回江西南昌与父亲、继母、弟弟、弟妹合影。

堂表兄弟

我出生在一个大家庭。我记得的住址,是南昌石头街59号。可惜不是《红楼梦》中的石头,出不了通灵宝玉。听父亲说,祖父是商人,可惜四十几岁就离开了人世,留下了三男三女,而且是先三女后三男,父亲是最小的一个。祖父生前在离城五里地的蔡坊乡买下了一栋房屋和一百多亩田地。祖母去世后分家,田产大半归了大伯,他在银行管财务,解放后划阶级成分,他被划成工商业者兼地主;二伯喜欢喝酒,卖了一些田产,因祸得福,解放后划为小土地出租者;父亲本来在钨业所管财务,抗战期间日本侵略军霸占了钨业所,父亲失业,只有二十几亩田产,解放后却被划成地主,只有依靠子女为生。

大伯生有三男一女。长女渊淑,小名淑英,比我大八岁,在南昌女子师范学校读书,回家教我们唱歌,记得的有《木兰从军》和《苏武牧羊》。木兰"寒光照铁衣""关山度若飞",虽然听得似懂非懂,却也感到一点英雄气概。(后来我把这两句诗译成英文:"Our coat of armes glistens in wintry light." "We've crossed mountains as in flight."）苏武"渴饮雪，饥吞毡，牧羊北海边……历尽难中难，心如铁石坚。"觉得离自己遥远，没什么好学的。"文化大革命"期间我挨批挨斗，忍辱负重，却依然翻译毛泽东诗词，自得其乐。这和小时候唱《苏武牧羊》能说没有一点关系吗？回忆起来，才发现有些习惯是小时候不知不觉地养成的。淑英姐还教我如何用针线装订书册，在我过生日的时候，她送了我一张小桌子，那是我一生中得到的最早的礼物。

我的大堂兄渊泽比我大六岁，他是我们叔伯兄弟学习的榜样。我入小学一年级时，他已经是六年级学生，要毕业了。记得我参加入学典礼，他是司仪，举着两面小旗为我们打拍子，领我们唱歌。那时我们唱北伐军军歌："打倒列强，除军阀！国民革命成功，齐欢唱！"这是根据英文歌编写的，原歌词是：Are you sleeping, brother John? Morning bells are ringing: ding, ding, dang!（你还睡吗，约翰兄弟？晨钟响了：叮叮当！）

这首军歌我后来译成英文是：

Down with the powers
And warlords strong!
Victory is ours.
Sing joyful song!

大堂兄手里挥舞的两面小旗，在我看来，也成了北伐的军旗。他比我的哥哥渊洵只大两岁，却比他高三级，这使渊洵有自卑心理，在他面前抬不起头来；而我比洵哥小四岁，却只比他低二级，他怕我在家中的地位超过他,所以说话老贬低我。大堂兄不但贬低我,甚至贬低他的英文老师,说英文老师不知道航空母舰是什么,解释说是"海中间一个装飞机的台子"。但教他英文的余老师后来教我《林肯总统演说词》,使我知道了三民主义民族、民权、民生的来源,即林肯说的 of the people, by the people, for the people(民有、民治、民享)。1941年美国援华志愿航空队来华参战,在云南昆华农业学校欢迎陈纳德队长时,大会主席提到三民主义,没有人会翻译,我举手解了围。

大堂兄1933年在江西省立南昌第二中学毕业时,江西全省举行了高中毕业生会考,他那个班是全省会考第一名,个人总分第一是万发贯,国文第一是汪德佑(汪国镇老师的长子),物理第一是丁浩,化学第一是大堂兄,所以大堂兄告诉我,教化学的蒋老师很好。不料蒋老师后来生了病,教我们的时候用一本美国大学用的英文教科书,他只在黑板上写些简短的摘要,讲话声音又小,我大失所望。大堂兄在蒋老师班上考第一,给蒋老师留下了深刻印象,后来蒋老师点名时常把我叫作许渊泽。可惜我的化学考试却不及格,以至对蒋老师的讲课、对大堂兄的评价都产生怀疑了。

大堂兄给我们讲《天方夜谭》的故事,如艾拉亭(也译作阿拉丁)的神灯、阿里巴巴四十大盗,我们都很爱听。但当我要他讲的时候,他却只讲些妖魔鬼怪来吓唬我。为什么呢?后来我才想起一件事:我得到了一张《三国演义》中许褚战马超的画片,非常喜欢,就模仿画了一张,还加了一些景色,后来忘了,以为是大堂兄加的,就哭闹起来。他知道了非常生气,狠狠地批了我一顿,以后就对我另眼看待了。我给他看我画的英雄人物,他说不算好汉;我穿了双新鞋子，他说不好看。不过，当我和洵哥有问题去问他的时候（如关于 shall 和 will 的用法），他还是会告诉我们的。我参加初中英语演说比赛，题目大得吓人，To Save China Is Our Duty（救国是我们的责任，这是抗日战争前的重要话题），若不是他加工，一个初中生是说不出什么来的。高中英语演说竞赛的题目更实际，The Road to Success Is Always Rugged（成功之路是崎岖的），我得了第二名，不过那时已经不用请他加工了，但我还是觉得他可敬而不可亲。不但是对升入上海交大的他和汪德佑，就是对他的中学同班同学、升入清华大学的丁浩、万发贯（后来都成为华中科技大学教授）也一样，把他们当作榜样。而在他们这一班之前升入清华大学留美的，我只知道中科院副院长吴有训，中科院土木所所长刘恢先（汉高祖刘邦第101世孙，也是汉武帝、李夫人的后裔），还有文武全才的清华大学教授、我家的邻居王遵明。

大堂兄给我的影响不只是言传身教，他书架上的书也使我受益匪浅，如《水浒传》就是坐在他书架前阅读的，因为他不许我把书带出室外。老舍的《赵子曰》一句话就把我吸引住了："主人的姓？居《百家姓》的首位，'赵'！他的名？立在《论语》第一章的头上，'子曰'！赵子曰先生的一切都和他的姓名一致居于首位。"更重要的是，我从他书架上读到了很多英文书，《鲁滨逊漂流记》使我不怕孤独，享受自由；《威克斐牧师传》教我如何做人，虽然常常做不到；《欧文见闻录》使我热爱自然风光；尤其是《少年维特之烦恼》，使我开始了对感情生活的向往，对我的青春年华产生了不小的影响。

二堂兄渊澂比我大两岁，在小学只比我高一级。但是他的实用知识丰富，如算术的"九九乘法表"就是他教我背的。给我印象很深的一件事，是邻居的孩子拿了一把小刀，要我拿在手里，瞪着眼睛看。我以为有什么好戏可看，哪里晓得他却说道：这样看刀就要死了。我吓得大哭起来。二堂兄一听，就拿小刀对着眼睛说：不要紧，不会死的。我听了他的话，方才放下心来。说来也巧，不久之后，那个拿小刀吓唬人的孩子却不知道怎么死了。

二堂兄在南昌商业职业学校（江西财经大学的前身）毕业后，抗日战争爆发，他去了大后方四川、云南，后来又到了缅甸，在滇缅公路上开了一家汽车修理厂，赚了些钱，到昆明定居。那时我在昆明的西南联合大学外文系读三年级，正对同上法文课的女同学南茜有好感。当时有的男同学穿西服，显得很帅，我却只有衬衣，未免自惭形秽。二堂兄一听，就给我做了一套西服，于是我和南茜一同上课、谈话、吃饭、跳舞、看电影，就不再脸有愧色了。

堂弟渊涵和我同一年生，只比我小半岁，他是大伯最小的一个男孩，所以从小娇生惯养。我每年岁末的压岁钱只有二十个铜板，等于五六分钱，只够在小摊子上吃两碗米粉；他却能得一元钱，可以买一支玩具枪，使我羡慕不已。他和我同上小学，但比我晚一个学期。他不喜欢上学，常说："走来走去累死人，日历上老是看不到红色的星期天！"但他后来读书很认真，喜欢读巴金的小说，也喜欢我翻译的剧本《一切为了爱情》，还写了一篇评论的文章。抗日战争爆发，大伯让我和涵、深、平弟同去赣南钨业十二所我父亲处避难，我们四人留恋家乡，登山远望，还合写了一首顺口溜："四人来到望东障，山路崎岖心惊慌。半路碰到狗咬人，怎不叫人念故乡？"后来我们买到一本《白香词谱》，涵弟特别喜欢曾允元《点绛唇》最后十二个字：长亭道，一般芳草，只有归时好。由此可见他的恋家之情。他恋家到了甚至考取了外地的大学也舍不得离家远去，宁愿在家结婚生子，解放后在山清水秀的宜春度过了平静的一生。

我的弟弟渊深只比我小一岁，也可以算是我的堂弟，因为二伯没有子女，他从小就过继给二伯了，有一半时间是和二伯父、二伯母一起过的。二伯喜欢喝酒，生活自由散漫，对深弟也不像父亲对我那么严格。深弟喜欢玩水，二伯就让他游泳；他喜欢骑自行车，二伯就给他钱让他租自行车骑。所以深弟从小就会骑车游泳。而我直到初中三年级才学自行车，初中一年级才第一次下水，直到高中三年级才在永泰河学会了游泳。

关于骑自行车，深弟还给我讲过一个关于蒋经国的故事，说蒋经国和章亚若骑车到赣江边上，问章亚若看到了什么，章亚若回答说：看到了赣南的曙光。蒋经国觉得她既聪明又漂亮，就和她好上了。我和深弟骑自行车去三十里外的大姑妈家拜年，中学时期还和几个同学去三十里外的莲塘旅游，大学时期和南茜骑车去三十里外的西山，我还给她拍过一张骑车照片，可惜拍下的只是落日余晖。在父亲失业、我在国外的那段时期，深弟从商业职业学校毕业，在江西税务局工作，一个人维持全家的生活。解放后商业职业学校改为财经大学，他回校任教。评职称时，以能力论，他可以评副教授，却因为资历不够，主动要求评为讲师。他的第二代有人留在财大工作，第三代还出了一个博士。涵弟也差不多，第二代有一子一女升入大学，第三代也有一个博士，真是长江后浪推前浪。

我家在蔡坊乡还有远房兄弟。堂兄渊明，小名庆春，比我大四岁，从小在乡务农，知道很多农村流传的故事，如天才解缙的传说。有人问解缙：你能不能说一个字使人笑，再说一个字使人哭。刚好一个女人和一条狗从街上过，他就跪在狗面前，叫一声"爹"，女人一听果然大笑；不料他又跪在女人面前，叫一声

"妈"，气得女人大哭起来。渊明堂兄也在南昌第二中学读过书，抗日战争之前参军，因杀敌有功，后来升为少将，是我们家军衔最高的亲戚。解放前他去了台湾，做过台中军区参谋长。解放后来北京大学看过我。以上是关于许家的事。

祖母在生大伯之前，先生了三个女儿。大女儿嫁给熊坊乡的农民，生了两个儿子。大儿子菊根结婚的时候，还请了舅奶奶（祖母的弟媳妇，我从小由她照料）带我去参加婚礼。我们坐一辆土车子，她坐左边，我坐右边，她重我轻，车夫总要把她那边抬高，把我这边放低。车走的是田塍小路，两边都是水田，我怕掉到水田里，提心吊胆。到了大姑妈家，记得堂屋壁上贴了红纸，上面写了"知足常乐"四个字。这四个字就是中国农民安分守己度过一生的格言啊。因为舅奶奶是长辈，就带我住在新房前面的正房。新婚之夜，大姑妈要我去"偷房"。我那时太年轻，还不知道什么是"偷"，就去拿了一双新人的新鞋来。不料第二天一早看见新人又穿了一双新鞋，大姑妈告诉我，这是有备无患。

后来我们几兄弟春节下乡去大姑妈家拜年，大姑妈给我们吃鸡蛋汤面，我们吃完了去门前的广场上放烟火。看着"冲天子"（就是今天火箭的雏形）划破无边的夜色，冲上云霄，心也仿佛乘长风破万里浪似的融入高空了。夜里几兄弟同睡一张大床，虽然被子浆得发硬，但我们欢乐的笑声使被子柔软温暖了。

抗日战争爆发，日本侵略军占领南昌之前，大姑父从三十里外赶来蔡坊乡（1937年日本轰炸南昌后，我家搬到了蔡坊乡），给我家前房、后房之间修了壁板，里面可以藏东西不被发现。日军占领南昌之后，我家被抢劫一空。幸亏小学时的作文本，中学的同学留言册，还有几本日记，都藏在壁板后面，没有遭到破坏，否则，现在写回忆文章，恐怕也是梦多真少了。

解放后我到了北京，家乡的事就不太清楚了。父亲七十几岁从家乡来看我，回去时我送他上火车站，正愁路上没人陪伴，忽然来了一个解放军上尉，自称是菊根表哥的儿子，正好可以送父亲回家。这是我了解的关于大姑父家最后的消息。

二姑妈一结婚，丈夫就去世了，没有下一代，只好过继了一男一女，男的是洵哥，女的是三姑妈的大女儿淑宝表姐。这样，我名义上有兄有弟，实际上兄弟都过继出去了，家里只剩下我一个孩子，这使我从小养成了孤僻、不合群的性格。

二姑妈住在都司前，离石头街很近，斜对面就是张辉瓒师长的司令部。小时候觉得师长是个很大的官，但是邻居从赣南来，告诉我们，张辉瓒被毛泽东的红军活捉了，这使我们觉得毛泽东更了不起。抗战开始，国共合作，洵哥给我一本毛泽东的《论持久战》，书上有毛泽东的照片，这是我第一次看到毛泽东的形象，他穿一身棉布旧军服，站在窑洞门前喂鸡，这样一个平平常常的人，怎么能活捉"围剿"红军的大师长呢？后来读了他的《渔家傲·反第一次大"围剿"》"万木霜天红烂漫，天兵怒气冲霄汉。雾满龙冈千嶂暗。齐声唤：前头捉了张辉瓒"，觉得他的诗词真是雅俗共赏。"万木霜天"多么高雅，但又非常不好翻译。因为西方语文偏科学化，说一是一，说二是二，文字和意义基本相等。中国语文偏艺术化，往往说一指二，文字的形式并不完全等于内容。"万"并不是九千九百九十九加一，而是"多"的意思，"木"是指树；"霜天"说霜从天而降并不科学，应该是说天气寒冷，白露为霜，才符合事实；"红烂漫"更找不到对等词，中文词典解释也只是"鲜明美丽"而已，哪能表达"山花烂漫"满山遍野一片红艳的景象呢？

我们来看看1976年出版的译本第一句的译文：

Forests blaze red beneath the frosty sky.

"万木"译成树林。"霜天"直译，"红烂漫"说是发出火焰般的红光，已经算是译得不错了。但是能不能译得更好一点呢？毛泽东《咏梅》中的"待到山花烂漫时"有两种译文如下：

1. When the mountain flowers are in full bloom.
2. When mountain flowers run riot for miles and miles.

比较一下，第一种译文说山花盛开虽然不错，但是显得平淡；第二种说山花怒放，五彩缤纷，争美斗艳，形象就美多了。这里仿译如下：Under a frosty sky all woods in riotous red。我原来用 in gorgeous red，虽然不错，但是用 riotous 要生动得多。这样超越前人，超越自己，翻译才能前进。

第二句"天兵怒气冲霄汉"，已出版的译本翻译成 The wrath of Heaven's armies soars to the clouds。"怒气"的译文高雅，但"天兵"，是译成天上的军队，还是天神般的战士好呢？可以研究。"霄汉"是指云霄和天河，云彩比较低，天河要高得多。"冲"字译成翱翔高飞，是和云彩一样自由自在的意思。莎士比亚在《马克白》（*Macbeth*，也译作《麦克白》）中表达悲愤冲天时说 New sorrows strike heaven on the face，在《奥瑟罗》（*Othello*，也译作《奥赛罗》）中表达白浪滔天时说 The chidden billow seems to pelt the clouds，strike 和 pelt 都比 soar 好。这里不妨借用一下，将第二句译成 The wrath of godlike warriors strikes the sky overhead（or pelts the clouds overhead）。

由此可见，为了提高文学翻译水平，不妨借用前人甚至外国作家的用语，不用前人的诗词用语是自绝于人的做法。越是难译的文字，越要广开门路。毛泽东词最后三句明白如话，译文就大同小异了，现抄一种如下：

Mist shrouds Longgang and dims the thousand peaks about.
All voices shout：
Ah！Zhang Huizan is captured by our men ahead.

从二姑妈谈到张辉瓒，似乎离题。但《梦与真》本来就是要写译梦如何成真，就借题发挥了。

二姑妈有个侄子后来在江西大学教书，他带我参观了望城岗的校舍，了解了学校的师资。假如我去了江西大学，恐怕就没有今天了。

三姑父熊熙圃对于我们家特别重要，他民国初期去日本留学，回国后担任过当时江西省最高学府农业专科学校的校长，农专的很多师生后来成了江西省的重要人物。他任校长时，我的大伯和父亲先后在农专管过财务。大表姐淑宝告诉我：三姑父思想"左倾"，国民党清党时，他逃到上海，郁郁不得志而去世，留下了四男四女，由他的六弟、孩子的大舅和细舅（就是大伯和我父亲）照管。他的六弟赞勋我们称为六叔，他有一部《绣像全图三国演义》，里面有关羽过五关、斩六将的插图，我很喜欢。父亲后来给我买的《三国演义》插图就没有那么栩栩如生。三姑父的八妹嫁给了欧阳季瀛，欧阳季瀛是江西省的知名人物，他们的儿子欧阳童生是我小学一年级的同班同学。三姑父的九妹嫁给了张季平，张季平是江西公路处总工程师，他们的儿子张燮是我中学、大学同学，后来考上清华大学公费留美，成为云南大学教授。三姑父的十一弟最出名，名字叫"式一"，我们称他为式一叔（或十一叔）。他亲口告诉我：他参加了我父母的婚礼，还闹了洞房呢。这是我听说过的关于父母婚事的唯一消息了。他是第一个带我看电影的人，第一部电影《少奶奶的扇子》是据英国作家王尔德的《温德美夫人的扇子》改编的，可惜那时我看不懂。后来他写的《王宝钏》和《西厢记》在欧美上演，大受欢迎，得到世界名人萧伯纳、威尔斯等人的高度评价，对我的影响也特别大，这点后面再讲。

三姑妈生了四男四女。长女淑忱，我们叫她淑宝表姐，比我大十几岁，曾去美国留学，留学费用是我父亲为她筹措的。她听说我喜欢图画，一到日本，就给我寄了两套日本画片来。那是我第一次得到国外来信，信中还说将来我的留学费用都由她包了。她回国后在安徽大学任教授，教过莎士比亚，和留美同学黄育贤结了婚。黄育贤是清华大学毕业生，和周培源、孙立人等同班，修建了我国第一座水力发电站，他任总工程师，张光斗那时还是他的副手。我留学前办理出国手续，就住在南京他们家，大表姐算是履行了一部分诺言吧。大表哥乐忱曾到欧洲学音乐，给我们寄过欧洲各地的照片。那是我第一次看到巴黎风光，还有凡·高等的画。我最喜欢的是印着萨尔地区风景的邮票，河滨的教堂钟楼，真是令人神往。二表姐慧宝自由恋爱，父母去世后她的婚事由舅父做主，结果大舅反对，细舅赞成，致使兄弟失和，我们下一代兄弟也多争吵。二表哥逊宝在上海联华电影厂工作，曾撮合他的小姨子和我，想要亲上加亲，但是没有成功。三表姐丽宝因为长得漂亮，有两个人争她，几乎闹出命案。三表哥荣宝比我大两岁，从小得父母宠爱，父母去世后，和庆春住大伯家，我们常在一起讲故事、画英雄，情同手足。后来他参了军，在昆明航空学校时我们还见过面。后来戴笠飞机失事，他是副驾驶员，不幸死亡。小表弟平宝就是前面"四人来到望东嶂"的平弟，不幸也在"文革"中冤死了。

表叔熊式一（右2），表妹熊德兰（右3），同学周珏良（右4）在北京外国语大学合影。表叔著有《王宝钏》《天桥》，译有《西厢记》等；德兰著有《求》等。

堂兄许渊明（左2），甥女张家华夫妇（左1、3）于北大合影。许渊明1937年参军，抗日战争有功，升为少将。

实验小学

1926年8月，我五岁，正跪在方凳上写字，其实是描红，就是在印了红色大字的纸上用毛笔把红字描成黑字，忽然二堂兄来叫我，说是模范小学招生名额不满，要我同涵弟去参加考试，看看是否合格。模范小学后来改名实验小学，简称"实小"，校址在樟树下，离石头街大约要走一刻钟。石头街是南昌西城从北到南的大路，经过东西路都司前街和南北路高桥大街，再走过小校场，就到了樟树下。商业职业学校(简称二职)就在小校场北边，而我后来就读的第二中学(简称二中)在东城系马桩大街。我到了实小，穿过大厅和小操场，来到在两层楼上的教室。考试只有口试，老师拿出字角问我认识不认识。我因为母亲生前教过，所以全都认得，结果编入一年级甲组；涵弟不认得字，需要从头学起，编在晚一学期的乙组。我们就这样入学了。

实验小学进门是个大厅，左边是几间一年级教室，右边是室内体育场。每天上午上课前，全校学生要在那里集合，排列次序是从一年级乙组到六年级甲组，班次低的在前，高的在后；各班站队的顺序是高个子站前面，矮个子站后面。开会前由各班班长或值周生向值日老师报告到会人数，然后唱歌。歌词记得最早是"大道之行也，天下为公"，最后一句是"世界大同"。后来改唱"三民主义，吾党所宗。以建民国，以进大同"。虽然直到小学毕业对歌词都不太懂，但因为天天唱，多少有了一点天下为公、世界大同的观念。唱歌后由校长或值日老师带领全校师生背诵孙中山"遗嘱"，然后校长训话，或值日老师报告学校情况，进行表扬或者批评。有时还让学生上台练习演说。最后是唱校歌："我爱实小……忠孝仁爱，信义和平。"唱完校歌，礼成散会，各班学生回到教室上课。

早在我读二年级甲组前，父亲因为南昌月薪打七折，不够维持一家生活，只好到外地去工作，先去了产橘子出名的南丰，后去了离南昌只有六十里的丰城。继母还带我坐轮船去过那里，见到过后来当上南昌实验小学校长的萧兆麟。县里人听说我喜欢英雄画片，就拿来了一大堆给我看，有身穿战袍、手提大刀的颜良，有身披铁甲、手持长枪的文丑。我很喜欢，但是要一元钱，父亲不肯花钱，我只好带着遗憾，依依不舍地离开了丰城。后来父亲在鄱阳湖畔、庐山脚下的星子县管理财务，派了红船来接继母和我，我只好到星子县上学去了。

1928年旧历年后一个早晨，我们去星子县之前，先去向大伯娘辞行。大伯娘正在吃早餐，给我吃了油香腐竹，我觉得很好吃，但并没有留恋之感，就坐上红船走了。那就是我在实验小学二年级乙组教室墙壁上看到的周瑜练兵的地方，但是我既没有看到旌旗招展的兵船，也没有见到披甲戴盔的战士，只有和我们坐的红船差不多的渔船以及披蓑戴笠的船夫，不免大失所望。船到星子县已是傍晚，正是：日落西山红半天，三五渔船行湖边。星子城外点将台，暮色苍茫到客船。到了久闻大名的周瑜点将台，既没有看到火烧赤壁的精兵良将，也没有见到刀枪剑戟等十八般武器，只看见一座荒芜的土台，荒烟衰草，四周乱石残砖。哪里体会得到苏东坡在《赤壁怀古》中说的"遥想公瑾当年，小乔初嫁了，雄姿英发。羽扇纶巾，谈笑间，樯橹灰飞烟灭"？

从星子回南昌后，我去实验小学参加插班考试，本来想入三年级乙组，不料根据考试成绩编入了甲组，这就是说，我去星子县半年并没有耽误学业，还在原班继续上课。我的考试成绩是第九名，第三名是比我大两岁、从靖安来的涂弗生。教我们国语的李正开老师也是靖安人，他的国语说得很好，一直教我们到六年级。教我们历史的是韩祖德老师，他是实小年纪最大、对人最温和、不叫学生害怕的老师。记得他问我们战国七雄是哪七国，我们都不知道，只有新来的涂弗生举手说："秦楚齐燕韩赵魏。"他不但历史知识丰富，还会写诗填词。

1931年年底，我从实验小学毕业。当时甲等学生共有六名。第一名熊家声，他后来在裕民银行做实习生，我考取大学时碰见他，他露出了羡慕的神色，可见他是客观条件没有满足主观愿望的一个同学。第二名曾启进，后来升入第一中学，考取广州中山大学，1948年在南京明故宫飞机场工作，我出国前他曾为我饯行。比起熊家声，他的客观条件就好得多了。第三名傅彭龄，身体很胖，家庭经商很富，时常去看电影。他给我们讲剑侠故事，还给了我一元钱，要我给他买一部连环图画小说。他没有升学，可见他主客观条件都具备，但是主观愿望不强烈。第四名梅焕淞是个世家子弟，情况不太清楚。第五名是我。第六名是熊璧。看来在同班同学中，我是最幸运的了。

南昌第二中学

在报纸上读到一句话：和你喜欢的人在一起，做你喜欢做的事，就是幸福。说得不错。回想小学六年，喜欢的事是读小说，听故事，画人物，比英雄。同玩的人除了兄弟之外，三年级有会古诗的涂茀生，四年级有会打篮球的毛麟魁，五年级有算术好的曾启进，六年级先有天才小画家熊璧、后有全市小学演讲比赛第一名薛蕃荣。使我欢喜的事，有一年级跳班，免读上学期；二年级因为会写"侣"字而被评为好学生；三年级又跳班，没有上三年级上学期，从二年级下学期跳到三年级下学期；四年级因为作文模仿《中山陵游记》，得到老师好评；五年级作文《求己说》在全校演讲；六年级参加全校演讲比赛得第二名（第一名是薛蕃荣），参加图画比赛获得第六名（熊璧是第三名），还参加了作文比赛（得奖的是毛麟魁）、算术比赛（得奖的是曾启进），毕业成绩是甲等第五名（第二名曾启进，第六名熊璧）。我喜欢和涂茀生在一起，他做事能为人着想。有一次我们在江边散步，他问我生活的目的是什么。我说是享乐，他说是工作，我说是要做有乐趣的工作，这就把工作和乐趣结合起来了。这是我一生要做的事情。涂莘生兴趣在文，工作却是农，还被打成"右派"，误了一生。薛蕃荣兴趣在理工，后来成了中国第一台电视机的总工程师，可以算是工作和兴趣结合得好的例子。毛麟魁没有成为作家，而是成了网球选手。熊璧没有成为画家，一生平淡无奇。曾启进后来升入中山大学工学院，可以算是把工作和兴趣相结合了。他借了我几百本书不归还，推说被人借去了，不能算是我喜欢的同学。

　　升入南昌第二中学之后，我喜欢的功课是国文，喜欢的课文有朱自清的《匆匆》，记得的句子有：桃花谢了，有再开的时候；燕子去了，有再来的时候；消失了的日子，却一去不复返了。用植物的美和动物的美来衬托人生的美，我觉得比平铺直叙要好得多。又听弟弟渊深唱赵元任的《教我如何不想她》：枯树在冷风里摇，野火在暮色中烧，西天还有些儿残霞，教我如何不想她！枯树和冷风本来不美，但是显示了不怕严寒的精神；野火和暮色带来的是自由的光和热，催促暮色成为黎明；西天和残霞更是把地上的野火烧成了天上的晚霞，使西天闪烁着离情别恨。朱自清的散文，赵元任的诗歌，使我体会到了中国古代"赋比兴"手法的妙处。联系到文学翻译，严复提出了"信达雅"三字经，后来又有人提出"形似、意似、神似"三似论。我却觉得如以诗词翻译而论，"似"是方法，不是目的，如果译诗"似"而不"美"，那就没有达到目的。例如《七绝·为女民兵题照》"不爱红装爱武装"有英雄主义的意美，重复"爱"的音美，"红装""武装"对称的形美，如果只译得意似，而没传达原诗的意美、音美、形美，那就得不偿失了。我译诗"三美"的本体论，等化、浅化、深化"三化"的方法论，知之、好之、乐之"三之"的目的论，都是受到前人影响才产生的。

初中一年级教国文的是周慎予老师,他讲课简洁明了,作文得高分的同学是杨湛和刘绪勋。杨湛学了《匆匆》,学了朱自清用具体的桃花和燕子来比抽象的光阴这种虚实对照的写法,作文得了92分。可惜他家境不好,父亲是继父,虽然得到甲等奖学金五十元,还是没有继续升学。刘绪勋是外地的,在学校寄宿,看见我玩球玩得满头大汗,怕我回家挨骂,让我到他宿舍里去,给我倒水洗脸,使我感到同学间的温暖。周老师教初一三个班国文,要改一百五十多本作文,负担太重,后来就由萧艾甫老师分担一部分。萧老师字写得好,讲课却稍啰唆,作文分数给得倒宽。有一次作文题是《礼义廉耻国之四维说》,这是当时提倡新生活运动的口号,对初中一年级的学生来说,未免太理论化。我就模仿朱自清用实写虚的方法,说礼就是不违反规矩,义就是做应该做的事,廉是要文官不爱钱,耻是要武官不怕死,结果得到了高分。这就学到用感性知识来说明理性知识了。

教初一英文的是刘绳武老师,他教英文发音还讲嘴部动作,如"人"的单数和多数(man 和 men),嘴张大只能放一个手指是多数,放两个手指就是单数,这也是用感性知识来说明理性知识。第一次小考我得了93分,这是我小学英文课没有得到过的高分。不料刘老师得病去世了,继任的是陈子颜老师。他是我考二中时第四考场的监考人,记得口试时他问我家庭情况,那时父亲在农业专科学校和农业试验场两个单位管财务,薪水有八十元,我觉得够高了,他却只写了两个字"尚可",因为初中老师月薪是一百二十元。他还是我们一年级的班主任呢。他一接班,就考了我们一次,考的内容有些是我们没学过的。不知是不是怕我们看出他不如刘老师,要给我们一个下马威，只给了我62分，使我学英文的劲头大减。他给我们讲文法术语，什么副词、介词，那时我们还没学过，只好死记硬背，没有兴趣。他的发音也有问题，如July（七月）、thunder（雷）都读错了，我好不容易才改过来。幸亏课本是商务印书馆出版的，先讲生词，再读课文，后做练习，一步一步总算走过来了。自然，商务印书馆的读本也不是没有问题，如把 What is the matter（出了什么事情）翻译成"这是什么缘故"，不过比后来用的直接法课本，还是优点多于缺点。

教初一数学的是李果青老师，听说他是江西自学成才的四大数学名师之一，教过车校长的数学，讲课清楚明白，而且并不骄傲，能接受学生意见。有一次我发现黑板上写错了一个字，指了出来，他不但不生气，反而说我是好学生。下学期我们开始学代数，从前在小学学算术，如鸡兔同笼问题，哥哥教我的时候，往往知其然而不知其所以然，现在用XY一代，很容易懂。小时候教过我算术的，还有二堂兄，他虽然文科不强，心里却有算盘，背九九乘法表、最大公约数、最小公倍数，都是他教我的。甚至前面提到过的借书不还的曾启进，也帮我改正过比例题的错误，后来打桥牌时，他还教了我计分法呢。所以人都是要一分为二来看的。

初中一年级除了国文、英文、数学三门主课之外，还有历史、地理、生理、植物、党义等课。这些课在《诗书人生》等书中已经谈到，这里只补充一点。上学期期末考试，主课成绩还好，其他课程一般，有两门不及格：党义49分，植物57分。教党义（就是三民主义）的是杨芳瑜老师，他讲课只指出重点，考试时我也只把重点答上，不知道他要求详细回答，结果不及格。还好下学期换了章兴甫老师教，他讲得比较清楚，我也照样回答，结果得了72分。后来他讲到民主和独裁的优点和缺点，使我有了基本的政治常识。教植物的是龙腾云老师，讲什么"根茎叶"，内容没有趣味，说话声音嘶哑，听得人要打瞌睡。这种课我觉得有点常识就可以了，应该像党义课一样，只指出重点就行。生理课也是龙老师讲，我只记住了一句话，就是睡觉要右侧朝下，这句话我倒享用了一生，抵得上一年中浪费的时间了。我觉得后来大学的通才教育也是一样，浪费了多少时间！

初中毕业考试成绩好的可以保送升入高中，小学毕业会考前几名都保送了。第一名李纪和不再是第一名；第二名万兆凤初中升入一中，这次会考是第四名，保送升入二中；第三名王树椒、第七名薛蕃荣都是继续保送；第四名谌守福升到高一却留级了，真是出人意料；第十八名涂茀生没有被保送，就和我、刘金镒、程应铨一同去考一中、二中的高中。那是暑假，我穿了大表姐给我买的新衬衣、山东绸学生裤，第一次到一中去。我报名序号是101号，考试分在第一试场。第一堂考试两小时，考数学，我一小时就做完了，交了头卷，结果第二小时发面包，我没有吃上。口试时一中校长吴自强问我：你数学那么好，为什么不升二中？我不好意思说没有被保送，就撒谎说是搬家了。结果发榜时我是第一名。二中虽然没有保送我，却又不肯放我这个中等学生，也录取了。我自然觉得一动不如一静，和涂茀生等继续留在二中。程应铨一中、二中都没有考取，只好多交学费，升入私立鸿声中学。他毕业后和涂茀生、廖延雄、谌守福一同考取重庆中央大学，他入建筑系，和后来得建筑大奖的吴良镛是同学，毕业后去中国远征军担任翻译，抗战胜利后从缅甸回到昆明。那时他的哥哥应镠和我同在昆明天祥中学任教。天祥中学师生关系很好，很多学生都喜欢应镠，在曹禺《雷雨》中演四凤的女学生林洙，对应镠印象很好。应铨和林洙同车回上海时，产生了感情，后来就结婚了。林洙和林徽因是小同乡，那时梁思成、林徽因夫妇都在清华大学建筑系，梁还是系主任，程应铨和林洙到北京后，就在清华任教，据说受到学生欢迎。1957年"反右"期间，梁思成因为反对改造北京城的计划受到批判，程应铨因为支持梁思成而被打成"右派"。"文革"期间，因为在远征军当过翻译，可能被打成"反革命"，他吓得在游泳池自杀了。在我的中学同学中，他是幸运又很不幸的一个。

通往联大的路

暮从碧山下,山月随人归。

却顾所来径,苍苍横翠微。

——李白《下终南山过斛斯山人宿置酒》

【1939年1月20日】

联大门口有两条路:一条是公路;一条本来不是路,因为走的人多了,慢慢成了路。现在走那条近路的人更多了,我却不喜欢走大家都走的路。我只喜欢一个人走自己的路:在南昌、在永泰、在黄昏、在月夜,我都有我爱走的路。如果能把我路上的脚印、河畔的影子都描绘下来,那对于我是多美丽的回忆啊!

我过去喜欢一个人走我的路;现在也喜欢一个人走我的路;将来还要一个人走自己的路。

这是我在昆明西南联合大学外文系一年级写的日记。那时日本侵略军已经占领北平（即今天的北京）、天津；北京大学、清华大学、南开大学迁到昆明，组成西南联大。

我为什么留恋故乡南昌呢？在20世纪30年代，赣江之滨的滕王阁早已名存实亡，再也看不到"画栋朝飞南浦云，珠帘暮卷西山雨"了。就是"落霞与孤鹜齐飞，秋水共长天一色"的美景，也并不是南昌独有的风光。所以我在江西南昌第二中学读书的时候，并没有什么乡土之恋。但一等到离乡背井之后，我才发现故乡也像健康一样，在失去后才觉得可贵。司空见惯的小桥流水人家，仿佛也旧貌换新颜了。我和二中同学刘匡南（汉高祖刘邦九十一世孙）同坐一辆汽车离开南昌，他在我的纪念册上写道：

1937年12月13日，与许君不期而遇于车。沿途休息于八都最久，遂相与散步村之附近，复坐于鲜见大树下闲谈。觉既别于二中，相见甚难，不料犹遇于兹，然自今以后，必难有此乐矣！因执笔记之以为念。

平平常常的几句话，但在我这个初离家门的游子读来，却有了不平常的意义，仿佛字里行间凝聚了一片乡情似的。后来二中迁到永泰。每逢月夜，我喜欢同匡南在赣江之滨散步，望着滚滚北流的江水，仿佛它能把我们滔滔不绝的乡思带回遥远的南昌。这时我们最爱读的诗句，是李后主的"问君能有几多愁？恰似一江春水向东流！"

我们在江边谈得最多的人物，是教我们国文的汪国镇老师。汪老师的身材不高，丰富的文史知识浓缩在他胸中；他说话急，恨不得在一小时内讲两小时的课；他走路快，似乎舍不得浪费一秒钟的时间。他给我们讲中国文学史，内容丰富，像亩产千斤的稻田，简直不比大学教授逊色。

但汪老师一身硬骨，宁可杀身成仁，不肯苟安江东。当日军进攻南京时，南昌动摇，二中迁往清江县永泰镇，汪老师坚决不随校南迁。1937年12月10日，我去向他告别，他用毛笔在我的纪念册上写下了十四个大字：

旧学新知多致用，得师取友愿齐贤。

这两句话体现了他对我们的一片深情厚谊。"学以致用"就是他教过我们的《论语》中的第一句："学而时习之，不亦说乎？"今天看来，知识如能用于实践，创造出新的美，那真是世上最大的乐趣了。"得友齐贤"是化用《论语》中的第二句："有朋自远方来，不亦乐乎？"幸福如有朋友分享，可以倍增；如不分享，就会消失。《论语》中的第三句："人不知，而不愠，不亦君子乎？"他没有写下来，却付诸实践了。他有大学教授之才，却甘心在知名度不高的中学任教；人也不堪其忧，他却不改其乐，这不是名副其实的"君子"吗？

1938年7月2日，汪老师惨遭日寇杀害。他的学生周礼写了一阕《水调歌头》，现在节录于下：

日寇侵赣，入彭泽，执夫子，骂贼不屈，壮烈牺牲。忆教诲之深恩，痛忠良之死节，为词以哭，聊当悲歌。

正气今犹在，彭泽一书生。

窥江胡马十万，攒戟拥孤城。

不见当年张许，只见纷纷弃甲，烽火使人惊。

金瓯嗟已缺，生死一朝轻。

骂寇贼，申大义，是人英。

男儿所学何事？肯做楚囚鸣？

不负平生宿抱，拼却头颅一掷，浩气振丹青。

华表归来处，一笑大江横。

在汪老师遇难时，我们正在参加中学毕业考试。毕业之后，就要确定人生的道路了，我打算报考联大外文系。但是江西教育水平不高，那时全省甚至没有一所大学，南昌二中虽是全省最好的中学，但每年考取名牌大学的毕业生屈指可数。例如曾任中国科学院副院长的吴有训，就是二中首屈一指的首届毕业生；而我并不在屈指可数之列，能考上联大吗？虽然我在小学四年级就开始学英语，但学习方法非常可笑。我把英文二十六个字母中的最后四个编成口诀："打泼了油，吓个要死，歪嘴！"这样才勉强记住了。后来学习生词，我又在"儿子"（sons）下面注音"孙子"，在"女儿"（daughters）下面注上"刀豆子"。我就是用这样动植物不分、长幼无序的方法死记硬背的，自然对学英文没有什么兴趣。

升入中学后，我和同班同学涂茀生、王树椒等都喜欢集邮，而认识英文就可以知道是哪国的邮票，这才觉得英文有点用处。那时我有一个表姐在美国学教育，有一个表哥在欧洲学音乐，我要他们给我寄邮票来。结果得到了美国的自由女神像图、德国的萨尔风景票，我玩得爱不释手，仿佛旅游一般。初中三年级时，我写了一篇《集邮的经过》，寄给芜湖《邮话》杂志，那是我第一次在报刊上发表文章，从此才增加了学习英文的兴趣。熊式一表叔写了一个英文剧本《王宝钏》，得到英国大作家萧伯纳的赞赏，在英美舞台上演，引起轰动。他回南昌来把全家三个"孙子"和三个"刀豆子",都带到英国去定居,这更加强了我学英文的念头。于是在高中二年级时,我突击背熟了三十篇英文,包括莎士比亚《裘力斯·凯撒》中的演说词;考试成绩居然从中等跃居全班第二,从"人中人"变成"人上人"了,这又加强了我学英文的信心。

到了高中三年级,我在永泰河滨读歌德《少年维特之烦恼》的英译本,觉得人与自然融洽无间,这是我从前读郭沫若的中译本感觉不到的。尝到了学外文的甜头,我的决心就下定了。那时我们几个同学住在校外邮政代办所的隔壁,过着自由自在的生活。我和刘匡南住楼上一间小房,在窗子上贴了一张绿纸当作窗帘,我把它美化为"绿宫"。涂茀生和符达住楼上另外一间。因为他们一个姓符,一个姓涂,听起来好像是"糊涂",我就开玩笑说他们的房间是"糊涂居",其实他们一点也不糊涂。楼下大房间住了三个人:戴燮昌(后来学医)、阳含和(后来学航空)、贺其治(后来学法)。加上我学外文,匡南学物理,茀生学农,我们几个人居然是文法理工农医,六艺齐全了。

我们白天上课,课后去江边读书或散步,江边的风景很美。有一天雪后放晴,江上的落日残霞烧红了半边天,日落后一轮寒月高挂在远山积雪之上。这是冬和春交织的绚丽景色,是我们在南昌城里从来没有见过的人间仙境。到了夏天,我们课后更去河里游泳,让斜阳的余晖吻红我们的脸颊,让江上的清风抚摸我们的肌肤,让清凉的碧波溶化夏日的炎热。

游泳回来,我们"脚步合着脚步,臂膀靠着臂膀",有时唱着抗战歌曲,有时唱着含和从浙江大学他哥哥那里学来的英文歌。说来也巧,这些英文歌词多和河流有关,常使我们浮想联翩,如《江上彩虹》的译文:

彩虹高挂天上，
你我扬起船帆，沿着流水远航，
手握着手，一同沉入睡乡。
走吧，让你和我成为河水一滴，
享受密西西比河上的一片静寂！
科罗拉多河上的月光，
我多么希望和你在一起欣赏！

这样一边唱歌，一边学了英文，还学习了美国地理，体验了美国生活，真是一举三得，把学习、娱乐、生活都结合起来了。

回来晚餐，餐后或是温习功课，或是由含和教我们打桥牌。这又是他从浙江大学的哥哥那里学来的娱乐，我们真是中学还没有毕业，就提前享受大学生活了。桥牌和高等代数里讲的排列组合很有关系，我们打桥牌等于寓学习于娱乐，既锻炼了思维，又得到了乐趣，真是"学而时习之，不亦说乎"！这是我一生最难忘的青春时期。

有一天，涂茀生和我同在江边散步，他问我生活的目的是什么。我说是享乐，他说是做事。我认为工作要和乐趣结合起来，就像我们把学习和音乐、桥牌结合起来一样。后来我决定学外文，做翻译工作，也总要把文学翻译做成一种乐趣，译文读来要使自己感到乐趣才行。不但是自己翻译文学作品如此，就是读别人的译文我也是这样要求，这样就慢慢超越自己，也超越前人了。而这基础，却是在永泰打下的。因此，回忆逝水年华，总不能忘记这青春年代，但当年的青春同伴多随流水远去了。

抗日战争之前，名牌大学只在当地招生。要考清华、北大就要北上，不但得是屈指可数的人才，还要有屈指难数的钱财，二者缺

1938年江西南昌第二中学毕业时拍摄，报考西南联合大学时用。

一不可。平津沪失陷之后，各大学纷纷迁往内地，举行统一招生考试，并且不收学费，反而发给贷金。这对没有钱财的人才，才是大开了方便之门。于是我们二中毕业班的同学，多半都在浙江大学参加入学考试。我还记得考英文时要写一篇作文，题目是《团结就是力量》。我用比喻开始，说一支箭容易折断，一束箭就坚不可摧；然后言归正传，说如果中国四万万同胞团结一心，全民抗战，那国家就不会被日本鲸吞蚕食了。结果英文得了85分，考取了联大外文系。

同时考取的同学有吴琼（后任清华大学英文教授）和万兆凤（后任江西师范大学英文教授）。还有一个秀外慧中的女同学胡品清，也考取了浙大外文系。她后来成了法国外交官的夫人，离婚后在台湾任法文教授，是个有名的女作家。说来也巧，她比我大一岁，也比我早几年把唐诗宋词译成英文、法文，在欧美出版。所不同的是，她把诗词译成散体，我却译成韵文。我们四个人都是汪国镇老师的学生，而汪老师本人也是北京大学英文系毕业的。他没有完成的事业，总算是后继有人了。

我们四个人中，胡品清和万兆凤是全省屈指可数的高材生。万兆凤是全省小学毕业会考第二名，中学毕业会考第四名。他后来参加了《唐诗三百首》的英译工作。前面提到的王树椒是全省小学毕业会考第三名，考取浙江大学历史系的第一名。他在二中依照庄子的文体写了一篇读书报告，得到汪老师的赞赏，批语是"可以乱真"。后来他写了一篇《府兵制溯源并质陈寅恪先生》，中国社会科学院历史研究所副所长熊德基教授读后，说他是"文史奇才"。同班同学中考取中央政治大学的有贺其治，曾任驻英国利物浦副领事，后任国际宇航科学院院士；考取交通大学的有徐采栋，曾任贵州省副省长，后任九三学社中央常务副主席；考取厦门大学的有符达，后来是江西电厂总工程师。回想我们这一班人，当年风华正茂，后来各人走上了不同的道路；现在不是幽明隔绝，就是天各一方了。

1938年中学毕业时六个同学合影，前排从左至右：许渊冲、阳含和、贺其治；后排从左至右：符达、涂茀生、戴燮昌。

考取联大之后，我辞别了江西，经过湖南，到了山水甲天下的桂林；看见奇峰林立，漫江流翠，如入仙境。但日本飞机一轰炸，高楼大厦立刻成了断壁残垣，青山绿水笼罩在愁云惨雾之中，天堂一转眼间化为地狱，我又恨不得立刻回永泰去。正是：

寄居永泰经风霜，客心日夜忆南昌。

无端更渡漓江水，却望永泰是故乡。

我正在动摇中，恰巧王树椒、胡品清等也到了桂林，要去宜山上浙江大学。听见胡品清唱《圣露西之歌》，看见这个多情善感的才女都没有流露出离愁别恨，我也就打消了回乡的念头。后来读到她在台湾写的《江流》：

必需向前奔流　无休止地
静恬恬地　不舍昼夜
微风起兮　乃有涟漪
一圈又一圈的绰约
大风起兮　遂有波澜
一片又一片的劲疾
当天气清和　太阳升起
乃是一片穹苍　地上的无垠蓝
当风雨如晦　日光退隐
乃是一片浑沌　地上的灰色云
但愿　但愿大风起兮
让涟漪化为波澜　让细水化为洪涛
澎湃　浩荡　汹涌　流泻
向海峡　越海峡
海峡之外　是黄河　是长江
是青海——我悠久的源头

这才知道她不但是秀外慧中，而且柔中有刚。但长江水能否流入黄河？异途能否同归？人生的道路不总是奔流向前、永无休止的吗？后来她在北京大学出版了《唐诗三百首》的法文散体译本，所选篇目和我选的《唐诗三百首》英文韵体译本完全一样，是不是北京昆明湖的碧波流入台湾日月潭了呢？

在桂林我还认识了联大数学系的同学廖山涛。他穿一件土布大褂，说一口湖南土话，谁也看不出他是数学考第一的新生，后来会得到第三世界科学院的数学奖。我们同到汽车站买去柳州的票。走这条路的人太多，拥挤不堪，花了十二个小时才挤到票，所以我再也不喜欢走大家走的路了。到柳州后，我请贺其治的姐夫吴延俊买到了经贵阳去昆明的汽车票，开始了崇山峻岭间的万里长征。远看是白云笼罩的重峦叠嶂；身入其境，却成了灰雾朦胧的绿树青山；回顾所来径，又是"苍苍横翠微"了。人生的道路不也是一样吗？在想象的望远镜之前，在回忆的显微镜之下，生活就会发出肉眼看不见的奇光异彩。

到昆明后，我填了一阕不合韵律的《西江月》词：

山下白云缭绕，山头马达轰鸣。
飞越关山万千重，青天开颜相迎。
早有凌霄雄心，今日壮志竟成。
魁星楼外树连天，报道已是昆明。

抗战初期的昆明西北部。

第二章

西南联大

【大一选课】

◆ 1939年1月2日　许渊冲日记

上午到农校注册组去注册，才知道我的学号是"联203"。学号是学生的号码，按照学生的英文姓名编排顺序。例如"联1"是个姓安的同学，因为安字的英文拼音An。"许"字当时的拼法是Hsu,排在203号，吴琼的吴字拼成Wu,学号是"联561"。联字代表联大，因为当时还有清华、北大、南开的学生，学号不用联字，而用T、P、N分别代表清华（Tsinghua）、北大（Peking University）、南开（Nankai），学号编法基本采用清华系统。后来联大的英文名字正式定为Associated University，学号也就用A代替联字了。

在注册组看到大一学生英文分十几组：A组教授是陈福田，原是清华外文系主任，吴琼就在他那一组，说他英语非常流利，因为他是在美国檀香山生长的华裔美国公民。B组教授是钱锺书，是清华出名的才子，他入学考试国文、英文全优，但数学不及格，是破格录取的。他上课时不太用功，考试却是全班第一，因为老师讲的他全知道，甚至老师只提到书名，他却已经读过全书了。C组教授是北大的潘家洵，我来联大前就读过他翻译的易卜生戏剧，他讲课用翻译法，上课时教室里外都挤满了学生，是联大最受学生欢迎的英文教授。我本来想选他这一组，不料注册组说：大一学生不能自由选择，由大一指导委员会统一分配，于是我就等注册组通知了。

后来注册组出通知，说我英文分在N组，上课时间是每星期五上午第一课时，早八点到九点，地点是西楼二层，教授是南开大学的柳无忌（后来是由叶公超先生来上课）；作文时间是星期二、四第一课时，助教是叶柽。英文分组之后，再选其他课程：大一国文由中文系教授每人授课二周，时间是每星期二、四第四课时，上午十一点至十二点，地点在中楼三层大教室，国文作文由浦江清教授批改，时间是每星期六第四课时。逻辑由哲学系王宪钧教授讲，时间是星期一晚七至九时、星期三晚七至八时，地点在昆华工校二层教室。西洋通史由南开大学皮名举教授讲，时间是每星期二、四、六第二课时，上午九点到十点。社会学科我本来选法学院院长陈序经教授的社会学，时间是星期五第三学时，上午十点到十一点，但他的广东话不好懂，又改选浦薛凤教授的政治学（后来改由张佛泉教授担任，时间改成每星期晚上九点到十点，星期三晚八点到十点）。自然学科全无兴趣，勉强选了彭光钦教授的生物学，时间是星期一、三、五第二学时，从九点到十点。生物还要做实验，助教是吴征镒，后来成了植物研究所所长。

西南联大名师剪影

孤帆远影碧空尽，

唯见长江天际流。

——李白《黄鹤楼送孟浩然之广陵》

联大常委、清华大学梅贻琦校长有一句名言，大意是说：大学不是有大楼，而是有大师的学府。谈到大师，清华国学研究院有梁启超、王国维、陈寅恪、赵元任四位。梁启超在1929年已经去世，我读过他1922年5月21日在清华文学社讲的《情圣杜甫》。他演讲中说：杜甫写《石壕吏》时，"已经化身做那位儿女死绝、衣食不给的老太婆，所以他说的话，完全和他们自己说的一样。……这类诗的好处在真，事愈写得详细，真情愈发挥得透彻。我们熟读他，可以理会得'真即是美'的道理"。从这个例子中，可以看出梁任公是如何把西方的文艺理论和中国的古典诗词结合起来的。

据说1926年诗人徐志摩和陆小曼结婚时，请梁启超做证婚人。不料他却在婚礼致辞的时候，用老师的身份教训他们说："徐志摩，你这个人性情浮躁,所以做不好学问;徐志摩,你用情不专,以至于离婚再娶……陆小曼,你要认真做人,你要尽妇道之责,你今后不可以妨碍徐志摩的事业……"从这篇闻所未闻的婚礼致辞中,也可以想见任公的为人。我虽然没有亲聆过教诲,但读了这些"雪泥鸿爪",也就如闻其声、如见其人了。

王国维是1925年来清华国学研究院任教的,他的《人间词话》是我国古代文艺理论和美学思想的一个总结。他提出的"境界说"对我很有启发,我把他的理论应用到翻译上,提出了文学翻译应该达到"知之、好之、乐之"三种境界。所谓"知之",犹如晏殊《蝶恋花》中说的"昨夜西风凋碧树,独上高楼,望尽天涯路"。西风扫清了落叶,使人登高望远,一览无遗,就像译者清除了原文语言的障碍,使读者对原作的内容可以了如指掌一样。所谓"好之",犹如柳永《凤栖梧》中说的"衣带渐宽终不悔,为伊消得人憔悴"。译者如能废寝忘食,流连忘返,即使日渐消瘦,也无怨言,那自然是爱好成癖了。所谓"乐之",犹如辛弃疾《青玉案》中说的"众里寻他千百度,蓦然回首,那人却在灯火阑珊处"。这说出了译者"山重水复疑无路,柳暗花明又一村"的乐趣。使读者"知之"是"第一种境界"或低标准,使读者理智上"好之"是"第二种境界"或中标准,使读者感情上"乐之"是"第三种境界"或高标准。

赵元任被誉为"中国现代语言学之父"。我在小学时就会唱他谱曲的歌:"枯树在冷风里摇,野火在暮色中烧,西天还有些儿残霞,教我如何不想他?"1920年,他在清华任教*,为英国哲学家罗

---

* 1920年,赵元任在清华任教,教授物理、数学和心理学等课程,1925年清华国学研究院成立,赵元任才过去国学研究院任教。

素做翻译。每到一个地方演讲，他都用当地话翻译，他模仿得非常像，本地人都错认他是同乡了。谈到译诗，他也说过："节律和用韵得完全求信。"又说："像理雅各翻译的《诗经》跟韦烈翻译的唐诗，……虽然不能说味如嚼蜡，可是总觉得嘴里嚼着一大块黄油面包似的。"这些话对我很有启发，后来我译《诗经》和唐诗，就力求传达原诗的"意美、音美、形美"。所谓"意美"，就是既不能味同嚼蜡，也不能如嚼黄油面包；所谓"音美"，就包括用韵得求信；所谓"形美"，就包括节律得求信。

在四位大师中，梁、王二位在20世纪20年代去世，赵元任自1938年起长期在美国任教，所以我只见过陈寅恪一人。他来清华是梁启超推荐的。据说校长问梁："陈是哪一国博士？"梁答："他不是博士。"校长说："既不是博士，又没有著作，这就难了！"梁启超愤然说："我梁某也没有博士学位，著作算是等身了，但总共还不如陈先生寥寥数百字有价值，因为他能解决外国著名学者所不能解决的难题。"校长一听，才决定聘陈来清华任导师。他在清华住赵元任家，因为他"愿意有个家，但不愿成家"。赵同他开玩笑说："你不能让我太太老管两个家啊！"后来他才成了家。

陈寅恪在清华提出了独立的精神和自由的思想，代表了联大一代学术大师的品格。他是第一个通读了马克思《资本论》德文本的中国学者，却反对机械地照搬马克思主义，可见他的自由思想。他研究历史，提出了以诗证史的方法。他在诗中说"玉颜自古关兴废"，说明帝王的宠幸往往关系到朝代的兴衰。他写了一本《柳如是别传》，也是从"玉颜"的侧面来分析明清之交的文化精神的。

1939年10月27日，我在昆中北院一号教室旁听过陈先生讲"南北朝隋唐史研究"。他闭着眼睛，一只手放在椅背上，另一只手放在膝头，不时发出笑声。他说研究生提问不可太幼稚，如"狮子颔下铃谁解得？"——解铃当然还是系铃人了。问题也不可以太大，如两个和尚望着"孤帆远影"，一个说帆在动，另一个说是心在动，心如不动，如何知道帆动？心动帆动之争问题就太大了。问题要提得精，要注意承上启下的关键，如研究隋唐史要注意杨贵妃的问题，因为"玉颜自古关兴废"嘛。

北大名师林语堂到美国去了，他写的《生活的艺术》选入了联大的《英文读本》，他本人也回联大作过一次讲演。记得他说过：我们听见罗素恭维中国的文化，人人面有喜色；但要知道，倘使罗素生在中国，他会是攻击东方文化最大胆、最彻底的人。罗素认为中国文化有三点优于西方文化：一是象形文字高于拼音文字，二是儒家人本主义优于宗教的神学，三是"学而优则仕"高于贵族世袭制，所以中国文化维持了几千年。但儒家伦理压制个性发展，象形文字限制国际交往，不容易汇入世界文化的主流，对人类文明的客观价值有限，所以应该把中国文化提升到世界文明的高度，才能成为世界文化的有机成分。

北大的朱光潜也没有来联大，而是到武汉大学去了。我读过他的《谈美》和《诗论》等书，得益匪浅。后来我把毛泽东诗词译成英文、法文，就把译文和译论一同寄去请教，得到他1978年1月8日的回信。信中说："意美、音美和形美确实是作诗和译诗所应遵循的。"这给了我很大的鼓舞，因为当时的译坛是分行散文一统天下。他还告诉我：有人写过八十封讨好江青的信，要删去毛泽东诗词中"我失骄杨""东临碣石"等的注解，大家就说这八十封信是"胡笳八十拍"。朱先生还写了一首讽刺诗说：

琵琶遮面不遮羞，树倒猢狲堕浊流。

不诛骄杨该万死，雷轰碣石解千愁。

1983年我到北大任教，朱先生那时八十七岁了，还亲自来看我，赠我一本《艺文杂谈》。书中说道："诗要尽量地利用音乐性来补文字意义的不足。"又说："诗不仅是情趣的意象化，尤其要紧的是情趣的形式化。"我从书中找到了译诗"三美论"的根据。

1979年11月26日，朱光潜先生来信谈到意美、音美、形美的问题。

朱光潜虽然没有来联大，朱自清却是联大中国文学系主任。早在1924年，两位朱先生就是上虞春晖中学的同事，朱自清教国文，朱光潜教英文。1931年我在小学六年级时读过朱自清的《背影》。但我喜欢的不是这篇描写父子真情、朴实无华的课文，而是更能打动幼小心灵的那一篇《匆匆》。"燕子去了，有再来的时候；杨柳枯了，有再青的时候；桃花谢了，有再开的时候。但是，聪明的，你告诉我，我们的日子为什么一去不复返呢？"我在作文中模仿了这几句，结果得到了95分。可见我小时候就喜欢比喻和对仗，这为我后来的诗词翻译打下了基础。关于比喻，我读到过朱先生谈《诗经》"比、兴、赋"时说的，"比"可以古比今，以仙比俗，以物比人，以艳情比政治。这也增加了我对古诗的了解。

1938年来联大后，居然在"大一国文"课堂上，亲耳听到朱先生讲《古诗十九首》，这真是乐何如之！记得他讲《行行重行行》一首时说："胡马依北风，越鸟巢南枝"两句，是说物尚有情，何况于人？是哀念游子漂泊天涯，也是希望他不忘故乡。用比喻替代抒叙，诗人要的是暗示的力量；这里似乎是断了，实际是连着。他又说"衣带日已缓"与"思君令人瘦"是一样的用意，是就结果显示原因，也是暗示的手法；"带缓"是结果，"人瘦"是原因。这样回环往复，是歌谣的生命——有些歌谣没有韵，专靠这种反复来表现那强烈的情感。最后"弃捐勿复道，努力加餐饭"两句，解释者多半误以为说的是诗中主人自己，其实是思妇含恨的话："反正我是被抛弃了，不必再提吧，你只保重自己好了！"——朱先生说得非常精彩。后来我把这首诗译成英文，把"依北风"解释为"不忘北国风光"，就是根据朱先生的讲解。

其实，这一年度的"大一国文"真是空前绝后地精彩。中国文学系的教授，每人授课两个星期。我这一组上课的时间是每星期二、四、六上午十一时到十二时，地点在昆华农校三楼大教室。清华、北大、南开的名教授，八仙过海，各显神通。如闻一多讲《诗经》，陈梦家讲《论语》，许骏斋讲《左传》，刘文典讲《文选》，唐兰讲《史通》，罗庸讲"唐诗"，浦江清讲"宋词"，魏建功讲《狂人日记》，等等。真是老师各展所长，学生大饱耳福。

记得1939年5月25日，闻一多讲《诗经·采薇》。他说"昔我往矣，杨柳依依。今我来思，雨雪霏霏"是千古名句，写出了士兵战时的痛苦，达到了情景交融的境界。他讲时还摸着抗战开始时留下的胡子，流露出无限的感慨。朱光潜在《诗论》中也讲过《采薇》。他说："这四句诗如果译为现代的散文，则为：'从前我去时，杨柳还正在春风中摇曳；现在我回来，已是雨雪天气了。'原诗的意义虽大致还在，它的情致却不知走向何处去了。义存而情不存，就因为译文没有保留住原文的音节。实质与形式本来平行一致，译文不同原诗，不仅在形式，实质亦并不一致。比如'在春风中摇曳'译'依依'就是勉强，费词虽较多而含蓄却较少。'摇曳'只是呆板的物理，'依依'却含有浓厚的人情。诗较散文难翻译，就因为诗偏重音而散文偏重义，义易译而音不易译。"

闻先生宏观的综合，朱先生微观的分析，对我帮助很大。我后来把这四句诗译成英、法文时，就不但是写景，还要传情；不但存义，还要存音。所以我把原文的四个字译成英、法文的四个音节，并尽可能押韵。译完之后，觉得无论情义音形，都胜过了现代散体译文，并且证明了我的"三美论"提得不错。如果译文能使读者"知之、好之、乐之"，那就算不辜负闻、朱二先生的教诲了。

1939年2月28日，陈梦家先生讲《论语·先进篇》。讲到"莫春者，春服既成，冠者五六人，童子六七人，浴乎沂，风乎舞雩，咏而归"，他挥动双臂，长袍宽袖，有飘飘欲仙之概，使我们知道了孔子还有热爱自由生活的一面。有一个中文系同学开玩笑地问我："孔门弟子七十二贤人，有几个结了婚？"我不知道，他就自己回答说:"冠者五六人,五六得三十,三十个贤人结了婚;童子六七人,六七四十二,四十二个没结婚;三十加四十二,正好七十二个贤人,《论语》都说过了。""五六"二字一般指"五或六",有时也可指"五乘六"——从科学观点看,这太含糊;从艺术观点看,这却成了谐趣。

这段谐趣,后来陶渊明还把它写入《时运》诗中:

延目中流,(春服既成,放眼中流。)
悠想清沂。(遥想当年,浴乎清沂。)
童冠齐业,(冠者五六,童子六七。)
闲咏以归。(风乎舞雩,闲咏而归。)

这就是说:春天的衣服做好了,穿上新衣,走到沂水;想起当年五六个二十几岁的、六七个十几岁的同学,同在清清的沂水河中游泳,在舞雩台上沐浴春风,然后唱着歌曲回来。这样享受山水之乐,从2500年前的曾皙,到1500年前的陶潜,再到几十年前赣江之滨的青年学子,不是一脉相承的吗?

刘文典是一位才高学广、恃才自傲的狷介狂人。《清华暑期周刊》1935年7月登的一篇《教授印象记》,说他"是一位憔悴得可怕的人物":"看啊!四角式的平头罩上寸把长的黑发,消瘦的脸孔安着一对没有精神的眼睛,两颧高耸,双颊深入;长头高举兮如望空之孤鹤;肌肤瘦黄兮似辟谷之老衲;……状貌如此,声音呢?天啊!不听时犹可,一听时真叫我连打几个冷噤。既尖锐兮又无力,初如饥鼠兮终类寒猿……他教我们《圆圆曲》《万古愁》……如数家珍般地一一说给我们听。……"他讲曹丕《典论·论文》,一边讲一边抽烟，一支接着一支，旁征博引，一小时只讲了一句。文中讲到"文人相轻，自古而然""夫人善于自见，而文非一体，鲜能备善，是以各以所长相轻所短""常人贵远贱近，向声背实"，他讲得头头是道。其实他轻视作家，公开在课堂上说："陈寅恪才是真正的教授，他该拿400块钱，我该拿40块钱，沈从文只该拿4块钱。"有一次跑空袭警报，他看到沈从文也在跑，便转身说："我跑是为了保存国粹，学生跑是为了保留下一代希望。可是该死的，你干嘛跑啊！"他不但轻视文人，当他做安徽大学校长的时候，甚至顶撞蒋介石说："你是总司令，就应该带好你的兵；我是大学校长，学校的事由我来管。"结果蒋介石关了他好几天。鲁迅《二心集》中都有记载。

　　罗庸讲杜诗。如果说梁任公讲杜诗侧重宏观的综合，那么罗先生却侧重微观的分析。如《登高》前半首："风急天高猿啸哀，渚清沙白鸟飞回。无边落木萧萧下，不尽长江滚滚来。"罗先生说这首诗被前人誉为"古今七律第一"，因为通篇对仗，而首联又是当句对："风急"对"天高"，"渚清"对"沙白"；一、三句相接，都是写所闻；二、四句相接，都是写所见。在意义上也是互相紧密联系：因"风急"而闻落叶萧萧，因"渚清"而见长江滚滚——全诗融情于景，非常感人。学生听得神往。有一个历史系的同学用"无边落木萧萧下"要我猜一个字谜，我猜不出。他就解释说："南北朝宋齐梁陈四代，齐和梁的帝王都姓萧，所以'萧萧下'就是'陈'字；'陈'字'无边'成了'东'字；'东'字（繁体）'落木'，除掉'木'字，就只剩下一个'日'字了。"由此可见当年联大学生的闲情逸趣。

　　浦江清讲得最好的是词选。如他比较李白的《菩萨蛮》"平林漠漠烟如织，寒山一带伤心碧"和《忆秦娥》"箫声咽，秦娥梦断秦楼月。秦楼月，年年柳色，灞陵伤别……西风残照，汉家陵阙"，说："《菩萨蛮》是能品，《忆秦娥》是神品；《菩萨蛮》有刻划语，《忆秦娥》音韵天成；《菩萨蛮》是有我之境，《忆秦娥》是无我之境。作者置身极高，缥缈临空，把长安周遭百里，做了个鸟瞰。而且从箫声柳色说起，说到西风残照，不受空间和时间的羁勒。这样的词，真可以说是千中挑一，不愧为千古绝唱也。"

浦江清讲李清照的《金石录后序》，讲到她前半生的幸福和后半生的坎坷："只恐双溪舴艋舟，载不动，许多愁。"他就联系《西厢记·长亭送别》说："'遍人间烦恼填胸臆，量这些大小车儿如何载得起？'就是继承和发展了宋词。"为了继承和发扬祖国的文化，五十年后，我把《诗经》、唐诗、宋词、元曲等译成了英、法文。回忆起来，不能不感激朱、闻、罗、浦诸位先生，但现在却是"英魂远影碧空尽，只见长江天际流"了。

左：梁启超
右：王国维

左：赵元任
右：陈寅恪

左：林语堂
右：朱光潜

左：朱自清
右：闻一多

左：陈梦家
右：刘文典

左：罗　庸
右：浦江清

叶公超讲大一英文

个人的才智有限，
文化的力量无穷。

——艾略特

1939年1月4日上午8时，我们在昆华农校西楼二层的小教室里，等南开大学教授柳无忌来上"大一英文"。我坐在第一排靠窗的扶手椅上，右边坐的一个同学眉清目秀，脸颊白里透红，眉宇之间流露出一股英气，眼睛里时时闪烁出锋芒。他穿的黑色学生装显得太紧，因为他的身体正在发育，他的智力又太发达，仿佛要冲破衣服的束缚；他穿的大头皮鞋显得太松，似乎预示着他的前程远大，脚下要走的路还很长。一问姓名，才知道他叫杨振宁，刚十六岁，比我还小一岁呢。十八年后，他得了诺贝尔物理学奖，是我国得奖的第一人。

老师来了。他穿一件灰色大衣，里面是一套灰色西服，再里面是一件灰色夹克，脖子上还围了一条灰色围巾，仿佛是把灰蒙蒙的北国风光带到四季如春的昆明来了。他一进来，就问我们上什么课?我要在杨振宁面前露一手,抢先用英语回答,老师也用英语说:他是代柳无忌教授来上课的。后来才知道他是联大外文系主任叶公超教授。早在美国求学时代,他已经出版了一本英文诗集,得到美国诗人弗罗斯特赏识。后来他去英国剑桥大学深造,又和英国诗人艾略特时相过从,是第一个把艾略特介绍到中国来的学者。《叶公超散文集》还引用了艾略特的话说:"一个人写诗,一定要表现文化的素质;如果只是表现个人才气,结果一定很有限。"

叶先生二十三岁回国,就在清华、北大任教,也许是我国最年轻的英文教授。他在清华教过钱锺书"大一英文",用的教材是奥斯汀的小说《傲慢与偏见》。他曾挖苦才华过人的钱锺书说:"你不该来清华,应该去牛津。"后来他在北大任外文系主任。在联大时,"大一英文"都用清华编的《英文读本》,前几课多是英美作家谈中国的文章,如毛姆的《苦工》、赛珍珠的《荒凉的春天》、兰姆的《论烤猪》、林语堂的《生活的艺术》等。叶先生讲课时说中文多,说英文少;问得多,讲得少;从不表扬,时常批评;但讲起词汇的用法来,却很精彩。记得他讲《苦工》时,碰到"补丁"一词,他讲得很生动,仿佛要用一个"补丁"来弥补没有讲过的其他词汇的损失。他讲《荒凉的春天》时,杨振宁问他:"有的过去分词前用be,为什么不表示被动?"这个问题说明杨振宁能注意异常现象,已经是打破"宇称守恒定律"、获得诺贝尔奖的先声。但叶先生却不屑回答,反

叶公超

问杨振宁:"Gone are the days"为什么用"are"?杨以后有问题都不直接问他,而要我转达了。2月8日他讲《生活的目的》时,先要学生朗读课文。学生才念一句,他能说出学生是哪省人;学生念得太慢,他就冷嘲热讽,叫人哭笑不得。我在别人念时没听,只顾准备下面一段,所以我念得非常流利,满以为不会挨骂了。不料他却问我:"你读得这么快干什么?你说生活的目的到底是什么?"生活的目的在上一段,我没有听,自然也答不出。他就批评我只重形式,不重内容,这对我是一个很好的教训。

他不但批评学生,也批评作者,他认为林语堂不如兰姆幽默,因为"幽默不是一般的开玩笑,或是讽刺,或是诽谤,而是能看出一桩事理或一句话中本身的矛盾冲突"。他对别人要求很严,考试要求很高,分数给得很紧:一小时考五十个词汇,造五个句子,答五个问题,还要写一篇英文短文。杨振宁考第一,才得80分;我考第二,只得79分。而杨振宁物理考100分,微积分99分,是全校成绩最好的学生。

后来,我在《清华校友丛书》28册读到《杨振宁趣谈灵感》一文。他在文中说:"科学家在'领悟'的刹那能够将两个或者两个以上不相关的观念联系在一起,借以解决长时间耗尽脑汁、搜索枯肠仍未解决的难题,或者缔造一个科学领域中的新发现。"

我在《英汉与汉英翻译教程》的序言中,引用《杨振宁访谈录》上说的:"中国的文化是向模糊、朦胧及总体的方向走,而西方的文化则是向准确而具体的方向走。"然后,我把他的文化方向论和当代的翻译理论联系起来说:"中国传统翻译理论也是走向模糊、朦胧及总体的,而西方科学的翻译理论却是走向准确而具体。杨振宁又说:'中文的表达方式不够准确这一点,假如在写法律是一个缺点的话,写诗却是一个优点。'我却想到:中国传统的翻译理论不够准确,但是简明好记,用在'理解'上如果是一个缺点的话,用在'传达'上是不是一个优点呢?"这样,我又把他关于法律和诗的论点同翻译的"理解"与"传达"联系起来,觉得解决了一个翻译界长期争论不休的问题。自然,关于翻译理论问题还有不同的意见。我认为检验理论的标准是实践,而根据我翻译中国古典文学五大名著及世界文学十大名著的经验看来,我的翻译理论是站得住的;并且在联大时代老同学的书中,我的观点也找得到理论的根据。

1939年6月24日晚上7时,外文系在昆华农校三楼开联欢会。叶先生用英语致辞,英国教授燕卜荪朗诵了他的诗,四年级同学演出了一幕英文短剧。比起燕卜荪来,叶先生和毕业班的英语说得都不流利,使我觉得叶先生严于责人,宽于待己。晚会上还有猜谜活动,我猜中了两个谜语:一个是"何以见江东父老?"打《水浒》中一个绰号,谜底是"没面目焦挺";另一个是"少牢头,少娘脚,像

1940年联大外文系二年级师生在系主任叶公超家园中合影,后排右1为叶主任,右5头影为许渊冲,后排左2、3、5、6、7为俄、法、日、英教授刘泽荣、林文铮、傅恩龄、谢文通、闻家驷。

美人,实在辣",打一个字,谜底是"姜"。我还得到了小奖品。

1940年秋,叶先生离开联大,弃学从政,去伦敦任中国驻英宣传处处长。回国途中,他坐的船被日本飞机炸沉,人也被俘;他受到严刑拷打,但坚贞不屈,跳水逃生,遇救脱险,后来在南京当了外交部长。我出国前去看他,他还像在联大时一样,劈面就是:"你要出国镀金去了。"叫我下不了台,我只得答道:"老师已经镀成金身,学生只好去沙里淘金了。"

据传钱锺书先生曾说:"叶公超太懒。"对作为学者的叶公超来说,这话可能不无道理。因为胡适要他和徐志摩、闻一多、梁实秋合译《莎士比亚全集》,结果他一本也没有翻,却让梁实秋一个人译完了。

闻一多讲唐诗

红烛啊!
你流一滴泪,灰一分心。
灰心流泪你的果,
创造光明你的因。
红烛啊!
"莫问收获,但问耕耘。"

——闻一多《红烛》

汪曾祺说过:"能够像闻先生那样讲唐诗的,并世无第二人。""这样讲唐诗,必须本人既是诗人,也是画家,有谁能办到?"因为闻先生既是诗人,又是画家,而且对西方美术十分了解,因此能够将诗与画联系起来讲解,给学生开辟了一个新境界。

首先,我们看看《登鹳雀楼》,这是一首以天地为画布的名诗。第一句"白日依山尽",五个字写出了画家很难再现的图景:一个"依"字使人看到的是一轮光辉灿烂的太阳沿着高耸入云的山峰缓慢地落下去了。这是一个动态,只有凭借想象才能看到这样的落日斜阳;而画家描绘的,却只能是一个静态的镜头,画不出落日的全过程。第二句"黄河入海流",画布从天上转移到了地面,主体由西下的夕阳转换成了长河大海。如果说第一句写出了画中看不到的动景,那第二句又写出了画中听不到的江声。第三句"欲穷千里目",再由天地转到了人,但是什么人呢?"千里"二字不但写出了具体的眼界,而且会使人想到抽象的广大胸怀。以上三句写天地人都是远景,最后一句"更上一层楼"才是近景。在天地山河的衬托之下,更加显得危楼高耸,看尽天下风光了。

  听闻先生讲唐诗是八十年前的往事。当时没有做笔记,现在恐怕记得不准确了,仿佛是闻先生说的:五言绝句是唐诗中的精品,二十个字就是二十个仙人,容不得一个滥竽充数的。看看《登鹳雀楼》,就可以知道此言不假。到了今天,如果要用自由诗来表现唐诗的宏伟气魄,那就要找特技演员来做替身了:

夕阳无限美好,
沿着弯弯的山腰,
落到遥远的天外。
黄河奔腾咆哮,
浩浩荡荡,
流入汪洋大海。
如果你要看得更远,
看到千里外的世界,
那你就要登上,
登上一层更高,

更高的楼台!

王维是诗中有画的诗人,画中有诗的画家。如《鹿柴》第一句"空山不见人",是简单的诗句和平淡的画面,用"不见人"来强调"空"字。第二句"但闻人语响",用听觉来补充视觉,用人声来反衬"空"字,更显得一无所见。第三句"返景入深林",写夕阳渗入林中,洒下了斑斓的金光。第四句"复照青苔上",在幽静的景色中添上几点青苔,更显得深林无人,只有光影闪烁。这不是诗中有画吗?《鹿柴》是写晚景,写夜景的如《鸟鸣涧》。第一句"人闲桂花落",画的是幽人落花,写的是闲情逸致;第二句"夜静春山空",画的是苍茫夜色,写的是空灵心态;第三句"月出惊山鸟",写的是"一石惊破水中天"似的感悟;第四句"时鸣春涧中"却是唤来了秋天里的春天。这不是画中有诗吗?如何用现代诗来写出这种诗情画意呢?

心情闲适,心中无事,
金黄的桂花,悄无声地落下。
黑夜降临,一片寂静。
遥远的青山和云烟,融成了虚无缥缈的一片。
明月升起,光照大地,
惊醒了酣睡的小鸟,引起了一阵阵唧唧,
给青山带来了生机,使幽谷露出了春意。

关于唐诗英译,闻先生写过一篇《英译李太白诗》。读了日本人英译的李白诗后,他在文中说:"我得到无限的乐趣,我也发生了许多的疑窦。……浑然天成的名句,它的好处太玄妙了,太精微了,是经不起翻译的。……'美'是碰不得的,一粘手它就毁了。太白的五律是这样的,太白的绝句也是这样的。……这种诗意的美,完全是靠'句法'表现出来的。你读这种诗仿佛是在月光底下看山水似的。一切的都幕在一层银雾里面,只有隐约的形体,没有鲜明的轮廓;你的眼睛看不准一种什么东西,但是你的想象可以告诉你无数的形体。"闻先生并举日本人英译的《峨眉山月歌》为例,说"这首诗译得太对不起原作了"。

《峨眉山月歌》第一句"峨眉山月半轮秋"的确很不好译,因为秋没有形体,半轮却有鲜明的轮廓,两者结合在一起,你的眼睛看得出什么东西来呢?只好运用各人的想象了。日本人没有想象力,看到什么就说什么,所以简单地译成"half round"(半圆形的),结果诗意全没有了。无怪乎美国诗人弗罗斯特(Frost)说:诗是在翻译中失掉的东西。在闻先生的启发下,我想象了一下李白当时看到的景色:峨眉山连绵起伏,像巨人的浓眉横亘在大地上(王观的词说"山是眉峰聚");半轮明月像金黄的眉毛,高挂在秋天无边无际的夜空中。天上的金眉毛和地上的银眉毛遥遥相对,这不就是一千多年前李白看到的"峨眉山月"吗?于是我就把这个名句译成英文如下:

The moon shines on Mount Brows like autumn's golden brow.

我觉得这就是闻先生评郭沫若译《鲁拜集》时说的:"译者仿佛是用自己的喉舌唱着自己的歌儿似的。"我认为这是再创作的翻译法,再创作可以使诗在翻译中失而复得,所以也可以说是"以创补失"法。

《峨眉山月歌》后三句是："影入平羌江水流。夜发清溪向三峡，思君不见下渝州。"平羌、清溪、渝州都是地名，加上峨眉山名，每句一个专门名词，如何能入诗呢？我认为译者这时又应该"仿佛是用自己的喉舌唱着自己的歌儿似的"，要把专门名词诗化，也就是普通化。于是我把后三句翻译如下：

Its deep reflection flows with limpid water blue.
I'll leave the town on Clear Stream for Three Gorges now.
O Moon, how I miss you when you are out of view!

最后一句的"君"字有两种解释：一说君指友人，一说君指明月，因为三峡两岸悬崖峭壁太高，在船上看不见月亮了。如果说是友人，未免显得突兀，而且和诗题无关；如果说是明月，则是借"思君"写三峡之景，又突出了诗人热爱自然之情，真是情景交融之作。所以即使原作是指友人，译者认为友人不如月亮美，还是可以译成明月，因为这不是个"真"的问题，而是"美"的问题。在译诗时，求真是低标准，求美才是高标准。翻译要求真，诗词要求美。译诗如能既真又美，那自然再好没有；如果二者不能兼得，那就只好在不失真的条件下，尽可能传达原诗的意美、音美和形美。音美包括韵律，钱锺书先生说过我译诗是"带着音韵和节奏的镣铐跳舞"。闻先生说："带着镣铐跳舞，跳得灵活自如才是真好。"并且批评所谓忠实的翻译说："忠实到这地步便成笨拙了。"

闻先生在评论郭沫若的《鲁拜集》第十九首时说：这首诗"严格地译起来或当如此——

我怕最红的红不过
生在帝王喋血处的蔷薇；
园中朵朵的玉簪儿怕是
从当年美人头上坠下来的。

郭君译作——

帝王流血处的蔷薇花
颜色怕更殷红；
花园中的玉簪儿
怕是植根在美女尸中。

这里的末行与原文尤其大相径庭，但我们不妨让它'通过'，因为这样的意译不但能保存原诗的要旨，而且词意更加醒豁，色彩更加浓丽，可说这一译把原诗译好了。"由此可见，闻先生认为译诗是可以胜过原诗的。

但是闻先生在《英译李太白诗》中又说："《静夜思》《玉阶怨》《秋浦歌》《赠汪伦》……实在什么人译完了，都短不了要道歉的。"我却觉得是不是可以用郭沫若译《鲁拜集》的方法来译李白的绝句呢？如《秋浦歌》："白发三千丈，缘愁似个长。不知明镜里，何处得秋霜？"这首绝句可以译成语体如下：

我的白头发多么长？
量一量怕有三千丈。
即使是三千丈，

也量不出我内心的忧伤。

我对着镜子照一照，不觉吓了一跳。

秋天的雨露风霜，怎么落到了我的头上？

原诗"三千丈"极尽夸张之能事，语体译文加了"量一量"三个字，可以理解为头发一根一根加起来的长度，词意更加醒豁；原诗"秋霜"二字扩展为"雨露风霜"，色彩更加秾丽。但如译成英文，"三千丈"就不宜入诗，只好尽量保存原诗的要旨，使得词意醒豁，色彩秾丽，也就不一定对不起原诗了。

Long, long is my whitening hair;

Long, long is it laden with care.

I look into my mirror bright:

From where comes autumn frost so white?

闻先生又说："形式上的秾丽许是可以译的，气势上的浑璞可没法子译了。但是去掉了气势，又等于去掉了李太白。"李白最有气势的绝句可能要算《早发白帝城》——朝辞白帝彩云间，千里江陵一日还。两岸猿声啼不住，轻舟已过万重山。李白号称"诗仙"，这首诗可以说是"谪仙之歌"。第一句说早晨告辞彩云间的白帝城。如果把白帝理解为天上的玉帝，那就是谪仙告辞天庭下凡了。第二句的"千里"之长和"一日"之短，形成了时间和空间的鲜明对比，"一日千里"这不是"神速"吗？第三句中的"猿"啼什么呢？猿鹤都是仙家的伴侣，那不是舍不得谪仙下凡吗？第四句中的"轻舟"和"重山"又有轻重对比，更是飞流直下，气势不凡了。这首诗有翁显良的英译文，多少传达了一点李白的气势：

Goodbye to the city high in the rosy clouds of dawn.
Homeward, out the gorges, out today！
Let the apes wail. Go on.
Out shoots my boat. The serried mountains are all behind.

译文还原可以是：再见了，彩云间的白帝城！回家了，出三峡了，今天就出三峡了！让猿猴哀鸣吧，前进吧！船行如箭。万重山都落在后面了。这不有点李白的气势吗？

这首诗是公元759年写的。那时永王争夺皇位，封了李白的官，但是起兵失败，李白也被流放到夜郎去。在坐船西去夜郎的途中经过白帝城，李白得到赦免，又改乘船东下，心情非常愉快；加上下水船快，就写下了这首快上加快的快诗。其实这首诗是根据《水经注》和三峡民谣写成的。《水经注》中说："自三峡七百里中，两岸连山……有时朝发白帝，暮到江陵，其间千二百里，虽乘奔御风，不以疾也。"李诗第一句中只有"彩云间"三字是他自己的，但这三个字加得好，使人不但看到了居高临下的白帝城，还看出了李白喜不自胜的心情。1951年我经过三峡，看见白帝城在半山腰，并没有彩云缭绕。可见李白写的不是客观之景，而是主观之情。三峡有个民谣："长江三峡巫峡长，猿啼三声人断肠。"因为三峡水急滩险，翻船的事故从前屡见不鲜，所以猿啼也成了哀鸣，仿佛是在哀悼失事的舟子似的，使人听了胆战心惊。但是李白却用哀景来衬托愉快的心情，使人更感到流放遇赦的难得。据说美国总统老布什游三峡时还问猿猴到哪里去了，可见这首诗的影响之大。

翁显良1957年被错误地打成了右派，下放到北大荒劳动改造，后来拨乱反正，才得到平反。他翻译这首诗时，思想感情和李白非常接近，所以才能译出诗人的气势。他的译文不拘小节，不译"江陵"而说三峡，气势反而显得更大；不译"一日还"而重复今日出峡，气势反而显得更急；不译"两岸"而说船行，使主体更加得到强调。

1980年，老布什回忆1977年的三峡之行时说：他认为李白《早发白帝城》的意境有点像当时的中美关系——两方面都有反对改善关系的声音，就像"两岸猿声啼不住"一样。但他相信，中美关系这艘航船，还会克服困难，越过险滩，冲过"万重山"的。这就是说，他当时对中美关系还抱乐观态度，这也可以算是古为今用了。

一千多年前，李白因为随从永王反对皇帝而被流放，最后还是得到赦免；一千多年后，翁显良因为"大鸣大放"而被打成右派，最后也能得到平反。中美关系虽然困难重重，到了克林顿总统时代，也一度得到改善。但是闻一多先生却因为反对独裁、呼吁民主而献出了自己的生命，就像他在《红烛》中所说的：为了"创造光明"而把自己烧成灰烬。

1945年5月4日，昆明大中学生举行大游行时，忽然下起雨来。有些学生正要散开，闻先生却走上讲台，大声说道："武王伐纣誓师时也下了大雨，武王说这是'天洗兵'，是上天给我们洗兵器。今天，我们也是'天洗兵'。"于是游行照常举行。闻先生谈到的武王誓师的事，记载在《诗经·大雅·大明》中：

殷商之旅，（殷商派出军队来，）
其会如林。（军旗密密树林样。）

矢于牧野，（武王誓师在牧野，）
维予侯兴。（我周兴起军心壮。）

武王伐纣是三千年前的往事，闻先生把它和三千年后的反独裁斗争联系了起来，可见他善于古为今用。

闻先生在《红烛》中说："莫问收获，但问耕耘。"但他耕耘的成果累累，收获还是不小的。如他在西南联大中文系的得意门生汪曾祺，后来将沪剧《芦荡火种》改编为京剧《沙家浜》，对革命作出了贡献。历史系的学生程应镠（流金）和外文系的学生彭国焘继承了他的政治事业，分别成了中国民主同盟上海和昆明的委员。不幸的是，他们三人都曾被错误地打成"右派"。幸运的是，历史系学生许寿谔（后改名许师谦）和李晓（后改名李曦沐）等加入了共产党。许寿谔后来成了北京大学历史系主任，为国家培养了不少接班人，并且写了一篇《闻一多与吴晗》。李晓后来任西南联大校友会秘书长，也写过怀念闻先生的诗句：

每逢故人忆逝川，
最难忘处是南滇。
吴闻壮语惊四座，（指吴晗、闻一多两先生）
一二支部聚群贤。

我在联大和汪曾祺一样不问政治，糊里糊涂没有被打成"右派"，总算把闻先生讲过的《诗经》和唐诗译成了英文和法文，也可以告慰闻先生在天之灵了。

西南联大　第二章

法国艺术图书出版社《伟大的中国古典诗词集》套装封面，以及《诗经选》《唐诗选》《宋词选》封面。

潘光旦、金岳霖与皮名举

哲学是历史的综合，
历史是哲学的分解。

——杜朗特

【1940年8月15日】

下午听潘光旦先生讲"儒家思想与青年生活"：

儒家思想是以人为宇宙的主人。宇宙的客人有四个：一是人以外的本体，如天地；二是别的人；三是人的情欲；四是过去、未来的人。

人应该怎样对待这些客人呢？应该有分寸。什么是分寸？朋友亲而不狎，夫妻相敬如宾，交朋友久而敬，这些都是分寸。

对于两件事，应该执两用中，执中用权。人生有如行船，河中心最深，船应该走中间；但如河中心有暗礁，自然该走旁边。

分开来说，人对人以外的本体应该研究，但不应该废寝忘食，不应该役于物；人对情欲应该克己复礼，发乎情而止乎礼，礼就是分寸。

从潘先生的话看来，儒家思想可以概括为"礼治"，礼就是分寸，也就是"中和之道"。在我看来，阶级斗争的思想可以概括为"力治"；市场经济可以概括为"利治"；各尽所能、各取所需则是"理治"。"礼、力、利、理"就是中国社会发展的道路。

金岳霖先生也是一位哲学家。他为联大新生开"逻辑"课，讲过一次"小说和哲学"，结论却是：小说和哲学没有关系。有人问："那么《红楼梦》呢？"金先生说："《红楼梦》里的哲学不是哲学。"但从他和女诗人林徽因的恋爱关系看来，还是可以看出一些《红楼梦》式的人生哲学的。林徽因和诗人徐志摩相爱，徐为她写了一首《偶然》，下半首是：

你我相逢在黑夜的海上，
你有你的，我有我的，方向；
你记得也好，
最好你忘掉，
在这交会时互放的光亮！

徐志摩死后，林徽因也写了一首挽诗《别丢掉》，前半首是：

别丢掉这一把过往的热情，
现在流水似的，
轻轻
在幽冷的山泉底，
在黑夜，在松林，
叹息似的渺茫，
你仍要保存着那真！

林徽因和梁启超的长子梁思成结了婚，金岳霖为了她终身不娶。林洙在《大匠的困惑》中记下了梁思成的回忆：

中国有句俗话，"文章是自己的好，老婆是人家的好。"可是对我来说是老婆是自己的好，文章是老婆的好。

……可能是在1931年，我从宝坻调查回来，徽因见到我时哭丧着脸说，她苦恼极了，因为她同时爱上了两个人，不知怎么办才好。……我想了一夜，我问自己，林徽因到底和我生活幸福，还是和老金一起幸福？我把自己、老金、徽因三个人反复放在天平上衡量。我觉得尽管自己在文学艺术各方面都有一定的修养，但我缺少老金那哲学家的头脑，我认为自己不如老金。于是第二天我把想了一夜的结论告诉徽因，我说，她是自由的，如果她选择了老金，我祝愿他们永远幸福。我们都哭了。过几天徽因告诉我说：她把我的话告诉了老金。老金的回答是："看来思成是真正爱你的，我不能去伤害一个真正爱你的人，我应当退出。"

从林洙的回忆录看来，他们三人都是"发乎情而止乎礼"，都是"以理化情"的。1938年8月9日，梁思成、林徽因任联大校舍建筑工程师。1939年4月28日，我把林徽因的《别丢掉》译成英文。那是我译的第一首新诗，后来登在《文学翻译报》上。

美国学者杜朗特说：哲学是历史的综合，历史是哲学的分解。联大文学院一年级学生，除了必修中文系的"大一国文"和哲学系的"逻辑"外，外文系学生还必修历史系的"西洋通史"。讲课的是南开大学教授皮名举，教室在昆华农校二楼西头，时间是每星期

二、四、六上午九时至十时。皮先生讲课生动有趣，令人再听不厌。他说不学本国史不知道中国的伟大，不学西洋史又不知道中国的落后。他提纲挈领地把西洋史分为五个时期：

一、根源时期（公元前 × 世纪起）。
二、萌始时期（自公元 4 世纪起）：迁移；开化。
三、滋长时期（自 10 世纪起）：封建；教会。
四、革变时期（自 14 世纪起）：专制；世俗。
五、扩大时期（自 19 世纪起）：族国；科学。

比较一下中国历史，根据《诗经·大雅·公刘》中的记载，我国周民族的迁移早在公元前18世纪就开始了。开化时期比西方要早两千多年，由此可见古代中国多么伟大。

试读《公刘》下列一段及其语体译文，可见一斑：

笃公刘，（忠实厚道的公刘，）
逝彼百泉，（来到泉水岸边上，）
瞻彼溥原；（眺望平原宽又广；）
乃陟南冈，（登上南边高山冈，）
乃觏于京。（发现京师好地方。）
京师之野，（京师田野形势好，）
于时处处，（于是定居建新都，）
于时庐旅，（于是规划造住房。）
于时言言，（自由发言喜洋洋，）
于时语语。（民主讨论闹嚷嚷。）

再看封建时期，中国也比西方要早两千多年；而宗教神权的干扰，却比西方要小得多，由此可见古代中国多么先进。直到革变时期，西方世俗力量开始取代宗教力量，这才开始赶上中国。到了扩大时期，西方发展科学，中国就落后了。由此可见，中国应该取西方之长，补自己之短，同时发扬自己的优势，这样才能对世界文化作出新的贡献。

皮先生讲古代史时，还要求我们画地图。汪曾祺精心绘制了一幅亚历山大帝国图，皮先生写的评语是："阁下之地图美术价值甚高，学术价值全无。"可见师生的幽默风趣。皮先生还把埃及女王克柳芭（Cleopatra，今译克娄巴特拉）叫作"骷髅疤"，说她的鼻子假如高了一点，罗马大将安东尼就不会为了爱她而失掉江山，西洋史也就要改写。由此可见，两千年来，中国一直主张以理化情，把动物提高为人；西方却是放纵情欲，把人降低到动物的水平——这也是中西文化一大差别。1943年我把埃及女王的故事译成中文，那是我翻译的第一个诗剧。

左：潘光旦
右：金岳霖

西南联大　第二章

梁思成、林徽因设计的西南联大校舍。

钱锺书与他的同代人

值得回忆的事是生活中的诗。

——威廉·黑兹利特

叶公超先生只教了一个学期"大一英文",第二学期我们这个组解散,学生分到其他各组去。杨振宁分到陈福田教授那组,我分到钱锺书教授这组。钱先生是出名的清华"三才子"之一,其他两位才子是剧作家曹禺和历史学家吴晗。

钱锺书先生给我印象最深的有三点:一是他读书求学时,才智过人;二是他写文章或说话时,妙语惊人;三是成为一代宗师之后,嘉勉后人。据说钱先生考入清华大学时,国文得最高分,英文得最高分,数学却不及格,结果是破格录取的。他上课时从不记笔记,只带一本和课堂无关的读物,一面听讲一面看自己的书,但是考试时总是第一。因为课堂上讲到的书,他多半已经在课外读过,并且说要读遍清华图书馆的藏书。清华才子、后来当了外交部长的乔冠华说过:"锺书的脑袋也不知怎么生的,过目不忘,真是照相机一般的记忆。"

不但他的同学，就是他的老师也无不对他刮目相看。教过他的吴宓教授说："自古人才难得，出类拔萃、卓尔不群的人才尤其不易。当今文史方面的杰出人才，在老一辈中要推陈寅恪先生，在年轻一辈中要推钱锺书。他们都是人中之龙，其余如你我，不过尔尔！"教过钱锺书的叶公超在他主编的《新月》月刊中，发表过钱锺书的五篇书评。据说钱锺书在清华毕业时，学校希望他升研究院，他却说西洋文学系没有一个教授能做他的导师。在出国留学考试前，很多外文系毕业生听说他报了名，都不敢参加考试了。1935年，钱锺书作为公费留学生去英国牛津大学做研究，得文学士（也可译副博士）学位。1938年秋，清华大学破格聘请他为教授，他就乘法国邮船回国了。

《不一样的记忆》中有一篇对我的采访，题目是《许渊冲眼中的钱锺书》，里面有不少的问题，现在我来再谈一谈。《不一样的记忆》里说：钱锺书"这种品质，反映在文字里，就是层出不穷的警句，因为他本身就是一个天才的警句"。我觉得这句话说得很妙。记者采访我时问道："据说钱锺书先生曾发'叶公超太懒，吴宓太笨，陈福田太俗'之论，杨绛先生、李赋宁先生都曾书面澄清绝无此事。作为当时西南联大外文系的一个学生，您怎么看待这句话？"我当时回答说："这句话看起来像是钱先生说的，因为它是一个警句。"

杨振宁说过：爱因斯坦等大科学家的伟大成就往往能用一个简单的公式概括起来，而我看这个公式也可以算是一个警句。冯友兰谈到金岳霖时说："他的长处是能把很简单的事情说得很复杂，我的长处是能把很复杂的事情说得很简单。"冯先生化复杂为简单的本领也可以说是善于运用警句，这正是中国哲学的长处。例如他把孔子的政治哲学概括为"礼乐"二字,又把"礼"简单总结为"模仿自然外在的秩序",把"乐"简单总结为"模仿自然内在的和谐"。这些都可以说是警句。这些警句对我很有帮助,后来我用英文解释"礼乐"的时候,就用了"duty and beauty"两个词。而妙语如珠正是钱锺书的拿手好戏,我看对叶、吴、陈三人的评论可以算是妙语。

记者问到杨绛先生等曾书面澄清绝无此事,我却说不敢肯定或否定有无此事,因为说有易,说无难。但我觉得这话像是钱先生的口气,评论也不无道理。其实他不但是对教师,就是对当时的世界文豪,批评起来也是一针见血、毫不容情的。例如他说:"萧伯纳的伎俩,是袭取新出的学说,生吞活剥地硬塞到自己的作品里去,借以欺世盗名;威尔斯则总抱着几个老调弹个不休。"即使对他的父亲和父执章士钊,他也是实话实说:"章文差能尽俗,未入流品;胡适妄言唱于前,先君妄语和于后,推重失实,流布丹青……"所以在我看来,与其考证对叶、吴、陈的评语是否出于他口,不如研究这三句话是否言之有理。

第一句话,叶公超是不是太懒?他的学生季羡林说:"他几乎从不讲解。"另一个学生赵萝蕤说:"我猜他不怎么备课。"他的同事柳无忌说:"这时的西南联大尚在草创阶段,三校合并,人事方面不免错综复杂,但我们的外文系却相安无事。那是由于公超的让教授各自为学,无为而治的政策——我甚至不能记忆我们是否开过系务会议。"我还记得1939年10月2日我去外文系选课时,叶先生坐在那里,吴宓先生站在他旁边,替他审查学生的选课单。他却动也不动,看也不看一眼,字也不签一个,只是盖个图章而已,真是够懒的了。这个"懒"字后来给他惹下了大祸。1961年11月他在联合国开会时,懒得向蒋介石请示,就举手赞成了蒙古国入联合国案,结果立刻被蒋介石召回台湾，罢黜不用。这能说是不"懒"吗？

那么，钱锺书会不会说他的老师"懒"呢？《不一样的记忆》里记下了他的一段话："我在《围城》中所笑的，是模仿《荒原》体的劣诗，并不是《荒原》本身。像30年代的卞之琳、戴望舒等诗人介绍了法国象征派的诗，40年代的乔治·叶（即叶公超）介绍了Eliot和伍尔芙夫人等人，一时在中国很起了一阵激动。我在《围城》里所写的，就是这样拙劣的歪诗人。"既然他能说叶公超是"拙劣的歪诗人"，那说他"懒"还是客气的了。

第二句话，吴宓是不是太笨？《吴宓日记》1941年5月29日写道："我是一个奇特的人，不可以常情测的。""我的性情是热烈而真诚，其缺点是急躁而笨拙。"吴宓先生自己承认"笨拙"，这恐怕不是谦虚吧！就以刚才谈到的选课而论，吴先生站着而叶先生坐着，我还以为他是系主任的助手呢！如果一个代表清华，一个代表北大，那也应该平起平坐呀！如以年龄而论，吴先生比叶先生大十岁，那更应该是他坐着。为什么反其道而行之呢？这恐怕只能解释为"笨拙"。后来读了《吴宓日记》，更觉得吴先生未免太笨了。

《吴宓日记》1939年7月15日："晨，办杂务。11：00晤叶公超，殊为郁愤。盖宓已定迁居昆华师范楼上5室，与超及金岳霖同居。而超必俟彼去后，始许宓迁入。超近年益习于贪鄙好利。超托宓为代搜求汽油箱30个，……以供其家用，而愿以上好之铺板一副赠宓为酬。论价值，远不相抵。其后超乃以其自有之铺板床二副均移至其孝园寓宅，不我与。……对宓既失信，又嫁祸，且图利焉。宓平日对超极厚。至于请宴，更不知若干次。超每于群众中，把臂附耳，外示与宓亲厚，宓完全在其掌握。……又命宓……为超治家具，于其迎妻子归抵昆明之日，烹茶热水以俟，俾一到可以喂小孩乳。"这样看来，吴宓为叶公超买家具、买汽油箱、烧开水、热牛奶，不但是系主任的助手，简直是家中的佣人了。吴宓宴请叶公超不计其数，但是肉包子打狗，有去无回，这不是笨到家了吗？！

钱锺书是如何评论吴宓的呢？他在一篇英文文章中说："Mr.Wu Mi's pageant of a bleeding heart, his inclination to wash occasionally his dirty linen in public, his sense of being a grand incompris, his incessant self-flagellation..."《为钱锺书声辩》中的译文是："吴宓从来就是一个喜欢不惜笔墨、吐尽肝肠的自传体作家。他不断地鞭挞自己，当众洗脏衣服，对读者推心置腹，展示那颗血淋淋的心。然而，观众未必领他的情，大都报之以讥笑。"这样看来，说"吴宓太笨"像是钱锺书的口气，不过比讥笑的观众多一份同情而已。记得钱先生讲"大一英文"时说过一句妙语："To understand all is to pardon all."（理解就是原谅。）可见同情的基础是理解。其实，理解是可以仁者见仁、智者见智的。例如叶公超懒于开外文系会，柳无忌却认为是无为而治，有所不为而后能有所为。那么钱锺书不也是懒于听课，因为他已经博览群书了吗？他考大学时数学不及格，不正是有所不为而后能在文史哲方面大有作为吗？所以关于懒与笨的问题，可以有不同的理解。这又使我想起了钱先生讲"大一英文"时的另一句妙语："Everything is a question mark; nothing is a full-stop."（一切都是问号，没有句点。）看来懒和笨也是一个问号，而不是一个句点。

说叶公超太懒就不是个句点，而是一个问号。只要看看他的历史——1920年十六岁的时候去美国；1921年考入大学，四年后毕业；1926年在英国剑桥大学得文学硕士学位，又在巴黎大学做研究。六年之内，从美国中学生到英法研究生，如果说他懒，恐怕也是和钱锺书差不多的有所不为吧。他二十二岁回国，就在北京大学、清华大学等名牌大学任教，比钱锺书回国时还小六岁呢。他的学生赵萝蕤、王辛笛等对他评价很高，他的同事胡适、吴宓等对他也有好评。如《吴宓日记》1926年10月3日说："叶崇智（即叶公超）君邀同 Winter 至东城，王府井大街一五一公司楼上茗叙。二君于美国现今文学极熟！所论滔滔，宓多不知，殊愧。"又如浦江清《清华园日记》1931年1月23日说："晚六时回，公超即在余处面食，饭后同至公超处闲谈。谈英国小说，公超谓现代几个小说家学问皆极博，H. G. Wells 无论矣，Aldous Huxley 生物学极好，Virginia Woolf 历史学极好。"可见叶公超对英美现代文学知识广博，但是博而不精。他虽然在英国认识了艾略特，并且是第一个把艾略特介绍到中国来的人，但却没有写出一本专著。比起钱锺书来，那就差得远了。所以要说他懒，似乎也无不可。钱锺书对现代英美文学家如萧伯纳和威尔斯都评价不高，对艾略特的《荒原》却比较宽容。在我看来，他对萧伯纳的批评，也可以应用到《荒原》上——艾略特的伎俩，是袭取古代和外国的典故，"生吞活剥地硬塞到自己的作品里去，借以欺世盗名"。

说吴宓太笨是不是一个问号呢？我们也来看看他的学历：1900年他六岁时已经认字三千，能读懂报章诗文，被誉为"神童"；1908年十四岁时，他作了《思游》诗和《咏史二首》，而钱锺书却是在1930年二十岁时才代父为钱穆写《国学概论序》的。1911年吴宓十七岁时考入清华学堂，1916年毕业，1917年二十三岁赴美留学，1921年二十七岁获得哈佛大学文学硕士学位；而钱锺书则是1929年十九岁时考入清华大学，1933年毕业，1935年赴英留学，1937年二十七岁获得牛津大学文学士后又在巴黎大学研究一年的。两人的学历差不多。

吴宓1921年回国后，任东南大学西洋文学系教授，教过吕叔湘、浦江清等著名学者，得到梁实秋等的好评。1925年他回清华大学任国学研究院主任，聘请了梁启超、王国维、赵元任、陈寅恪这四大名师；后代理西洋文学系主任，提出了培养博雅之士的目标，指出了叶公超、钱锺书等一代学人所走的道路。他作出了上半世纪的宏观规划，贡献实在不小。

吴先生在清华大学和西南联大开设了"欧洲文学史""浪漫诗人""中英诗比较""文学与人生""翻译"等课程。上"欧洲文学史"时，他讲了柏拉图"一与多"的哲学，"一"指理想，"多"指现实。吴先生往往从理想出发来看现实，从"一"看"多"，所以矛盾很多。钱锺书先生却是从现实出发，能够"多"中见"一"，所以反能解决矛盾。吴先生讲"浪漫诗人"时，盛赞雪莱的"泛爱论"，说爱情如灯光，照两个人和照一个人一样亮。他将理论付诸实践，结果生活中矛盾重重，显得笨拙。这大约是说他太笨的根源吧。看来这是宏观和微观的矛盾。从宏观看来，他开"中英诗比较"课，为中国的比较文学奠下了一块基石，几乎可以算是大智若愚了。他讲"文学与人生"时，说文学中包含的真理多于历史；讲"翻译"时，他认为模仿"真境"重于模仿"实境"。但从微观看来，他把理想看得重于实际，结果理论往往脱离实践，就不免显得太笨了。例如他讲"浪漫诗人"时，说济慈一行诗中有声色香味等五种感觉词，我拿出一本《济慈诗集》来，请他举个例子。他翻了好久也没有找到，可见他的理论不一定有实例能证明。他很重视原则，但却不太了解实际情况。例如他把师道尊严看得神圣不可侵犯，有一次他因讲桌没有搬回讲台上，便认为是对他的大不敬，把全班同学大骂了一顿。他不知道同学们正是为了尊敬他，为了抄他贴在墙上的讲义，才搬动讲桌的。后来看到《吴宓日记》1939年11月25日中说："下午2：30—3：30上《欧文史》课。为Outline事，责学生嫌太急切。"但是印象已经留下，可见他的笨拙往往是因小失大造成的。

这样说来，吴宓太笨和叶公超太懒都不是句点，而是问号。只有陈福田太俗可能是个句点，因为他的所作所为和吴宓、叶公超、钱锺书三位博雅之士都不相同。吴宓的风流雅事流传很广；钱锺书的雅言妙语令人叫绝；叶公超的雅致生活不同凡俗。如赵萝蕤在《怀念叶公超老师》一文中描写他的家庭说："一所开间宽阔的平房，那摆设说明两位主人是深具中西两种文化素养的。书，还是书是最显著的装饰品，浅浅的牛奶调在咖啡里的颜色，几个朴素、舒适的沙发、桌椅、台灯、窗帘，令人觉得无比和谐；吃起饭来，不多不少，两三个菜，一碗汤，精致，可又不像有些地道的苏州人那样考究，而是色味齐备，却又普普通通，说明两位主人追求的不是'享受'而是'文化'；当然'文化'也是一种享受。"赵萝蕤说的"文化"就是一种雅趣。而陈福田呢？他生在美国檀香山，得过哈佛大学硕士学位，但却没有读过一本中国古书，毫无中国文化素养，这和比他大一岁的吴宓截然不同。他的美国英语说得非常流利，但是从来没有说过一句惊人的妙语，这和博学多才的钱锺书又截然不同。他的生活随俗，学生在昆明街上边走边吃东西，他也边吃边走。因为联大在农校时厕所不够，学生吃稀饭后下了课就在墙角小便，他也站在墙角小便，这和摆教授架子的叶公超也截然不同。总而言之，陈福田只有一个"俗"字了得。

但是"俗"字好不好呢？一般说来，俗人重利，雅士重义。其实，雅士也不是不重利，只是不能见利忘义而已。雅如叶公超，吴宓却说他"好利"。《吴宓日记》1938年2月25日说:"公超陪宓至交通银行,以国币三十五元,换得港币三十二元,公超借去宓港币十元＄10 H. K.(始终未还)。"可见雅如吴宓,也是不能忘利的。只有风雅如钱锺书,才能说出:"我姓钱,还能缺钱花吗?"至于陈福田的"俗"气,可以从他喜欢的《哈姆雷特》第一幕第三场中波洛涅斯说的话里看出来:

不要想到什么就说什么,凡事必须三思而行。
对人要和气,可是不要过分狎昵……
不要对每一个泛泛的新知滥施你的交情……
倾听每一个人的意见,可是只对极少数人发表你的意见……
不要向人告贷,也不要借钱给人;
因为债款放了出去,往往丢了本钱,而且还失去了朋友。

话虽如此,陈福田还是愿意借钱给穷学生的;他甚至回到夏威夷去向华侨募捐,设立檀香山奖学金,帮助成绩优秀而有困难的学生。所以他虽然语不惊人,但是行不逾矩,得到梅校长的重视,当上了外文系主任。关于这点,《吴宓日记》1937年6月27日记下了学生的意见说:"谓宓为本系学生人心所归,一切均胜陈福田,校长何以不命宓为系主任,殊属不平云云。"这也可以算是雅俗之争了。

陈福田对吴宓的看法,《吴宓日记》1929年9月16日有记载:"陈福田谓宓乃浪漫派中最浪漫之人。"也就是说,吴宓重情轻利。叶公超的看法却不同,《吴宓日记》中说:"叶君亦力言宓之离婚,乃本于execution of ideas(信念的实施)。"这就是说,吴宓重义轻利。但据1933年9月22日的《朱自清日记》所说："叶公超曾说：吴宓的朋友除了他叶公超一人外，没有不骂吴宓的。"叶公超知道不知道吴宓对他的不满呢？

对钱锺书的看法，吴宓和叶公超、陈福田都有矛盾。《吴宓日记》1940年3月8日说："随超、F. T.（陈福田）、徐锡良陪侍梅校长同归。梅邀至其宅（西仓坡）中坐，进茶与咖啡。宓倦甚思寝。而闻超与 F. T. 进言于梅，对钱锺书等不满，殊无公平爱才之意。不觉慨然。"由此可见，雅俗义利之间矛盾重重，但陈福田太俗恐怕还是一个句点。

陈福田先生最大的贡献可能是他编的《大一英文读本》。这本书是商务印书馆出版的《大学丛书》中的一本，对西南联大几千学生散布了西方的世俗思想。上学期给我讲"大一英文"的是叶公超先生，他对读本似乎并不满意，所以也懒得讲解。陈福田最喜欢的美国当代小说是斯坦贝克写美国落后农村的《愤怒的葡萄》，中国小说则是林语堂的《京华烟云》，所以他选了这几篇课文。但是叶公超的兴趣不同，他认为林语堂不如兰姆幽默。关于幽默，也是可以仁者见仁、智者见智的。这就是雅俗义利之争，陈福田虽然俗，这些课文也不能算是重利轻义吧！

钱锺书先生教我时才二十八岁。他戴一副黑边大眼镜，显示了博古通今的深度；手拿着线装书和洋装书，看得出学贯中西的广度。他常穿一套淡咖啡色的西装，显得风流潇洒；有时换一身藏青色的礼服，却又颇为老成持重。他讲课时，低头看书比抬头看学生的时候多；他双手常常支撑在讲桌上，左腿直立，右腿稍弯，两脚交叉，右脚尖顶着地。他和叶先生不同，讲课只说英语，不说汉语；只讲书，不提问；虽不表扬，也不批评；脸上时常露出微笑，学生听讲没有压力，不必提心吊胆，唯恐冷不防地挨上程咬金三斧头。

1939年3月31日，钱先生给我们上第一课。他用一口牛津英语对我们讲英国音和美国音的不同，要我们学标准的伦敦语音。他给我的第一个印象是：讲课言简意赅，深入浅出，妙语如珠。如他解释怀疑主义时说：一切都是问号，没有句点。（Everything is a question mark; nothing is a full-stop.）他用具体的标点符号来解释抽象的怀疑主义，而且问号和句点对称，everything和nothing又是相反相成，使学生既得到了内容之真，又感到了形式之美。这真是以少胜多，一举两得。

钱先生讲课不用中文，而隔壁教室潘家洵先生把课文翻译成汉语，结果大受学生欢迎。但钱先生说的妙语，却不是别的教授说得出的，如"美容的特征在于：要面子而不要脸"，"宣传像货币，钞票印多了就不值钱"，等等。他偶尔也有讲错的时候。记得讲爱伦·坡的短篇小说时，周基堃同学（后为南开大学教授）问："'My mind to do something'这句怎么没有动词？"钱先生说名词后面省了动词be。后来一查原书，却是名词前面漏了几个字，原句是"I made up my mind to do something"。钱先生应该看过原书，他的解释虽然不能算错，但这说明他的记忆并不能像照相机一样准确无误。

我为什么记得这一句呢？原来和我同上钱先生"大一英文"课的，有一个漂亮的女同学，名字是周颜玉。那时男女同学上课并不讲话，老师也不点名；所以下课之后，师生同学之间，几乎没有什么往来，有的甚至还不认识。我想要在周颜玉面前露一手，好让她认识我，就写了一封英文信给她，模仿这一句说：我一见她，"my mind to make your acquaintance"——结果没有回音。周颜玉真是名副其实,有点像电视剧《漂亮女孩》中的女主角,她身材不如女主角高,脸却更加漂亮。《吴宓日记》1939年8月7日中有记载:"前数日,于城门遇周颜玉,着橙红色衣,盛施脂粉,圆晶轻小,如樱桃正熟。偕其未婚夫行。今又遇于凤翥街口,着月色衫,斜垂红带,淡施脂粉,另有一种轻艳飘洒之致。与其夫购晨餐杂品。宓甚感其美云。"原来她已经有未婚夫了。六十年后,她和丈夫住在台湾,我写信给她谈到往事。她迟到的回信说:"我已是发苍苍、视茫茫的老妇,恐怕你已认不出来了。"又说:"我是1938年进外文系,后转入社会系。吴宓老师的'西洋文学史'我只读了一学期。记得有一次因为下雨,我弄脏了他的笔记本,吓坏了。同学告诉我吴老师很爱清洁,他会骂人。结果还好,他只微笑不说话,我松了一口气。"还说:"我在联大时,从未单独见过他,也未曾说过一句话。我也不是出色的好学生,蒙他抬爱(请我们吃饭),受宠若惊。最近我没照片,下次定会寄一张给你。不过白发老妇,请不要吓倒。"我还没有得到她的照片,所以在我心中,她还是当年同上钱先生"大一英文"课时坐在我旁边的那个"圆晶轻小"的女同学。

1939年4月3日,钱先生讲的课文是《一对啄木鸟》。他用戏剧化、拟人化的方法,把这个平淡无奇的故事讲得有声有色,化科学为艺术,使散文有诗意,已经显示了后来写《围城》的才华。他讲"树叶"一词,也可以和叶先生讲"补丁"媲美。他不但对词汇作感性分析,还对句子作理性分析。如4月21日他讲欧文的《孤儿寡母》,课文中出现了双重否定。钱先生就解释说,双否定有时是负负得正,有时却是加强否定,具体情况需要具体分析。

叶先生说幽默是看出事物本身的矛盾,他欣赏兰姆《论烤猪》的幽默。其实,为了要吃烤肉而把野猪藏身其中的树林烧掉,只是小题大做；把吃烤肉的故事叫作论文，也是小题大做。钱先生欣赏雅俗共赏的幽默，如4月28日讲的《打鼾大王》：卧车上有人鼾声如雷，吵得旅客一夜不能入睡，大家怒气冲冲想要报复。不料清晨卧车门开，走出来的却是一个千娇百媚的妙龄少女，于是大家顿时怒气全消，敌意变成笑意，报复变成讨好。这也写出了人性本身的矛盾，钱先生讲得自己也笑了起来。5月11日的英文作文题是《吃得太多的一个好结果》，我就模仿这篇课文写道：一个人吃得越多，就睡得越死，打鼾也越厉害，即使他的妻子在隔壁和人偷情也不知道。他在梦里和他的妻子谈话，却听不见她在隔壁和人谈情说爱。等到他的妻子听见他不打鼾了，立刻从隔壁房间跑过来，给他一个甜吻。他感到非常满意，觉得自己是世界上最幸福的人了。我希望我的作文能够博得钱先生一笑，但改作文的是助教，钱先生看也没有看到。

从5月起，钱先生讲的主要是论说文，如5月15日讲《大学教育的社会价值》，说到大学教育的目的是"知人"，使我更了解西方的"民主"。5月22日讲的《自由与纪律》，大意是说：人只有做好事的自由；如果做了坏事，就要受到纪律的制裁。这使我对"自由"的了解，又更深入一步。6月12日小考的时候，他只要求我们一小时写一篇英文作文，题目却不容易：世界的历史是模式的竞赛。和叶先生比起来，他更重质，叶更重量；他重深度，叶重广度。

"大一英文"期末考试时，周基堃坐在我右边，看得见我的答案。他就在我的基础上进行加工，结果考试成绩比我还好，把我气得要命。我本想在钱先生班上考第一，给他留下一个好印象。不料改考卷的还是助教，钱先生学期一结束，就离开联大了。不过塞翁失马，焉知非福？我从周基堃那里也学到了加工的一手，后来把外国人用散体翻译的中国诗词改成韵体,结果就青出于蓝而胜于蓝了。

钱先生在联大还为外文系高年级学生开了两门选修课:"欧洲文艺复兴"和"当代文学"。听过课的许国璋学长说:"钱师讲课,从不满足于讲史实、析名作。凡具体之事,概括带过,而致力于理出思想脉络。所讲文学史,实是思想史……盖一次讲课,即是一篇好文章,一次美的享受……钱师,中国之大儒,今世之通人也。"他英文写得好,主要是因为学了钱先生。

诗酒趁年华

悲莫悲兮生别离，
乐莫乐兮新相知。

——屈原《九歌·少司命》

　　我在中学时代，是乒乓球校队队员。来昆明后，常同二中同学张燮去青年会打乒乓球。在那里又常碰到联大乒乓球校队队员叶笃正，他是我心目中文武双全的大学生典型，后来他果然成了中国科学院副院长。我还碰到过江西星子小学二年级的老同学周绪旸，他告诉我他的妹妹绪昭不幸去世了。绪昭是我青梅竹马的小伴侣，我就写了一首回忆往事的诗：

八岁的时候我喜欢图画，
耽误了功课挨了一顿打。
痛在我身上，泪水却从她的眼里流下。
又一次我在她家画到深夜，

她比我还小，却要护送我回家。

路上看见萤火虫开花，这是感情的萌芽！

除了读书、写作、打球之外，我晚餐后常去宿舍附近的翠湖散步，并且写了一篇题为《翠湖》的作文。现在摘抄于下：

翠湖像一面绿宝石镶边的镜子，反映着周围的美丽、青春。当朝阳如柔和的目光抚摩着她的面孔，哪一个诗人不爱听小鸟和游鱼齐唱？当夕阳吻着她和她告别，哪一个画家不想描绘湖水共树影一色？

月夜来了，她给翠湖披上了一块银白色的面纱，多美丽啊！但又多扫兴啊！她同时为翠湖吸引来了一对对唱着《月光曲》的情侣和一群群谈论天气的客人。月亮出来了，但月亮不是我的，我要回去了。改着曹禺《日出》中的句子，我走出了翠湖。

在归途中，我意外地发现了一条小路。路上长满了和湖水一色的青草，显然是若干日子没人走过的。我走了进去，溅了两脚污泥，跨过两条小沟，正疑前面无路，忽然看见一溪清流、一道小桥——啊！我找到曲径通幽处了。从此每夜的月亮，在湖畔、在桥头、在草地上，留下了我的影子。

因为考试的枷锁，我已有一个月没去翠湖了。今夜月光如水，大地如洗，我又信步走进了翠湖。不料一月不见，如隔三秋，翠湖堤上已不再长着绿茵茵的青草，而是堆满了黑淤淤的污泥。哎？翠湖在疏浚了。

我再走向那条以前常走的小堤，不料只剩下一片绿水，几茎小草。小堤已被铲除，哪里去寻找旧日的踪迹？现在的翠湖，没有小堤，只有大道；没有幽径，只有直路；没有自然的风光，只有斧凿的痕迹。啊！翠湖遭到了奸污！

我还有什么话说呢？人们要把小堤、曲径一齐改成大路，正如他们要把超人、愚人一齐化为庸俗。我呆立在湖畔，月亮如一支残忍的笔，在水面上描下了我孤独的影子。我叹息，我走了出去。

这篇作文得了70分。浦江清老师只在"要把超人、愚人一齐化为庸俗"后面，画了一个小圈，表示这句还好。其实，这句反映了易卜生、林语堂对我的影响，而整个文风却是在模仿何其芳的《画梦录》，不过"画虎不成"罢了。

昆明的风景名胜很多，最著名的自然是滇池之滨的西山，远远望去，像睡美人在俯视水中的倒影，令人神往。1939年3月17日，基督教会三一圣堂组织了西山三日游，我和吴琼，还有同寝室的周基堃、邓汉英（后均为南开大学教授）、刘伟（后为云南公路局总工程师）都参加了。坐船从滇池到西山要走三个小时，一路上美国牧师康登拓夫妇教我们唱英文颂歌。歌词劝人不要爱尘世的浮华虚荣，因为人生短暂，转瞬消逝，所以应该把欢乐的财富存放在天堂，这样才能得到永生。歌词引不起我的共鸣，但男女声二部合唱，女声如"间关莺语花底滑"，男声如"幽咽泉流水下难"，听来非常悦耳。吃饭时每桌三个女同学，五个男同学，歌声此起彼伏，使我觉得"此曲只应天上有"，天堂的欢乐也不过如此，反倒更留恋尘世了。从西山回联大后，我写了一首新诗：

睡美人仰卧在滇池之滨，
高耸的乳峰吮吸着青天的蔚蓝，

使它化为满山遍野的绿阴；
她的幽谷是生命的摇篮；
她的奶汁抚育了无数的眼睛，
溢满了春城昆明的湖山。

昆明的名胜古迹，有黑龙潭的唐梅宋柏，有吴三桂修建的金殿，有陈圆圆临水梳妆的莲花池，等等。据说陈圆圆随吴三桂到云南后出了家，最终投莲花池自尽。池馆内还有陈圆圆作比丘尼装的石像，所以吴梅村的《圆圆曲》中说她："前身合是采莲人，门前一片横塘水。"5月6日，我同吴琼、万兆凤去了莲花池，但已不见"馆娃初起鸳鸯宿，越女如花看不足"，只见"香径尘生鸟自啼，屧廊人去苔空绿"了。7月23日，我们又去金殿凭吊这位"冲冠一怒为红颜""英雄无奈是多情"的平西王吴三桂，也是只见"斜谷云深起画楼"，不见"散关月落开妆镜"了。后来我把《圆圆曲》译成了英文。

7月14日，我们还同何国基、陈梅步行去了黑龙潭。去时容易回时难，五个人都累得走不动了，就谈起选择爱人的标准来。大家提了二十六个标准，每个标准要用一个不同的英文字母开始。讨论了半天，结果同意了二十六个英文词，译成中文是：能力、美丽、性格、学业、平等、家世、大方、健康、思想、公正、厚道、爱情、风度、清净、乐观、纯洁、资历、尊重、精神、信任、一致、贞节、勤劳、考验、年轻、热心。我和吴琼重相貌，万、何更重性格，争论得忘记了疲倦，不知不觉回到宿舍了。

8月4日，我同万兆凤参加联大学生会组织的游泳，坐船到西山脚下的海埂去。日记中写道：

蔚蓝的天，铺上几团雪白的云，反映在澄清的湖水里，湖看起来成了无底深渊。太阳落在水里，似乎也柔化了。我一会儿侧泳，一会儿仰泳，像是消融在柔情液化而成的湖水里。我不喜欢自由式，因为我不想和水搏斗，只想尽情享受。游泳后的阳光就像阳光下的湖水一样可爱。躺在孤岛的草地上，看着青山白云，听着波浪接喋，人似乎也和自然合一了。归途中用柳枝戏水，仿佛在钓树影一般。

回校后得二中同学歌雪（他最崇拜歌德、雪莱）的信，谈到6月12日赣州遭日本飞机轰炸后的凄惨情景："空庭寂院，凄凉伤感！梧桐花落满了阶台，没人来扫，屋檐下的鸽子也没有人管了。一阵风偶然把几片浮萍吹到一起，突然又各自漂开了。"这是写人生的聚散，虽然只是轻描淡写的几句，我的心却被他带来的忧郁染成了灰色。

8月5日，得到小学三年级的老同学涂茀生来信，他告诉了我一些二中老同学的消息。关于歌雪，他在信中写道：老李在科学馆得其所哉！他说："把气枪装上玻璃子打麻雀，是物理、化学、生物三组联系并用。"歌雪考取了浙江大学英语系第二名，但是没到浙大，就因病去世了。关于符达，茀生在信中说："符达他呀，在新淦小学有了爱人，打得火热，每天通信一封（因不便晤谈，故代以信）。对象样样都和符达差不多：程度、资格、家庭、经济、漂亮。"符达和他的对象当时都在新淦小学任教。他们两人一交头接耳，小学生就离开教室，挤到办公室门口来看热闹。后来他们结了婚。

关于茀生自己，他在信中写道："家庭中的不调和，一天天看得清楚了，有什么办法？调和于家庭之间是多么艰难啊！……悲与喜原是一样东西；笑更是无抵抗、无办法的表现。当我向小鸟儿亲善的时候，它们都远我而去，但狗子们却老围着我咆叫。"

我觉得他太悲观了，就劝他用艺术的态度来对待人生。我用朱光潜在《谈美》中的话说："一张钞票用实用态度看来，只是若干钱，可买若干东西；但若用艺术态度来看，就可以看到它的图案、色彩的美丽了。人生也是如此，用实用态度来看，也许枯燥无味；用艺术态度来观赏，也许可以发现一点情趣。"他回信说："先生，假如当你有债待偿，腹空如也，好不容易得到一张钞票，你是否还苦进得出一句：'这张英国印的纸票色彩调配得真好'？"

11月11日，得到符达来信说，茀生考取中央大学农艺系，到四川重庆去了；但茀生的工作能不能让他来接替，还没确定。"一卷棉被，到今日仍然找不到一席之地，让它暂时恒定地铺开来！唉！林明（这是我的别名，取自林冲和陶渊明）！还谈什么，我连鸟雀都不如，无论一只怎样可怜的雀儿，到夜间，它总有一枝可栖！"信里还有一张他和茀生难得聚会的照片，看到他们穿着和一年前一样的制服，却过着和一年前完全不同的颠沛流离的生活，我真要哭出来了！……

茀生在中央大学农艺系毕业后，在全国闻名的南丰蜜橘研究所当所长。1957年"反右"斗争中，他提了一些实用主义的意见，被错误地打成了右派。那时我却用艺术的态度，躲进了象牙之塔，逃避了斗争，去欣赏诗词的意美、音美和形美了。

1939年8月31日，我得到二中同学阳含和的信，告诉我他的父亲去世了："每当阴暗的雨夜，凄寂的月下，寂寞、孤独像一条巨蛇嚼蚀着我的心。是的，我忘不了那慈祥的亲爹娘与亲爱的兄弟、朋友、同学。我恋念着家，我恋念着永泰，我恋念着那暮色苍茫中的一片田野，我恋念着那消失在天边的一条黄色公路，我恋念着那埋在斜柳下的曲折的大观河，我恋念着那黄昏时的紫色的、红色的晚霞……然而，朋友，让我们忘却了'以往'吧！虽然它是那么美丽，但回忆却会使你痛苦、使你颓废！"

11月19日，二中同学刘匡南也到联大来了。后来，他爱上了《大匠的困惑》的作者林洙，但是不好意思表白，只在她的纪念册上题了一首英文诗，译成中文是：

红玫瑰鲜艳（用红色笔写），
紫罗兰淡雅（用紫色）。
多情本高洁（用蓝色），
何时赠彩霞（用五彩）？

林洙对他也有好感，但是没有体会到这首诗的含义，结果做了梁思成的续弦夫人。而匡南却不幸在1957年12月13日去世了。

1942年下半年，大学同学十二人摄于昆明联大附近英国花园：右1万兆凤，2许渊冲，3赵嘉真；前排左1孙永明，3万绍祖；后排左1黄有莘，2曾慕蠡，3熊中煜，4邓海泉，5刘匡南。多人曾在抗日战争期间参军。

我们死别的日子，偏偏就是二十年前同车离开南昌的那一天。我写了一首《哀匡南》：

二十年前生离日，又是今朝死别时；
回首往事都成梦，从此生死两不知。
犹忆同学少年时，江畔读书各言志；
赣江流水新发电，故人已随江水逝。
万里求学去昆明，茅屋萤灯传书声；
西山峭壁今犹在，翘首北望念故人。
联大毕业去重庆，君曾伴我游嘉陵；
北碚温泉水尚暖，故人地下骨已冷。
炮竹声中庆胜利，我曾偕君归故里；
雪拥鹰潭车不前，茅舍寒宵待鸡啼。
欧游归国庆解放，贺君新婚喜成双；
灯下谈心论诗词，冬夜传书惊早亡。
念君英姿如美玉，思君柔情似水长；
方谓英才展经纶，何期噩耗断人肠！
青山默默万点愁，百般相思付东流；
松柏常青伴君眠，三更梦里思悠悠！

【大二选课】

◆ 1939年10月2日　许渊冲日记

今天开始注册选课,地点在昆中北院9号教室,到场指导选课的老师是叶公超和吴宓两位先生。叶先生是北大外文系主任,教过我一学期"大一英文",他穿灰色西服,坐在一把扶手椅上签字盖章。吴先生是清华外文系代主任,我听过他在昆华工校讲翻译,记得他说过翻译不但要翻表面的词义,还要译出文内的含义。今天他穿蓝色长衫,站在叶先生旁边进行具体指导。我看选课表上有几个组,我正考虑继续选钱锺书先生用英国英语讲解的课还是改选潘家洵先生用中文翻译的课,一问吴先生,才知道外文系二年级规定都选陈福田教授的"英文散文及作文(一)",教室是昆中北院2号,时间是星期一、三、五上午第二堂;第一堂上吴宓先生的"欧洲文学史"。教室是昆中北院9号。这两门都是必修课,其他必修课还有莫泮芹教授的英文散文,教室在新校舍9号,时间是二、四、六上午第三堂。下午第一堂则在昆中北院2号教室上谢文通教授的英文诗。还有一门必修课是第二外国语,我选了闻家驷教授的"法文(一)",每星期二、四、六第一堂在昆北3号教室上课。但是我对俄国文学感兴趣,想加选刘泽容教授的"俄文(一)",问吴先生是否可以。吴先生看了看我一年级的成绩,大一英文79分,总评72分,说是可以,于是我就同时选了法文和俄文,把选课单交给吴先生,吴先生看后再交给叶先生签字,他却没有签名,只是盖个章。就这样我选了二年级的课。

吴宓讲欧洲文学史

采撷远古之花兮，
以酿造吾人之蜜。

——吴宓

1939年秋，我升入联大外文系二年级，选修了吴宓教授的"欧洲文学史"、陈福田教授的"大二英文"、莫泮芹教授的"英国散文"、谢文通教授的"英国诗"、刘泽荣教授的"俄文"和贺麟教授的"哲学概论"。

关于吴宓，温源宁在《一知半解》中有非常生动的剪影："吴宓先生真是举世无双，只要见他一面，就再也忘不了。……吴先生的面貌呢，却是千金难买，特殊又特殊，跟一张漫画丝毫不差。他的头又瘦削，又苍白，形如炸弹，而且似乎就要爆炸。……他脸上七褶八皱，颧骨高高突起，双腮深深陷入，两眼盯着你，跟烧红了的小煤块一样——这一切，都高踞在比常人长半倍的脖颈之上；那清瘦的身躯，硬邦邦，直挺挺，恰似一条钢棍。"

吴宓

关于吴先生的为人，温源宁接着说："他以学者自豪，他的朋友们也因这位天生的名士而得意。他绝不小气，老是热心给别人帮忙，而又经常受到某些友人和敌人的误解；对别人的良好品德和能力，他有点过于深信不疑；外界对他有意见，他也过于敏感。这样，对自己也罢，对外界也罢，吴先生都不能心平气和。"吴先生的学者风度，可以从他对钱锺书的评论中看出。钱锺书是他的学生，他却能虚怀若谷，慧眼识英雄，可见他是多么爱才若渴！我自己也有切身的体会。1940年5月29日，我在日记中写道："上完'欧洲文学史'时，吴宓先生叫住我说：'我看见刘泽荣先生送俄文分数给叶公超先生，你小考100分，大考100分，总评还是100分，我从没有见过这样好的分数！我从没见过这样好的分数！'"吴先生是大名鼎鼎的老教授，这话对一个十九岁的青年是多大的鼓舞！我当时就暗下决心："欧洲文学史"一定也要考第一。结果我没有辜负吴先生的期望，但却因为搬动讲桌后没有搬回原处，挨了他一顿批评。

关于吴先生的年龄，温源宁写道："他实际不到五十岁，从外表上看，你说他多大年岁都可以，只要不超过一百，不小于三十。他品评别人总是从宽，对自己则从严，而且严格得要命。他信奉孔子，在人们眼中是一位不折不扣的孔门学者。他严肃认真，对人间一切事物都过于一丝不苟，采取了自以为是的固执态度。"他品评别人扬长避短，如对我的好评就是一例。他过于严肃认真，如为了讲桌批评我们一顿也是例子。他的一丝不苟，首先表现在他的书法上。他写中文非常工整,从来不写草字、简字;他写英文也用毛笔,端端正正,不写斜体,例如S和P两个字母,写得非常规矩。五十年来,我一直模仿他的写法。其次,他的一丝不苟还表现在排座位上。联大学生上课,从来没有排座次的,只有吴先生的"欧洲文学史"是例外。他安排北大、清华、南开的学生坐前排,于是在美国《诗刊》上发表过英文诗的李廷揆(北大)、后来翻译出版了《红与黑》的赵瑞蕻(南开)就坐在第一排。赵的未婚妻杨静如(杨苡,后来翻译出版了《呼啸山庄》)按学号应该坐在后排,但吴先生却照顾她坐在赵旁边,可见他还是古典主义和浪漫主义相结合的。我坐中排,左边是名副其实的美人金丽姝,右边是国际建筑大师林同炎的未婚妻、联大校花高训诠,真是"才子佳人"济济一堂。

关于教学,温源宁接着说:"作为老师,除了缺乏感染力之外,吴先生可说是十全十美。他严守时刻,像一座钟,讲课勤勤恳恳,像个苦力。别人有所引证,总是打开书本念原文,他呢,不管引文多么长,老是背诵。无论讲解什么问题,他跟练兵中士一样,讲得有条有理,第一点这样,第二点那样。枯燥,容或有之,但绝非不得要领。"关于背诵,我是得益匪浅。上课时,我一听到老师照本宣科,就会心不在焉。因为照本宣科不能融入自己的感情,不能引起听众的兴趣,不能产生心灵的交流,不能使听众受到感动,所以多半失败。吴先生讲课则有条有理。我还记得他讲到英国五大浪漫主义诗人时说:华兹华斯是自然中见新奇,柯勒律治是新奇中见自然,拜伦是表现自我的诗魔,雪莱是追求理想的诗神,济慈是沉醉于美的诗人。真是要言不烦,一语中的。吴先生不但自己背诵,也要求我们多背诗。考清华研究院外国文学研究所有一个必考的题目,就是默写一首你最喜欢的英文诗。我考试时,曾把雪莱的

《云》的84行122韵,从头到尾默写出来。这不但使我考入了清华研究院,更重要的是,为我后来把中国古典诗词译成英文打下了一个良好的基础。如果不背英文诗,翻译诗词是难以想象的。回忆起来,这不得不归功于吴先生的教导。

最后,温源宁作结论说:"一个孤独的悲剧角色!尤其可悲的是,吴先生对他自己完全不了解。他承认自己是热心的人道主义者、古典主义者;不过,从气质上看,他是个彻头彻尾的浪漫主义者,……他赞赏拜伦,是众所周知的。他甚至仿照《哈罗尔德公子》写了一篇中文长诗,自相矛盾;然而,谁也不觉得这是个闷葫芦,除了他自己!"在我看来,吴先生是古典主义的外表,却包含着浪漫主义的内心。前面提到,我们搬动讲桌没有搬回原处,在他看来,这是违犯了"尊师重道"的古典主义原则。即使从浪漫主义的观点来看,也是情无可原的,所以他批评了我们一通。而杨静如坐到赵瑞蕻旁边,虽然也不合乎"论资排辈"的原则,但却有一点浪漫主义的精神,所以他就通融处理了。这种例子很多,如欧洲文学中,他最推崇希腊的古典文学和近代的法国浪漫主义文学。他讲中世纪的文学,最推崇但丁的《神曲》。《神曲》中游地狱的向导是古典主义诗人维吉尔,游天堂的向导却是但丁一见钟情的美人贝雅特丽齐。他讲法国文学,最推崇卢梭的《忏悔录》,最爱读卢梭牵着两个少女的马涉水过河那一段,认为那是最幸福的生活、最美丽的文字。他讲英国文学,最赞赏雪莱的名言——爱情好像灯光,同时照两个人,光辉不会减弱。由此可见他浪漫主义的内心。

吴先生讲"欧洲文学史",其实也讲了"欧洲文化史",因为他讲文学也将哲学包括在内。如讲希腊文学,他却讲了苏格拉底、柏拉图、亚里士多德。后来他为外文系三年级学生开"欧洲名著",讲的就是《柏拉图对话录》。他最善于提纲挈领,认为柏拉图思想中最重要的是"一""多"两个字:"一"指抽象的观念,如方、圆、长、短;"多"指具体的事物,如方桌、圆凳、长袍、短裤。观念只有一个,事物却多种多样。柏拉图认为先有观念,然后才有事物。如果没有方桌的观念,怎么能够制造出方桌来?他还认为观念比事物更真实,因为方的东西、圆的东西,无论如何也没有方的观念那么"方",没有圆的概念那么"圆"。因此,一个人如果爱真理,其实是爱观念超过爱事物,爱精神超过爱物质。这就产生了柏拉图式的精神恋爱观——这后来对我产生了不小的影响。但是观念存在于事物之中,"一"存在于"多"中,所以爱观念不能不通过事物或对象。而对象永远不能如观念那样完美、那样理想,因此,恋爱往往是在"多"中见"一",往往是把对象理想化了。但理想化的对象一成了现实中的对象,理想就会破灭;因此,只有没实现的理想才是完美的。但丁终身热恋贝雅特丽齐,正是因为她没有成为但丁夫人啊!

  吴先生还为外文系四年级学生讲作文和翻译。我第一次听他讲翻译是1939年暑假在昆华工校的大教室里。记得他的讲话充满了柏拉图"多中见一"的精神。他说,翻译要通过现象见本质,通过文字见意义,不能译词而不译意。其实,他说的词就是后来乔姆斯基所谓的表层结构,他说的意就是所谓的深层结构。不过他是言简意赅,没有巧立名目、玩弄字眼而已。

  他讲英文作文,还是强调背诵、模仿。也就是说,要我们背熟一篇名作,然后模仿写篇作文。在他的教导下,我模仿莎士比亚的《哈姆雷特》和塞万提斯的《堂·吉诃德》,写了一篇叫作《吉诃雷特》的故事,现在摘译于下:

吉诃雷特年轻漂亮,身材高大,脸色红润,但是走起路来,眼睛不是朝下就是朝上,从来不正面看人。他讲究穿着,衬衣领子雪白,衬托得领带的色彩更加鲜艳;每次走过橱窗,他总要看看自己的身影。如果看到别人穿着比他更加讲究,他也并不羡慕,因为他认为金玉其外的人,往往是败絮其中——其实,人虽不可貌相,外表和内心也不一定是成反比的。

他总是以己之长比人之短,所以觉得自己高人一等,不把别人放在眼里。但是一个月夜,他在湖滨舞会上认识了秀外慧中的南茜,却又自惭形秽了。那夜的月亮发出了银光,使湖水看来像熔化了的碧玉;而南茜的眼睛却比明月还更亮,她的笑容比湖水还更美。他们共舞的时候,他沉醉在湖光月色、秋波笑影之中,几乎是神魂颠倒了。更使他喜出望外的是,南茜接受了他的约会。这幸福的代价,就是一个不眠之夜。

他和幸福之间,只隔几个明天,但他却觉得度日如年,时光好像是爬行的蜗牛。等到那个明天变成了今天,他就穿上他最好的衣服去赴约会。不料他外表越讲究,内心却越空虚;他说起话来语无伦次,做起事来手足无措;他越想显示自己,反而越显得笨拙;他的确是金玉其外,败絮其中。于是这第一次约会,也就成了最后一次约会。

但他爱得不深,苦恼也不长久。他又去书中寻找安慰,因为"书中自有颜如玉,书中自有黄金屋,书中自有千钟粟"。他幻想自己成了有"黄金屋"和"千钟粟"的外交官,自然不愁没有"颜如玉"了。他就这样自我安慰,取得了精神的胜利。

哈姆雷特是思想的巨人,行动的矮子;堂·吉诃德却是思想的矮子,行动的巨人。我写《吉诃雷特》,本来要写半个堂·吉诃德,半个哈姆雷特,也就是说,一个思想上和行动上的矮子。结果却是"画虎不成",写得有点像在模仿《罗密欧与朱丽叶》中的楼台会了。我还模仿雪莱的《云》的格式,写了一首吉诃雷特献给南茜的英文诗,现在翻译如下:

我驾着小舟在湖上漫游,
湖水如梦如醉;
夜深人又静,月色明如镜,
教我如何入睡?
星星在天上闪烁着微光,
好像你的眼睛;
微风轻轻吹,流水去不回,
流过了我的心。
波浪拍湖岸,是我的呼唤,
使水不断荡漾;
假如陪着你,我多么欢喜,
哪怕只是想象!

但是谁知道:湖水这么好,
下面却有漩涡?
谁能够料想:美丽的女郎
心里却没有我?
没有我也罢!我愿做傻瓜,
沉湎在漩涡里;

> 哪怕你说谎,我也愿上当,
> 只要使你欢喜!
> 我带着恐惧,但只好离去,
> 去到海角天涯;
> 假如你后悔,我立刻就会
> 不再四海为家!

吴先生看了我的作文,说是他不喜欢我描写的人物,但是英文写得还好,善于模仿前人用词造句;写诗也是有韵有调,读来朗朗上口,给了我80分。我在吴先生班上只写了这一篇作文。1941年11月,美国志愿空军飞虎队来华对日作战,需要大批英文翻译,联大外文系四年级男生(除吴讷孙外)全部应征服役,我就离开了联大。

1942年秋,我回联大复学,又选修了吴先生开的"文学与人生"。他说:"文学是人生的精华,哲学是气体化的人生,诗是液体化的人生,小说是固体化的人生,戏剧是固体气化的人生。哲学重理,诗重情,小说重事,戏剧重变。小说包含的真理多于历史,所以小说比历史更真,我们可以从小说或文学中了解人生。"又说:"孔子注重理想生活(精神),对于实际生活(物质),则无可无不可。他有自己的事业与幸福(义),所以轻视外在的环境和物质的享受(利)。"吴先生的儒家思想深深地影响了我们这一代外文系的学生。

我眼中的联大三校长

2002年年底，梅祖彦告诉我，柳无忌先生在美国去世了。他要我写一篇纪念的文字。2003年年初，我把文章给他。不料《联大校友简讯》发表之后，却得到祖彦去世的消息。回想祖彦一家，和联大关系非常密切。而我又在联大前后八年：前四年在外文系，毕业前去美国志愿空军飞虎队做了一年翻译，毕业后又考取了清华研究院，还兼了一个学期的半时助教，可以算是和联大同始终的了。回想联大八年，三位常委之中，给我印象最深刻的，还是清华大学的梅贻琦校长。

联大三位常委我都见过，第一位见到的是北大蒋梦麟校长。入联大前，我就读过他翻译的美国总统威尔逊欧战时的演说词。据说孙中山对他在报上发表的文章很欣赏。我在书中看到他的照片，穿西服，戴眼镜，比较洋气。不料他对联大新生训话时穿的却是长袍，讲话浙江口音很重，内容也和学术无关，只是告诫新生要守校规。所以我觉得有点失望，认为并不比中学校长的水平更高。杨振宁也该听过那次训话，不知道他是否还有印象。

第二次见到蒋校长是在昆华农校的足球场上体育课时，听见马约翰教授和一个老师说英语，一看却是蒋校长。马老满头银发，蒋校长却戴着礼帽；马老目光炯炯有神，蒋校长却戴着金边眼镜，微微含笑；马老上身穿深色西服，下身穿浅色灯笼裤，双手握拳，蒋校长却穿着长衫，拿着手杖；马老健壮溢于言表，蒋校长却瘦削而含蓄不露。两人形成了鲜明的对比，蒋校长代表的是北大的传统文化，马老代表的是清华自强不息的精神。

第三次见到蒋校长是在新校舍图书馆前的广场上。那是1939年12月1日上午，刚好是"一二·一"运动前六年。那时国民政府的教育部长陈立夫来联大，由蒋校长陪同对全体师生讲话。两人都穿长袍马褂，那是当时的礼服；两人说话都是浙江口音。先由蒋校长作简短的介绍，然后陈立夫才致辞。记得他讲的是一个和尚化缘修庙的故事，有点像武训乞讨施舍来办义学一样。他用这个故事来说明有志者事竟成的道理，也试图用源自孙中山的"唯生论"来解决唯心论和唯物论的矛盾。讲后两人都回重庆去了。

南开大学的张伯苓校长我只见过一次。他来昆明时，联大剧团为表示欢迎，在新校舍第二食堂演出话剧。但是食堂没有凳子，只好把图书馆的长凳搬去。不料晚上来图书馆看书的同学没有凳子坐，要去看戏又没有票，于是就去食堂搬凳子，结果扰乱了剧场的秩序。第二天张校长在昆华中学北院操场上讲话，梅校长陪同站在旁边。张校长批评了扰乱秩序的学生，说大家喜欢看戏，他可以请周恩来到联大来演出。周恩来和梅贻琦都是南开中学的毕业生，周在南开常演话剧，并且反串女角。因为那时中国话剧还处在莎士比亚时代，女角多由男同学扮演，所以周恩来和曹禺都反串过。到了联大时代，已经男女各就各位，中文系的王年芳演过莫里哀喜剧中装腔作势的才女，外文系的张苏生演过英文剧《锁着的箱子》中救人脱险的主妇，历史系的张定华更演过曹禺《原野》和《黑字二十八》中的女角。张校长提到梅校长时，称他为月涵，说他是南开中学第一班第一名，后来又是清华第一批留美生。

据说1937年"七七事变"后，日本侵略军占领北平、天津，北大、清华、南开奉命南迁，组成长沙临时大学。三位常委去长沙视察临时大学的校舍。校舍原是兵营，几十个学生住一间，非常拥挤，很难安心学习。蒋校长看了直摇头，说是他不愿让他自己的儿子住这样的房子。张校长却相反，说他倒要他的子女来这里住，因为艰苦的环境才好锻炼坚强的性格。由此可以看出张校长艰苦奋斗的精神。梅校长最通情达理，他说：如果条件许可，自然应该住得好些；如果没有条件，那就应该适应环境。

梅校长在联大的时间最多。经常看见他穿一套灰色西服或是一件深色长袍，从西仓坡清华办事处经过昆中北院，再走豁口到新校舍来。有时空袭警报响了，他也和同学们一起到新校舍北面的坟山中躲警报。有一次我看见他后面一个跑警报的军人嫌他走得太慢，居然用手把他推开。据说蒋校长在重庆躲警报时也受到过军人的欺侮，蒋校长就拿出随身携带的蒋介石的请帖来，军人赶快赔礼。可见蒋校长更会做官。

蒋介石也请过梅校长吃饭。《梅贻琦日记》1946年6月25日中有记载："余问：'主席（指蒋介石）看北方局面是否可无问题？'答：'吾们不能说一定，或者不致有大问题。'言时笑容可掬。其或笑余之憨，余亦故为此问也。"简简单单几句话，却写出了蒋介石的声音笑貌，可见蒋介石在解放战争前夕，对华北局势并无把握。其实梅校长担心的，在1945年10月28日的日记中已有记载：

左：蒋梦麟
右：梅贻琦

张伯苓

"倘国共问题不得解决,则校内师生意见更将分歧……民主自由果将如何解释?学术自由又将如何保持?使人忧惶!"11月5日又写道:"对于校局则以为应追随蔡孑民先生兼容并包之态度,以恪尽学术自由之使命。昔日之所谓新旧,今日之所谓左右,其在学校均应予以自由探讨之机会,情况正同。此昔日北大之所以为北大,而将来清华之为清华正应于此注意也。"

事过五十多年,现在看来,梅校长当时担忧的学术自由问题已成为中国文化教育的前进方向。当时联大校内师生意见的分歧体现在闻一多先生和中文系学生汪曾祺身上。汪曾祺当时对政治基本不闻不问,甚至对闻先生参与政治的做法有些不以为然,觉得文人就应该专心从文。闻先生对他的精神状态十分不满,痛斥了他一顿。他写信给闻先生,说闻先生对他"俯冲"了一通,并且对闻先生参与政治的做法直截了当地提出了不同的意见。闻先生回信说汪曾祺对他"高射"了一通。这"俯冲"和"高射"就代表了联大师生对学术自由的不同看法。

我对梅校长印象最深的,是他在新校舍第一食堂的讲话,记得内容大致是说:学生的主要任务是读书,不是参加政治活动。看来他是支持汪曾祺,不赞成闻一多先生的。但在1941年美国志愿空军来华参加抗日战争,需要英文翻译时,他却号召联大外文系三四年级的男同学参军,去完成这一政治任务。到了1944年,他更号召全校四年级男学生一律参军去做翻译,梅校长的儿子祖彦还不到四年级,却提前参了军,连他的女儿祖彤也随军去做护士。大型历史文献片《西南联大启示录》有一张照片,就是我们欢送1944级外文系彭国焘去美国14航空队、经济系熊中煜去史迪威炮兵司令部、电机系孙永明去缅甸孙立人军中当翻译的。我在美国志愿空军机要秘书室做翻译时，梅校长来秘书室了解联大同学工作的情况，告诉我要回校再读一年，才能毕业。这两点对我关系很大：因为进步同学如彭国焘，积极参加政治活动，在国民党时期受到迫害，解放后成了领导干部，"反右"时因为执行校长职权，免了一个干部的职，结果被打成右派。而我只走"白专道路"，虽然受到批斗，却没有戴帽子，这真是不幸中的大幸。我参军后回了联大，如果没回，像一些美军翻译一样去了美国，而美国出版的中国诗词英译本都是自由体的，我有韵的译本也许根本出不来，那反而会成为中国文化的损失了。

1949年，梅校长到巴黎出席联合国教科文组织的会议，我们几个在巴黎大学的联大校友陪他去参观了卢浮宫、凡尔赛宫、枫丹白露宫，去歌剧院听了歌剧，在香榭丽舍大道露天咖啡馆喝了咖啡。晚上我们还请梅校长在金龙酒家晚餐。记得梅校长慢吞吞地讲了一个笑话：有些人谈到怕老婆的故事，有一个人说："怕老婆的坐到右边去，不怕的留在左边。"结果大家都往右坐，只有一个人不动。大家

1949年，巴黎大学清华联大校友欢迎清华梅贻琦校长摄于协和广场，左起1何申（生物），2许渊冲，3梅校长，4林宗基，5吴其昱（外文），6卢浚（教育），7田方增（数学）。

1949年，巴黎联大校友在香榭丽舍大道露天咖啡座欢迎清华大学校长梅贻琦，围桌而坐，左起1卢浚，2梅校长，3林宗基，4许渊冲，5何申，6田方增，7吴其昱。

问他怎么不怕老婆？他回答说："老婆叫我不要到人多的地方去。"那时北京已经解放，清华师生几乎全都留校。梅校长这个笑话有没有流露他当时的心情呢？从此以后，我就没有再见到梅校长了。

至于梅校长的子女，我除了和祖彤、祖彦一样参了军外，参军回校后还和他们的大姐祖彬同上外文系四年级。外文系要演出英文剧《鞋匠的节日》，写一个发国难财的鞋匠当了伦敦市长的故事。彭国焘、金隄、万淮等演鞋匠，我演一个花花公子，爱上了鞋匠的未婚妻。鞋匠（由金隄扮演）打仗去了，公子造谣说他已经战死，要和他的未婚妻（由祖彬扮演）结婚。祖彬最初不肯答应，说我不如她高；背靠背比了一下，我比她高了一公分。这有我们五十年后在北大重逢的照片为证。此外，祖彬的小妹祖芬上过昆明天祥中学，而我是她的英文老师。这样说来，我和梅校长一家可以算是有缘分的了。

2000年前后许渊冲（二排左1）夫妇（前右1）与清华梅校长之女、回国探亲的梅祖彬（二排左2）一家合影。前排左1刘自强（祖彦夫人），2梅祖彤；二排左3关逸娴，4何申；后排左1梅祖彦，2贺祥麟（广西师大教授）。

柳无忌讲西洋文学

柳无忌先生1907年生于江苏，是爱国诗人柳亚子先生的长子。他五岁时开始熟读《左传精华》《史记》《古文观止》《诗经》《唐诗三百首》等，并能背诵全部诗文；高小时开始读旧小说：《三国》《水浒》《说唐》《征东》等历史故事，《西游》《封神》等神话小说，《包公案》《彭公案》等侦探小说，《七侠五义》《小五义》等武侠小说，觉得这些紧张奇异的故事，非常引人入胜。那时他年纪太小，对书中绘声绘色的描写和诗词韵文却认为是多余的，对《红楼梦》等言情小说也不感兴趣。在高小时，他还开始读英文，生字学了不少，并死背过《纳氏英文文法》的定义；暑假期间还请了上海沪江大学的女学生做家庭教师，补习英语。柳无忌在《古稀人话青少年》一文中说，教师的"英文程度好，读音准，那种软熟的吴音英语确是悦耳好听，

柳无忌

使幼年的我为之神往不止"。这就使他从小打好了英语的基础。那时他还读过林纾翻译的西洋小说,如《鲁滨逊漂流记》《双城记》《块肉余生记》等。但最使他向往的是"一连串福尔摩斯的侦探小说,故事情节的奇异有如公案小说",后来他又读了一些原文小说,这更使他打好了英文文字的基础。

高小毕业之后,柳无忌进了上海圣约翰青年会学校,学习两年。他成绩最好,得到好多奖章奖状,以第一名获全部奖学金入圣约翰中学。那时最使他骄傲的,是他的英文程度已经高出上海洋学堂出来的学生。在圣约翰中学和大学读书时,许多老师都是外国人。国文教师是中国人,在教会学校不受重视。直到他大一时,来了一位国学大师钱基博,是钱锺书的父亲,才受到大家的尊敬。柳无忌在《古稀人话青少年》中说:"我也起始大量阅读新文学书籍,最喜好一些有浪漫与感伤成分的作品,如郁达夫的《沉沦》,郭沫若的《落叶》与翻译的《少年维特之烦恼》。这时的新诗我并不欢喜,以为《尝试集》旧诗的味道太重,而与此相反的《女神》又太洋化,混杂了好些外国字与西洋典故,不易消化。康白情与俞平伯的新诗,不过平平白白而已。至于汪静之的爱情诗,行句中大量的'接吻',颇为新颖,但怎么能说是诗呢?正如张资平的三角恋爱故事,以投合一般读者的低级趣味为能事,如何能说是小说呢?"由此可见他在学生时代已经养成了文学批评的精神。

1925年,上海发生了"五卅惨案",圣约翰大学的学生罢课,提出抗议。那时柳无忌十八岁,悲愤地离开了学校。幸亏清华学堂那一年改为大学,需要资金,凡愿捐赠五千元的家长可以送子弟入学,这样,他就插班入了清华大学三年级。他的同学后来成了联大外文系教授的有赵诏熊、陈铨、吴达元、杨业治等;比他高几班的有闻一多、梁实秋、孙大雨、顾毓琇等。那时教他国文的是朱自清，他写了一篇两万多字的论文，比较李白和杜甫，得到朱先生的赞赏。当时清华最有名的教授是梁启超和王国维。他问梁先生：《班定远平西域记》的作者曼殊室主人是不是苏曼殊？不料梁先生告诉他，他本人就是《班定远平西域记》剧本的作者。至于王国维，柳无忌因为受了新潮流的影响，对他并没有好感，尤其不满意他那条象征奴才的辫子。但在这些新老教授和同学们的熏陶之下，柳无忌这一代人成了学贯中西的知识分子。

对于清华大学，柳无忌认为梅贻琦校长的贡献远比其他校长为大。他在《张梅两校长印象记》一文中说，1908年，"梅贻琦考取第一批清华庚款留美学生，比张彭春、胡适、赵元任早一年"，"清华能在20世纪30年代与40年代追上北大，同为中国最高学府（西南联合大学期间，就是在文学院方面，清华也足与北大抗衡，而理工学院更优越于其他学校），梅校长是数一数二的功臣"。

柳无忌在清华毕业后，1927年去美国留学，先后入了劳伦斯大学和耶鲁大学。他在耶鲁的同学后来成了联大历史系教授的有皮名举。在耶鲁时，柳无忌一天只吃两顿——早餐与晚餐，偶尔饿了，就到附近一些点心店吃一点东西充饥。他最爱好英国浪漫派诗人，特别是雪莱。他自己的诗文也深受浪漫派的影响，情感奔放，风格华丽，花样繁多，描写细致。他在耶鲁的博士论文就是研究雪莱当年与死后在英国的文学名声的。1931年取得博士学位后，他去伦敦游学，和朱自清先生同住在"维多利亚时代的上流夫人"家里，并同夫人小姐共进早餐晚餐。他去伦敦西部参观了雪莱的故居。那是一个小镇，很少外国人去，故居大门紧闭，只在门口有一个小牌子标明。他更喜欢去浪漫诗人济慈的故居，济慈曾在那里为他热爱的情人写下了一些有名的诗篇，留下了一些遗物和诗稿。据说有一天晚上济慈听到了夜莺的鸣声，沉浸在想象之中，忘怀了生命的孤寂与悲哀，就写下了那首不朽的《夜莺曲》。柳无忌是在伦敦结婚的，婚后还同朱自清去瑞士游了雪山。登山的费用太大，要花半个月的清华官费，结果只有朱先生一个人登上了少妇峰。他们三人还同去了意大利，参观了庞贝古城的遗迹，玩得很好，增加了不少见闻，然后三人乘船经红海和印度洋回国。

1932年起，柳无忌任南开大学教授，是第一位外文系主任。1937年卢沟桥事变，南开与北大、清华迁到湖南，成立长沙临时大学，文学院在南岳。柳无忌写了八十天的《南岳日记》，是非常难得的历史文献。现在摘抄如下：

11月16日　功课已排就。我有"英国文学史""英国戏剧""现代英国文学"三门，共八小时。功课并不轻，将来就要忙碌了。

11月19日　昨日开学。今晨七时起，上英国戏剧及文学史二课。戏剧班有学生三十余人，文学史班到十四人，没有书可读，没有书参考，连黑板都没有，……下午及晚上读戏剧二部：易卜生之《国民公敌》……剧中有名句曰："世上最强之人，亦即最孤独之人。"

11月24日　编英国戏剧讲义，此将为我在山之主要工作。阅《金库诗选》，诵拜伦，雪莱诸诗，……这几首诗十几年前都熟读能背诵，今则已生疏了。

12月1日　日来饭食甚佳，真乃"人生一乐"。同事容肇祖作打油诗数首，套时在此楼居住之人士，颇饶兴趣，借录如下：

冯阑雅趣竟如何（冯友兰），闻一由来未见多（闻一多）。
性缓佩弦犹可着（朱佩弦），愿公超上莫蹉跎（叶公超）。
鼎沈洛水是耶非（沈有鼎），秉璧犹能完莹归（郑秉璧）。
养士三千江上浦（浦江清），无忌何时破赵围（柳无忌）。
从容先着祖生鞭（容肇祖），未达元希扫房烟（吴达元）。
晓梦醒来身在楚（孙晓梦），皑岚依旧听鸣泉（罗皑岚）。
久旱苍生望岳霖（金岳霖），谁能济世与寿民（刘寿民）。
汉家重见王业治（杨业治），堂前燕子亦卜孙（燕卜孙）。
（此绝冯友兰作）

用人买物归，为我购得鸡子三十六枚，橘子三十九只，花生一大包，共费洋一元。

12月11日　太阳好，星期六，正是游山天气，名胜美景，固不可不游，但游后兴尽而归，亦不过如是。唯有将此胜景留在想象之中，使成为甜蜜的欲望，欲望既未能达到，甜蜜遂长存于心头，不时憧憬之，嚼玩之，其味乃无穷矣。

12月14日　公超自长沙返，带来我的衣服、书、讲演稿一大包，大乐。

12月22日　搬至下面宿舍居住，四人同房（我们的房间是佩弦师，江清，皑岚及我），一室四床，二桌，四椅，无徘徊余地了。

今日校中公布空袭警报规定。九时三刻在戏剧班上课，忽闻机声轧轧甚近。教室外学生走动甚多，听讲者面呈不安色。告以如愿者，可以自由离室，但无人出去，结果仍维持至九时五十五分散课。安然无事。

1938年元旦　昨晚在山中过除夕。参加文院师生联欢会，还算热闹。散会后与佩弦师、江清、雪屏作桥戏，共三局，至十二时一刻，已到今年，始睡。

正月17日　今日有消息：临大迁昆明事已作最后决定。据云下月初即开始搬校，学生步行经贵阳去滇，教授可以自由行动，定于三月十五日在昆集会。

正月20日　大睡之下，九时起，无课一身轻。考试结束，教务已毕。

从《南岳日记》看来，文学院不是11月1日开学，而是11月18日才开始上课，第二年1月20日就结束的。前后只有两个月多一点，物质条件贫乏得不得了，精神状态却可以说是了不得，所以学校办成了世界一流大学。

1938年，学校迁到昆明，改名国立西南联合大学，外文系主任是叶公超。据柳无忌说，叶主任是无为而治，他不记得外文系开过系务会议。但叶主任分配柳先生教N组"大一英文"时（杨振宁和我都在这一组），柳先生没有来，却是叶先生代他上课的。可见叶先生是有所不为而有所为的了。

柳先生在联大开了"英国文学史"和"西洋戏剧"等课。讲文学史时，他第一谈到希腊艺术的影响，希腊人把形式美和人体美看成至上的理想，所以文学要争取美的形式。第二他谈到基督教如何影响西方人对人生的态度，这种态度又如何表现在文学中。如对圣母玛利亚的宗教热忱扩大成了对一切妇女的尊敬，到了乔叟诗中，更成了对女性的浪漫憧憬和为情人忍受一切牺牲的理想。到了斯宾塞的《仙后》中，仙后就成了代表一切理想的美德，几乎和圣母一样值得崇拜。从此以后，恋爱成了文学的主题。第三他谈到最近一百年来，欧美可以说是成了科学世界。达尔文的进化论动摇了宗教信仰，浪漫的气氛消失了。科学对文学的写作方法起了决定性的影响，主要表现在写实主义和心理分析上，这从乔伊斯和伍尔夫等的作品中都可以看得出来。总之，柳先生认为希腊的审美观、基督教的教义、科学的人生观是支持西洋文学的三大支柱。

至于西洋戏剧，柳先生把典型的五幕剧归纳如下：

第一幕　叙述背景，供给剧情。

第二幕　动作起始，故事发展，事态变为复杂。

第三、四幕　危机，奇情，以至顶点。为全剧最紧张亦最动人的部分。

第五幕　动作松弛，剧终幕下。

1940年，叶公超离开联大，去新加坡任外交部专员，遗下外文系主任之职，由柳无忌代理。到了秋天，柳先生也离开联大，到重庆中央大学去了。在中大时，他编了一套《现代英语》，联大先修班也曾采用。书中有些课文是其他课本没有采用过的，如《手》（The Hand）、《隐痛》（Invisible Wound）、《赌》（The Bet）等，很有新意。如《手》中说笔和枪都是手的延伸。《赌》讲一个故事，说富翁和一个穷书生打赌，如果书生愿在监狱中关上十年，出狱时富翁愿给他十万元。不料期满之前富翁破产了，要去谋杀书生；更不料书生在狱中读书大彻大悟，不到期就出狱了，不要十万元却保住了性命。《现代英语》的编写为柳无忌后来的编书工作打下了良好的基础。

1946年抗战胜利后，柳先生再度去美国。他主要在印第安纳大学教中国文学,和五十多位中美师生合编了一本中国三千年诗选,书名是《葵晔集:三千年中国诗歌》(*Sunflower Splendor*)。今天美国各大学的中国文学教授,多半都是该书的合作者,如哈佛大学的海陶玮(Hightower)、宇文所安(Owen),加州大学的韦斯特(West),北卡州立大学的克罗尔(Kroll),印第安纳大学的布赖恩特(Bryant)等人。而柳先生是该书的主编,所以可以说他是中美文化交流的一大功臣。

2002年10月,柳先生以九十五岁高龄辞世。在联大外文系已故的教授中,除温德先生(Winter)外,他是享寿最高的。他在联大和美国的学生,正在继承他所参与开发的中西文化交流事业,使世界文化变得更加灿烂辉煌,以告慰柳先生在天之灵。

西南联大名家讲座

彻底牺牲现实的结果是艺术，

把幻想和现实融合得恰到好处亦是艺术。

——傅雷《恋爱与牺牲》译序

联大不但校内名师云集，校外名人来演讲的也不少。茅盾、老舍、范长江等都来联大作过大报告；孙伏园、曹禺等来作过小报告；巴金、沈从文、萧乾等来参加过座谈会。

记得1939年1月2日，茅盾在朱自清的陪同下，来昆华农校三层大教室讲过《一个问题，两种观点》。他举磨刀为例，说从磨刀石的观点来看，石头是磨损了；但从刀的观点来看，刀却是磨快了。那时正好汪精卫发表叛国的通电，逃到日本占领的南京去做傀儡。茅盾就说，汪精卫从磨刀石的观点来看，认为中国越消耗越弱，最后难免灭亡，所以叛国投敌；我们从刀的观点来看，认为中国越磨炼越强，抗日战争最后一定胜利，所以坚持抗战到底。茅盾的话充满了辩证法，加强了联大同学的信心，回忆起来，真是吉光片羽，弥足珍贵。

1940年11月14日下午，《大公报》记者范长江来作时事报告。地点原定在昆中北院大食堂，但是听众太多，连大食堂也容不下，只好改在露天举行。同学们席地而坐，一直听到晚餐时间过了才散会，由此可见联大学生对国事的关心。那时抗日战争已经打了三四年，欧洲大战也打了一年多，美国还没参战。现在把那天的日记*摘抄如下：

听范长江讲《国际形势与中国抗战》。他人相当潇洒，穿一身灰色的西装，裤子上还打了两个补丁，但无损他翩翩的风度。他口若悬河地讲了三个多小时。

他说德国用闪电战打败法国、占领巴黎之后，英国害怕德国跨海北征，就想转移目标，资助德国东征苏联。不料德国将计就计，得到资助之后，反和苏联签订互不侵犯条约。德国空军轰炸英国，陆军却挥师南下，和意大利联军攻打非洲的英属殖民地。

美国援助英国，目的也在争夺殖民地。美国对日本只禁运废铁，却把好铁高价卖给日本。它不愿失掉日本这个好主顾，又怕日本南进；日本如果南进，美国一定封锁。这就是当时各国勾心斗角、矛盾斗争的形势。

老舍是我最爱读的作家之一。早在初中一年级的时候，我就模仿鲁迅的《阿Q正传》和老舍的《赵子曰》，写了一篇《密史》。赵

---

* 本书中日记内容底本为《逝水年华（增订版）》，2011年3月，外语教学与研究出版社。

子曰的姓高居"《百家姓》的首位",他的名字也"立在《论语》第一章头上",所以他的"一切都和他姓名一致居于首位"。《密史》写和我同座的同学欧阳谧。他的苹果脸很可爱,头脑很灵,反应很快。才学一个英文生词他立刻就会应用,数学不懂立刻举手就问,上音乐课他是领唱,上体育课他跳高第二,我第三。我们课后一同上图书馆、下棋、游泳、打球。后来班里选拔篮球队员,有他没我,我不服气,就和落选的廖延雄等组织了一个球队,向班队挑战。结果我们大败而回,比分是四十比一,可能打破了世界纪录。我把这些趣事写成《密史》,取个笔名"鲁舍",表达我对鲁迅和老舍的钦佩。

老舍来联大,在昆华工校作了两次报告,谈他写小说的经验。记得他讲过创造新词的问题。他说英国名将威灵顿打败拿破仑后有句名言:"打胜仗和打败仗一样损失惨重:都道战败苦,谁知战胜惨!"因此,老舍创造了一个新词"惨胜"。由此可以看出他炼字的功夫。

1939年10月19日是鲁迅逝世三周年纪念日。第二天,联大请鲁迅的老友孙伏园来作报告,地点在昆中南院"南天一柱"大教室。现将10月20日的日记摘抄于下:

孙伏园来联大演讲,他谈鲁迅的作品。在《呐喊》中,他最喜欢《药》,鲁迅自己却最喜欢《孔乙己》。《药》的主人公是一个特殊的革命先烈,群众也是太愚昧、太无同情心的群众;而《孔乙己》写的却是一个常见的平凡人物,群众也不是没有同情心的群众。人的修养不同,观察就不同;观察不同,见解也就不同。

同年8月1日，朱自清也在云南大学讲鲁迅的作品。我日记中写道："朱自清解释鲁迅的《药》，说是描写吃人的风俗、闲颓的人物，穿插着亲子之爱和新希望。《眉间尺》赞美复仇，讥讽懦怯，穿插着对帮闲者的讽刺。"

同年8月21日，曹禺在昆明剧院演出《原野》。主题也和鲁迅的《眉间尺》一样，是赞美复仇、讥讽懦怯的。26日，曹禺又和联大师生同台演出《黑字二十八》。他自己扮演一个小汉奸，一举一动都细致入微，显得他是个为生活所迫、而不是甘心出卖良心的人。演出之前，我在云南大学听了他的报告，现将7月28日的日记摘抄如下：

曹禺讲戏剧说：第一，要多搜集材料。这好比是十月怀胎，写作就是一朝分娩。材料要随时注意收集。例如有个绰号叫"蛋炒饭"的人，做官几十年，没有升过官，怕人瞧不起。每次有人请他赴宴，他总要先吃碗蛋炒饭，然后姗姗来迟。才吃了两道菜，他又推说应酬忙，要告辞；于是安步当车而回，再吃碗蛋炒饭。这就是好材料。

第二，人物不能太典型化。太好的爱国青年和太坏的汉奸都不容易给人真实感。

第三，对话应当是口头语，不是书面语。如客人在客厅等待，主人不愿见他，就偷偷问仆人："没有走吗，还？"这个"还"字就是口语，而"憧憬"等却是笔语。

沈从文来联大任教之前，5月7日在昆华农校东楼二层小教室参加过高原文艺社举办的座谈会。他说一口湘西土话，声音很低，仿佛自言自语。我只记得他的大意是说：文学青年要把人生当小说看，又要把小说当人生看。不要觉得别人平庸，其实，自己就该平庸一点。伟大的人并不脱离人生，而是贴近人生的。文学青年从书本中得到的经验太多，从实际生活中得到的经验却太少了。

1940年8月10日，巴金来昆明探望未婚妻陈蕴珍（当时在联大学习），由青年作家卢福库（即卢静）陪同，参加了联大文学青年座谈会。他很谦虚地说："我不懂文艺，只知道写我熟悉的东西。现在写得不好；几十年后，生活比较丰富，思想比较成熟，也许可以写得好些。要先做一个人，再做一个作家。外国作家，我喜欢俄国的托尔斯泰、屠格涅夫等；中国作家鲁迅先生很好，他最懂得世故，但对青年不用。"

鲁迅在《汉文学史纲要》的《自文字至文章》中说："诵习一字，当识形音义三：口诵耳闻其音，目察其形，心通其义，三识并用，一字之功乃全。其在文章，……遂具三美：意美以感心，一也；音美以感耳，二也；形美以感目，三也。"我把鲁迅的"三美"说应用到诗词翻译上，就把"意译"明确为"传达原诗的意美、音美和形美"。

茅盾的作品，我在1939年读了《子夜》和《幻灭》《动摇》《追求》三部曲，并且在日记中抄下了《追求》中的一句话："人到二十岁要改良社会，到三十岁要推动它，到四十岁只跟着它，到五十岁反要拉住它了。"比一比莎士比亚在《皆大欢喜》二幕七场中说的人生的七个时期：婴孩、学童、情人、军人、法官、老人，最后是返老还童。我才明白鲁迅为什么劝人"多看外国书"了。

茅盾在《直译·顺译·歪译》一文中说："假使今有同一原文的两种译本在这里，一是'字对字'，然而没有原作的精神；又一种并非'字对字',可是原作的精神却八九尚在。那么,对于这两种译本,我们将怎样批判呢?我以为是后者足可称'直译'。这样才是'直译'的正解。"在我看来,茅盾的"直译"和鲁迅的"直译"不同,可以算是"意译"。到了1954年,茅盾更提出"必须把文学翻译工作提高到艺术创造的水平":一要"忠实于原作的意图",二要"运用适合原作风格的文学语言"再现原作。那不但是"宁信而不顺"的译文不够格,就是"既信又顺"的译文也不一定够格了。于是我提出了文学翻译要"发挥译语优势"的理论。

巴金的作品,我读过《灭亡》《新生》和《家》等,还曾试把《新生》的序言译成英文。我觉得巴金文字流畅,并认为"发挥译语优势"就是要译得像巴金写的文章那样。巴金自己说过:"一部文学作品译出来也应该是一部文学作品。"所以我翻译诗词,总想尽可能使译文像一首诗。这就是鲁迅、老舍、茅盾、巴金等对我的影响。

在大一时,除了鲁迅、茅盾、巴金等的文学作品之外,我还在图书馆读到胡适的《藏晖室札记》。内有一首他写的《沁园春》,我很喜欢,抄在1939年5月30日的日记里:

更不伤春,更不悲秋,与诗誓之。
看花飞叶落,无非乘化;
西风残照,正不须悲。
无病而呻,壮夫所耻,何必与天为笑啼!
生斯世,要鞭笞天地,供我驱驰!
文章贵有神思,到琢句雕辞意已卑。
更文不师韩,诗休学杜,

但求似我，何效人为？

语必由衷，言须有物，此意寻常当告谁？

从今后，倘傍人门户，不是男儿！

这首《沁园春》前半是誓词，后半是文论，概括了胡适的雄心壮志，强调表现自我，对我颇有影响。但我更同意胡适在"国立编译馆"关于翻译的讲演。他说：译者要向原作者负责。作者写的是一篇好散文，译出来的必须是一篇好散文；作者写的是一首好诗，译出来的也一定是一首好诗。……所谓"好"，就是要读者读完之后要愉快。所谓"信"，不一定是一字一字地照译，因为那样译出来的文章，不一定好。胡适关于"好"和"信"的说法，一针见血地指出了中国翻译界今天还存在的一个大毛病。

在翻译家之中，我读了傅雷译的《恋爱与牺牲》。他在译序中说："人生有幻想和现实两个世界。彻底牺牲现实的结果是艺术，把幻想和现实融合得恰到好处亦是艺术；唯有彻底牺牲幻想的结果是一片空虚。"后来他翻译了巴尔扎克、罗曼·罗兰等人的主要作品，受到了大批判；我也翻译了巴尔扎克、罗曼·罗兰的次要作品，受到了小批判。罗曼·罗兰夫人来信，向我询问傅雷挨批挨斗的情况。我一方面矢口否认，说是绝无其事；另一方面写信给傅雷，请他自己澄清事实。他没有回我的信，却用自杀的行动作出了回答。他彻底牺牲了现实，完成了生活的艺术；我却向现实低头，苟全性命于乱世，也算保住了译诗的艺术。

根据胡适关于好译文的说法和傅雷"重神似、不重形似"的主张，我把司汤达的《红与黑》重新译成中文，并且在译序中对新、旧译文作了比较。如第一章第三段和第四十四章中各有一句：

（旧译）这种劳动（按指把碎铁打成钉）看上去如此艰苦，却是头一次深入到把法国和瑞士分开的这一带山区里来的旅行者最感到惊奇的劳动之一。

（新译）这种粗活看来非常艰苦，头一回从瑞士翻山越岭到法国来的游客，见了不免大惊小怪。

（旧译）……因此死、生、永恒，对器官大到足以理解它们者是很简单的……（下略）

（新译）……就是这样，死亡、生存、永恒，对人是非常简单的事，但对感官太小的动物却难以理解……一只蜉蝣在夏天早上九点钟才出生，下午五点就死了；它怎么能知道黑夜是什么呢？让它多活五个小时，它就能看到，也能知道什么是黑夜了。

在本书的《序曲》中，我更提出"翻译文学正是为全世界创造美的艺术"。用这个标准来衡量新、旧译文，就不难分出高下了。

西南联大　第二章

左：茅　盾
中：老　舍
右：范长江

左：孙伏园
中：巴　金
右：沈从文

左：曹　禺
中：萧　乾

西南联大的老师

> 如果你要找一个没有缺点的朋友，那你就一辈子也找不到一个朋友。
>
> ——《读者文摘》

在西南联大的名教授中，我第一个见到的是朱自清先生，时间是1939年1月2日下午，地点在联大租用的昆华农校教学大楼三层的大教室里。那一天朱先生穿了一件咖啡色长衫，领着茅盾来联大作报告。可能是他们来晚了一点，朱先生上讲台作介绍时，台下有人发出了嘘声。我当时觉得莫名其妙，以为是自己的耳朵听错了。后来读到《朱自清日记》，我才知道那时有的年轻助教瞧不起朱先生，因为他的古文造诣不如其他名教授高。可见胡适和梅光迪的新旧文学之争，到了20世纪30年代还余波未平。

因此，朱先生在联大不但提倡新文学，同时也研究古典文学。

至于新文学，早在1919年，朱先生就写过研究翻译的文章。如他在《译名》中说："一个名字虽有许多意义，但是在一句里,……同时不能有两个以上的意义。……译时只消按它在一句里的意义就好。"他又说:"如'梵'字,本义是离欲或净行,现在差不多变成指印度的专名了;'禅'字,本是静虑,现在差不多拿他作佛教的通名了;'和尚',本有力生、依学、亲教师等好几个意义,现在却只拿他指那剃发出家的男人了;这些都已失掉原义的大部了。"所以翻译的时候,只要按现在的意义就行。由此可见,朱先生虽然是五四时期的启蒙作家,由于他能够贯通古今中外,所以直到20世纪50年代,他的文章似乎还并没有过时。但是现在呢?

《中国教育报》2001年7月5日第5版报道:很多中学生不喜欢经典名著,对鲁迅的《阿Q正传》和《故乡》等有反感。文中说:"鲁迅毕竟是很久以前的一个人了。鲁迅太沉郁了!中学生需要这么沉郁吗?""经典也是相对的,也有时代局限性,像鲁迅的作品,未必适合当代的中学生读。"又说:"为什么非要选鲁迅?鲁迅的作品充斥着'病句'。……鲁迅写道:这里有一棵树,那里也有一棵树。我要在作文里写了类似的句子,老师就会毫不犹豫、毫不客气地批道:'废话!'我不明白。"

回想我在小学六年级时读鲁迅的《孔乙己》和《秋夜》,觉得即使在20世纪30年代,已经见不到孔乙己这样的知识分子了,既不了解,自然就不容易同情。至于《秋夜》里说:"一株是枣树,还有一株也是枣树。"记得彭声民老师解释说:既然说一株是枣树,那你一定以为另外一株是其他树了。鲁迅出乎意料地说还是枣树,这就更能吸引你的注意力,比说两株枣树更有力量——彭老师的解释简直不在朱自清先生之下。但听涂茀生告诉我,彭老师不知道为什么在"文化大革命"中被打死了。想起他给我们讲孔乙己偷书挨打的故事,哪里想得到他这个偷文化之火的知识分子,结果是引火烧身呢!

朱自清的《背影》和《匆匆》仿佛是李正开老师在五年级时讲的。记得那时的课文不写作者的名字,字句也有改动,如《匆匆》中的"但是,聪明的,你告诉我,我们的日子为什么一去不复返呢?"前九个字就删掉了。对于小学生来说,我看删得很好。但是后来我在回忆录中转述这几句课文时,有人就大兴问罪之师,说:"原作洋溢的诗意在转述中几乎消失殆尽。"假如是在"文革"之中,篡改朱自清先生文章的罪名就足以置人于死地了。

如果说新旧文学之争体现在中文系朱自清先生身上,那么雅俗之争就表现在外文系吴宓先生的言行中。《吴宓日记》1937年6月27日中说:"(外文系主任)王文显来,告宓以昨夕校长已函命陈福田为外国语文系主任。……K(高棣华)闻此消息,甚愤,谓宓为本系学生人心所归,一切均胜陈福田,校长何以不命宓为系主任,殊属不平云云。"其实,陈先生英语说得好,词汇很丰富。有一次,我们玩英文文字接龙游戏,第一个同学开始说了一个"l",第二个轮到他,他又说了一个"l",我们不知道有两个"l"开头的英文词汇,都接不下去了。陈先生才告诉我们一个专门名词"Lloyd"(劳埃德)。但是他生活很随便,像学生一样在街上边走边吃东西,不大雅观,又喜欢俗文学,而吴先生则是博雅之士,所以他们之间的矛盾可以算是雅俗之争。

6月28日的《吴宓日记》又说:"文学院长冯友兰来。言外国语文系易主任之事,以宓欲潜心著作,故未征求及宓,求宓谅解。又言,拟将来聘钱锺书为外国语文系主任云云。宓窃思王(文显)退陈(福田)升,对宓个人尚无大害,惟钱之来,则不啻为胡适派、即新月新文学派,在清华,占取外国语文系。结果宓必遭排斥,此则可痛可忧之甚者。……旋即避正题，而与冯君畅谈哲学，多所获益。"冯友兰在哈佛大学时就鼓吹过白话文，而钱锺书则精通中西古典文学，是个博雅之士。吴宓曾说陈寅恪和他是"人中之龙"，现在却怀疑他是新文学派，认为比陈福田更可忧。可见他把新旧文学之争看得比雅俗之争还更重了，为什么呢？

《吴宓日记》1937年3月30日谈到钱锺书写的《吴宓先生及其诗》时说："该文内容，对宓备致讥诋，极尖酸刻薄之致，而又引经据典，自诩渊博。……谓宓生性浪漫，而中白璧德师人文道德学说之毒，致束缚拘牵，左右不知所可云云。按此言宓最恨；盖宓服膺白璧德师甚至，以为白师乃今世之苏格拉底、孔子、耶稣、释迦。"对于白璧德的看法，一个天上，一个人间，矛盾自然远在雅俗斗争之上了。

所以6月29日《吴宓日记》中说："晨函陈福田，表示赞助，并贺就系主任职。"又说："入城，车中遇陈铨，谈系中教课之改动，知F. T.（陈福田）处心积虑，为日已久，且收取系中诸少壮教授之欢心以推倒王文显，且排宓。忆敬（张敬）旧句云：'人间岂少桃源地，却恨桃源蛮触争。'人徒羡清华风物生活之美适，岂知其政争与倾轧耶？"晚上又说："陈寅恪来，其所见与宓同，亦认为胡适新月派之计谋。"

陈铨是外文系的少壮派教授。浦江清《清华园日记》1929年2月7日有记载说："读陈铨君《天问》（长篇小说）。前半部尚佳，后半部则人格之转变，不大自然，且文笔亦益漫率矣。陈君为此间留美预备部学生，去夏赴美者。其人读哈代之小说甚多，且至美国后立意研究西洋小说，且从事创造，前途殊不可量。《天问》则无甚好处。其中插许多议论，有孩子气，有一段且明告人以作者尚未结婚，可笑之至！"浦先生说得不错：小说中插议论显得散漫，说作者未结婚显得轻率。陈铨在联大讲文学批评，不是评论鉴赏，而是讲批评史，听来不大有趣。他讲恋爱结婚，说其目的就是生儿育女，听来太没诗意，和告人未结婚也差不多。他后来写了一个抗日剧本《野玫瑰》，在昆明上演，我印象不大深刻。最后他去重庆北碚一个出版社做总编辑，林同端也在那个出版社。我去信问同端能不能出版我翻译的英国德莱顿的诗剧，并要如萍用粉红毛线给我把译稿装订好。不料接到回信说：问了陈先生，古代作品不能出版。结果译稿十二年后才得以问世。陈铨的长篇小说虽然"无甚好处"，浦先生却说他前途无量，系主任还要拉拢他。可见即使是在那个时代，人才也还是难得的，但是两个时代人才的遭遇却大不相同。

《吴宓日记》中提到的张敬，原名清徽，是联大中文系张清常教授的姐姐，《吴宓日记》1940年8月18日有记载说："敬尝自比黛（林黛玉）而面讥芳（徐芳）为钗（薛宝钗）一流。实则敬与芳代表重情重理见仁见智之二派。芳事理明通。……"由此可见，吴宓自比贾宝玉了。1946年3月31日，吴宓在成都昆曲晚会上见到张敬和她的夫君林文奎，日记中说："宓窃观会中敬为最美，而奎敬夫妇可称英健风流之俊侣。"林文奎是清华1933年毕业生以及航校（杭州笕桥空军官校）第一届毕业生，留学欧美，文武双全，曾任美国志愿空军机要秘书。我在秘书室任翻译，觉得他是不可多得的好领导。

《吴宓日记》中提到的王文显，温源宁在《一知半解》中写道："在会议上他完全是一位理想的系主任。不慌不忙，不急不躁，不东拉西扯，不节外生枝，唠唠叨叨。整个的讨论过程都有助于某种决议的形成。会议一结束，你老是觉得有了收获。……没有依依不舍之情，没有把一分钟延长为一小时之意。……下课铃一响，王先生乐于走开，他的学生们呢，我想，也怀有同感。"温评价他"单单缺少那点儿必要的人情味"，但缺少人情味就引起了一些人的反感了。

《中国教育报》说中学生对鲁迅等的经典作品有反感，但当记者请中学生们给自己喜欢的书打分时，获得满分的是《红楼梦》和钱锺书的书。理由是："《红楼梦》意义含糊，有猜测的余地，有趣味。""看钱锺书的书收获特大。《围城》给自己提个醒，别把人生想得太好，别太乐观了。"

有意思的是，无论提倡新文学的胡适或是反对新文学的吴宓，都像中学生一样喜欢《红楼梦》，可见这是一部雅俗共赏的经典作品。只有林纾认为他翻译的迭更司（今译狄更斯）的《块肉余生述》（今译《大卫·科波菲尔》）可以胜过《红楼梦》，因为《红楼梦》写的是富贵人家的男女艳情，所以容易引起人的兴趣；而迭更司"此书不难在叙事，难在叙家常之事；不难在叙家常之事，难在俗中有雅，拙而能韵，令人悒之不尽。且前后关锁，起伏照应，涓滴不漏，言哀则读者哀，言喜则读者喜，至令译者啼笑间作，竟为著者作傀儡之丝矣。"这点看法和吴宓不同。吴宓认为迭更司写下等社会，只能和《水浒》比；而林纾则认为《水浒》写盗侠之事，虽然"令人耸慑"，但迭更司却能化腐朽为神奇，所以高人一等。可见这是一个见仁见智的问题，就像张敬重情自比黛玉，却把明理的徐芳比作宝钗一样。其实，黛玉代表智而宝钗代表仁，智不一定高于仁，仁也不一定高于智；下等社会写得俗中有雅，并不一定高于上流社会写得雅中有俗。更有意思的是，吴宓不但自比"追求美而不追求真与善"的宝玉，还把《红楼梦》中的人物和现实生活中的人物比较。这就把比较文学扩大到文学与人生的比较了，因此这是对比较文学的一大贡献。

中学生喜欢钱锺书的《围城》，有人是因为"现在女生们理科都不太好，钱锺书的理科也不行，我们仿佛是同类人"。这就有点像吃蛋要看鸡了，但这也表示《围城》虽然写的是过去的事情，书却没有过时，所以还能得到中学生的满分。《吴宓日记》1946年8月3日谈到钱锺书的《围城》时说，书中"哲学家褚慎明，似暗指许思玄。旧诗人董斜川，则指冒广生之次子冒景璠，锺书欧游同归，且曾唱和甚密者也，其余线索未悉。宓读之且多感，作者博学而长讽刺耳。"8月5日又说："读《文艺复兴》一期钱锺书撰小说《猫》。其中袁友春似暗指林语堂，曹世昌指沈从文，余未悉。"可见吴宓读小说是索引派，总把文学和人生联系起来。无论旧派新派，都读钱锺书的小说。因此，《红楼梦》也好，《围城》也好，只要新旧两派都喜欢读，就不过时，就能成为经典作品。

新旧文学之争，不但在中文系和外文系，而且波及到了哲学系的贺麟先生。《吴宓日记》1937年3月3日中说："与贺麟谈温源宁作文讥诋宓事，殊不洽。宓且甚愤悒。盖麟认为温文系诙谐，非恶意。而宓之朋友，在宓生前，不当为宓辩护也云云，宓甚悔与麟谈此事，徒增不快耳。"温源宁的文章是指《一知半解》，文中说道："吴宓先生真是举世无双，只要见他一面，就再也忘不了。""他实际不到五十岁，从外表上看，你说他多大年岁都可以，只要不超过一百，不小于三十。""作为编辑，吴先生对胡适博士所反对的一律拥护。""一个孤独的悲剧角色！尤其可悲的是，吴先生对他自己完全不了解。"吴先生认为这是讥笑诋诽，贺先生却说是诙谐而无恶意。看来这又是一个见仁见智的问题，或许是当局者迷，旁观者清吧。

贺麟是联大哲学系教授，我选修过他的"哲学概论"。20世纪40年代，他任西洋哲学名著翻译委员会主任，写过一篇《论翻译》。文中说道："事实上比原文更美或同样美的译文，就异常之多。"又说："翻译为创造之始，创造为翻译之成。（模仿与创造的关系准此。）翻译中有创造，创造中有翻译，一如注释中有创造，创造中有注释。"这些话从理论到实践都支持了我提出的文学翻译再创论，即使在今天看来，也并没有失去现实意义。

《吴宓日记》中提到贺麟的地方很多。如1937年3月23日说："晚饭后，又与贺麟久谈。宓告麟，今者宓之浪漫的悲哀已变为宇宙的悲哀，故比昔尤为愁苦，恐终无术解救。又谈及恋爱问题，麟谓宓甚不难爱上女子，亦不难使女子爱我。但到婚姻须决定之时，则宓往往迟疑，卒以无成。故所谓Fate（命运）对宓之限制者，可释为'恋爱易而结婚难'之意。"在我看来，浪漫的悲哀指的是个人感情上的悲哀，宇宙的悲哀应该是指普天下人共有的悲哀。人同此心，心同此理，那就是理智上的悲哀了。恋爱是感情的问题，婚姻是理智的问题。有人说："恋爱是我，婚姻是我们。"这就是说，恋爱可以是一个人的单恋，所以"不难爱上女子"；而婚姻是男女双方的问题，所以就说"恋爱易而结婚难"了。其实，吴宓先生常对我们讲柏拉图式的精神恋爱，恐怕是说来容易做来难。如果真能付诸实行，那就可以以理化情，不至于感到宇宙同悲了。

一个月后的《吴宓日记》又说："夕，贺麟来。与谈宓之遭遇，仍不甚合。盖麟于实际生活，知用权术，不若宓之实行一己之理想，而动则（辄）得咎也。"贺麟到底是用权术还是用理智呢？吴宓又是如何"实行一己之理想"的呢？《吴宓日记》5月15日有记载，原来吴宓的理想就是追求毛彦文（"宓一生以道德、爱情合一为职志"）。虽然毛彦文已经和比她大三十多岁的熊希龄结了婚，吴宓却旧情未断，还要求贺麟打电话或带信给毛彦文。18日贺麟告诉吴宓，熊毛夫妇住在香山，他打过两次电话去，都没有联系上。19日吴宓又问贺麟，贺麟才实说他不想再打电话，也不肯带信，即使见到熊毛，也不便替吴宓传话。不料，吴宓却认为贺麟是怕胡适知道这事会有害于他的职业地位，因此就怪贺麟用"权术"，并说："其畏胡适也如此。所谓哲学理想，道德友情，宁非虚语！"这样看来，把新旧文学的斗争上升到哲学理想的地步，未免要叫人为贺麟抱屈了，而吴宓还认为贺麟是"可与谈理想志业之人"呢。

吴宓在1938年10月5日大发牢骚，说有一个不学无识的人，"徒以能为胡适所赏拔，故得厕任副教授。呜呼，今之联大，亦所谓羞朝廷而轻当世之士者矣！"接着又对哲学系教授沈有鼎大加批评说："若夫沈有鼎虽聪明，且甚用功，然其为人极可鄙。毫无情感，不讲礼貌。衣污且破，服装如工人。饭时则急食抢菜，丑态毕宣。置父与妻于不顾，而惟事积钱。银行所储而外，小箱中存七八百元。一文不肯动用，而惟恐遗失。又或深夜局户启箱，将银币一再清数，排列展览以为乐。……宓有时不能忍，或且面斥沈君之非。沈君则夷然自适，不怒不慊，几不知人间有羞耻事。噫，此又聪明自私之另一格耳。"这一段描写得很生动，绘形绘神，使读者如见其人，有点像巴尔扎克笔下的吝啬鬼葛朗台了。沈有鼎先生是联大的怪人，衣衫褴褛，穿一双头通底落的破鞋，和我们同听刘泽荣先生的俄文课。他有时脱掉鞋子露出脚，就在课堂上抠臭脚丫子；有时和讲课的老师发生争执，指手画脚，争得脸红耳赤。幸亏吴宓先生没有看到，否则，他一定要严加申斥了。

关于沈有鼎先生，浦江清《清华园日记》1936年1月7日也有记载:"晚间到图书馆读书,微有倦意。至邻室邀吴春晗君(即吴晗)出赴合作社吃茶。过沈有鼎君卧室,入之,凌乱无序。沈君西装,弹古琴,为奏《平沙落雁》一曲。亦强之出喝茶,沈君于西服外更穿上棉袍,真可怪也。"

沈先生不但怪,而且聪明。王浩在《几点感想与回忆》中有记录:"我在清华哲学所的硕士论文是四篇关于知识论的文章,由金(岳霖)先生做导师。1945年论文答辩。……记得冯(友兰)先生问我'思'与'想'的不同。沈(有鼎)先生问我何以要学哲学,我说因为对人生问题有兴趣。他说,在西方处理人生问题的是文学,不是哲学。当时我不懂也不信这句话,一直到近十几年来,我才深切领会到它的真实性和它对自己的压力。"由此可见沈先生知识的深度和广度。

清华和联大容得下沈先生这样的怪才,可见梅贻琦校长的宽宏大度、唯才是用、不拘一格。但吴先生却因为梅校长不肯借清华客厅给法文会用而发怪论,在1943年9月16日的日记中说:"按梅公色厉而内荏,对F. T.(陈福田)则畏而纵之,于宓则玩而抑之。如于此等小节,尤见鄙吝,且好作伪。益知梅公之为小人,不堪为一校之主也。"吴先生这话未免过于偏激,有如"洪洞县没一个好人"了。

新旧之争在外文系成了雅俗之争,在历史系好像成了左右之争——清华系主任雷海宗被打成了右派,北大系主任姚从吾和教授钱穆则成了台湾"中央研究院"院士。据何兆武说,钱穆先生讲课总是充满了感情,往往慷慨激昂,听者为之动容。但他觉得钱先生的论点缺乏一番必要的逻辑洗练,例如何兆武认为民主的精义更重要的是在于其精神而不在于其形式。

雷海宗先生却是以西方史学方法研究中国历史的代表人物之

一，他的历史理论脱胎于斯宾格勒。斯宾格勒认为每种文化都只有一个生命周期，但雷先生独创的史论却认为中国文化有两个周期，且以公元383年的淝水之战为界——假如那场战争东晋失败了，中国就极可能会像古罗马文明一样破灭，而让位给蛮族去开创新的历史和新的文化。云南大学文学院院长林同济教授（林同端的大哥）说，雷先生的理论是"历史学家的浪漫曲"。在何兆武看来，雷先生是在用生物学的方法解释人文现象；但是正如万有引力定律不能解释林黛玉的眼泪往下流一样，科学方法并不能解释历史问题；雷先生最多只是描述了历程，并未能充分解说历史运动的内在机制。在我看来，何兆武可以说是青出于蓝而胜于蓝了。

姚从吾先生在政治上是亲国民党，在学术上只是平平。有的同学听他的"史学方法论"，曾想记点笔记，听了两节课只记了不到三行字，觉得毫无收获可言。但姚先生却有知人之明，何兆武曾几次听到他称赞何佶（后来改名吕荧）的学问好与俄文好，那时俄文好似乎反映了亲苏的政治倾向，姚先生却没有把学问和政治联系起来。不料后来，吕荧在"肃反运动"中受了姚从吾的牵连，竟成了"胡风反革命集团分子"；更出人意料的是，他居然敢在大会上为胡风辩护，这也可以说是体现了陈寅恪先生的独立精神吧。

何兆武说："有一次我问王浩兄为何不读历史，他说他只对universal（普遍的）感兴趣，而对particular（特殊的）不感兴趣。"前面提到沈有鼎问王浩为什么要学哲学，王浩说因为他对人生问题有兴趣，可见他认为人生问题有普遍性。但沈先生说在西方处理人生问题的是文学，因为人生问题有特殊性，所以王浩后来就感到矛盾了。在我看来，哲学研究普遍性或共性，文学处理特殊性或个性；但共性寓于个性之中，个性又可反映共性。因此可以说：哲学是文学的综合,文学是哲学的分解。如果说人生问题是寓于特殊现象中的普遍问题,那研究人生问题也可以算是哲学了——而这正是中西哲学的不同:西方重形而上学,中国重人生哲学。

至于历史学呢,何兆武说:"追求人生的美好,不是化学家的任务,也不是经济学家的任务,但它永远是一个历史学家所不可须臾离弃的天职。"但愿"历史学家能把传统史学的人文理想和价值、自然科学和社会科学的严格纪律和方法、近现代哲人对人性的探微这三者结合起来,使人类最古老的学科重新焕发出崭新的光辉"。现在看来,西南联大的教授和学生们已经在人文学、自然科学和社会科学三方面都作出了重要的贡献。

左:沈有鼎
右:贺 麟

左:雷海宗
右:王文显

西南联大的学生

联大历史系的同学早在1938年就出了联大的第一张壁报，名为《大学论坛》，发起人是徐高阮，写文章的有丁则良、程应镠等。他们都是"一二·九"运动的积极分子，但对当时的联大并不满意，觉得政治上似乎是"死水"，而他们渴望着的却是大海。丁则良写了一首七言古诗《哀联大》，诗中对学校有讥讽，也有对学海无波的忧虑。徐高阮后来去了台湾，做了"中央研究院"的研究员。1964年，他在台湾《中华》杂志3月号批评他的联大同学——初时拥蒋反共、后又反蒋独裁的殷海光，说殷海光不是"一个自由的罗素崇拜者"，"其实是一个最不能自由思想的人，而且正好相反，是一个最喜欢专断的、最反对自由思想的人"。

殷海光在联大时叫殷福生，和我同班上王宪钧先生的"逻辑"课。他身材瘦小，其貌不扬，穿一件旧蓝布长衫，课前课后，常陪着王先生散步。原来他在中学时代就喜欢辩论，所以对逻辑产生兴趣。他读过罗素的《一个自由人的崇拜》，读过金岳霖的学术著作《逻辑》，并且写了一封信给金先生，还寄去一篇论述逻辑的文章，金先生推荐在《文哲》学报上发表了。殷福生又写了一篇《论自由意志》，在《东方杂志》上发表；还翻译了一本《逻辑基本》，1937年由正中书局出版。所以1938年他入联大时，已经在同学中小有名气了。他在联大还是一样喜欢争论。有一次和同学们打赌，他爬上了二十米高的电线杆。另一次他在风雨之夜，一个人去校外的坟地里走了一圈。

在政治上，他却是右派学生的代表。1956年，他在文章中回忆说："有一次，我把他（一个左派同学）约到校园草坪上坐下来说：'来，我们这回彻底谈一下。如果你真有理，不七扯八拉，谈得我心悦诚服，我当共产党去。'当然，这一次的谈话，正如别次一样，又是不欢而散。"更严重的是，1942年1月8日，联大一千多名学生上街游行，声讨孔祥熙大发国难财的罪行。而且因为日本占领香港时，孔用飞机运狗，却不许联大在香港的陈寅恪教授乘坐，这更激起了联大学生的公愤，连平时不参加政治活动的女同学林同端都游行了。那时我在美国志愿空军做英文翻译，走到华山南路碰到游行队伍，他们鼓掌欢迎我参加；并且告诉我孔祥熙到云南大学讲演时，右派学生叫好，左派学生却加上一个尾巴，说是"好一个大胖子！"叫孔祥熙下不了台。但殷福生和几个右派学生却来和游行队伍辩论，说他们是"听信谣言"，"无端攻击政府"，"破坏抗战"。殷福生曾经因此得到面见蒋介石的机会，不料到了台湾之后，他却反起蒋介石来。

关于他的转变，他在《殷海光全集》中谈到自己的早期思想时解释道："照我现在分析起来，不免有许多盲从成分，是我所受的自由教育给我的。另一种成分则是……一个党派（指国民党）的观点，一个组织的成见，或一个集体的利害。"由此可见，殷海光对自己早期的思想和活动是持否定态度的。到台湾后，他和罗素、爱因斯坦等世界一流大师通信不断，关系密切。而罗素说过："中国文明如果完全屈从于西方文明，将是人类文明史的悲哀。"1955年，殷福生应美国国务院邀请，去哈佛大学研究和讲学，见到了自由主义大师胡适。但是他说："早期的胡适宣扬民主和科学，光芒万丈，可打80分；中期的胡适，包括任驻美大使和北大校长，表现平平，可得60分；晚期的胡适受人捧，一点硬话不敢讲，一点作为也没有，只能给40分。"于是他就接过胡适自由主义的大旗了。他的学生李敖说："我大学时代，胡适已经老态，……无复五四时代风光；殷海光则如日中天，……他的蛟龙气质，自然使我佩服。"

联大左派学生的代表有经济系的袁永熙。他是地下党的书记，大一时担任昆中南院的伙食委员，那时我是昆中北院的伙委。我不同意上届伙委一荤三素的菜单，改成荤素搭配，而且素菜中有玉米，不料引起了很多同学的反对。我就去找袁永熙取经。他告诉我南方人把玉米当菜，北方人却当粗粮，伙委一定要南北兼顾才行。说也奇怪，后来他和蒋介石的机要秘书陈布雷的女儿结了婚，解放后担任过清华大学的党委书记，1957年却被打成了右派。

在联大的左派同学当中，我认识得最早的是流金（本名程应镠）。他和我是江西南昌二中的同学，但比我高三届。1933年4月6日，我第一次参加——应该算是参观——全校的运动会，看见流金一马当先，得了好几个长跑的冠军，好不神气！篮球比赛，他又是校队的中锋，举手投篮，立刻掌声四起，好不威风！当时我的梦想就是做一个运动健将。但是我的年纪太小，还不满十二岁，直到三年之后，才得了中级组跳高第三名。运动健将的梦难圆，我又改集邮票，沉醉在萨尔河畔的风景、非洲的老虎大象之中。在1935年日记的第一页，我写下了新年的三大愿望：一是学问猛进，二是家庭平安，三是邮票大增。流金的弟弟应铨和我同班，看到我的日记哈哈大笑，说他有一张美国林德伯格上校飞渡大西洋的邮票，问我愿不愿意高价收买。我答应用三十张邮票和他交换，成交之后，发现他的邮票背面破损。他比我大两岁，又是流金的弟弟，我只好自认吃亏算了。

流金是"一二·九"运动的前锋队员。1938年4月，他和燕京大学的同学柯华（后为外交部的司长）等人去了延安，受到周恩来的接见；9月他到昆明西南联大历史系借读。1939年，由于沈从文先生的推荐，流金参加了昆明《中央日报》副刊《平明》的编辑工作，联大同学汪曾祺、袁可嘉等都曾投稿。

1940年，他在报上发表了《门外谈诗》，其中有不少独到的见解。他说："一个诗人走入人间，或在其中，或在其上，而不能在其外。杜甫是在其中的，而李白在其中，亦在其上。在其中的，表现的是它全部的欢喜与悲哀。我们可以从他的作品里呼吸到他所处的时代的气息。比如杜甫的诗：'剑外忽传收蓟北'……李白既表现了他的时代，而又超越了它。'华阳春树號新丰，行入新都若旧宫。'……当玄宗入蜀之后，离乱的人并没有这种感觉，但诗人却摆脱了时代的羁绊，发出这样的声音，不过他并没有置身于事外。"

流金又说："唐以前的人，对于人生、世界、宇宙都看其全，而不看其偏：对于和人生有关的问题，都把它当作自己的问题来看的。宋以后却不然。""一个诗人对于人生和世界能看其全，他便走出了人生，走入了世界……一个人的作品，第一必须反映他的时代，第二必须具有艺术的价值。"

关于《诗经》和《楚辞》，他说："《诗经》大体上可以说是言语的艺术……《楚辞》却充满了文字的艺术……《诗经》是一个乡村的姑娘，风韵天然，如璞玉之无华。而《楚辞》却是一个打扮了的女子，人工更装点出她天然的美丽，更令人觉得婉约多姿，但又脂粉服饰，莫不恰如其分，也仿佛是与生俱来。"从中可以看出流金的综合能力和分析能力，他也像唐人一样对人生和世界能看其全了。

1944年8月，流金在贵阳花溪清华中学与李宗蕖结婚，婚后双双来到昆明，在天祥中学任教。后来天祥迁到小坝，他做训导主任，我做教务主任，来往更多，关系也更密。他曾请闻一多先生来天祥作报告，并在他家午餐。他加入民盟也是闻先生介绍的。他在《人之子——怀念闻一多先生》一文中，谈到闻先生加入民盟后对他讲过的话："我从'人间'走入'地狱'了。以前我住在龙头村，每回走进城，上完了课又走着回去，我的太太总是带着孩子到半路上来接我。回到家，窗子上照映的已是夕阳了。我愉快地洗完了脚，便开始那简单而可口的晚餐。我的饭量总是很好的，哪一天也总过得很快活。现在这种生活也要结束了。"这就是说，加入民盟之后，他要准备斗争、走入"地狱"了。在他牺牲之后，流金写道："他走入了地狱，天堂的门却为他开放了。"

关于清华和联大的教育，闻先生也对流金说过："我是从中国的旧教育中训练出来的。我现在痛恨旧的教育和美国的教育，我觉得这种教育耽误了我的半生。但我们却不能忘记那些教育的好处，一些做人做事的原则还是值得我们遵循的。比如说，儒家的忠恕之道和美国人的负责任、切实的好处，我们就得学习。"我曾在龙云公馆中召开的联大校友会上，听到闻先生对旧教育的严厉批评，当时觉得太偏激了。读了《人之子》之后，才知道闻先生是矫枉过正之言。其实，儒家的忠恕之道，尤其是"己所不欲，勿施于人"的道理，可以说是目前国际关系中最需要的原则——如果每个国家都能做到，那就可以避免国际争端，争取世界和平。而美国人的负责、求实的精神，却是今日世界发展的重要因素。求恕是消极的，求实是积极的，两者结合起来，就是争取世界和平、发展全球经济的当务之急。

联大学生在上课。

龙公馆举行的联大校友聚会是联大离开昆明之前最盛大的一次餐会，东道主是当时云南省主席龙云的长媳，地点在盘龙河畔龙公馆的大花园中。到会的有联大历届毕业校友好几百人，会后有非常丰盛的自助餐，晚上在大客厅里举行了盛大的舞会。记得联大在昆华农校上课时，校门口常停着两辆小轿车——深色的是龙公馆的，浅色的是中国航空公司的。那时私人汽车不许开入校内，龙公馆也遵守联大的规定，并在联大离昆前宴请校友，聊尽地主之谊。流金和我都去参加了宴会。那时天祥中学迁往小坝，缺少资金，我们就向校友募捐。龙少夫人也慷慨解囊，算是酬谢联大校友对云南教育事业的奉献吧。

这次饯别餐会使我想起了闻一多先生在清华毕业时,清华文学社为他们举行的欢送会。当时的文学社社员顾一樵对这事有记载。他记下了闻一多的发言:"我个人对于母校的依依不舍,尤其是对本会(指文学社)的依依不舍,那是不用说……"末了他慷慨激昂地说:"我们肉体虽然分离,精神还是在一起。"由此可以看出他对清华的感情。后来,闻一多写信给顾一樵说:"朋友!你看过《三叶集》吗?你记得郭沫若、田寿昌(即田汉)缔交的一段佳话吗?我生平服膺《女神》几于五体投地,这种观念,实受郭君人格之影响最大。"又说:"清华文学社中同社有数人,我极想同他们订交,以鼓舞促进他们对文学的兴趣,并以为自己观摩砥砺之资。"由此可以看出他的感情受到文学兴趣的影响。郭沫若把《鲁拜集》译成中文出版后,闻一多还写了一篇评论,由此可以看出当时观摩砥砺的风气。

郭沫若、田汉和宗白华出版过《三叶集》。到了我们这一代却出现了"九叶派"诗人——九人之中,有四个是西南联大的学生:1940级的查良铮(穆旦)、1942级的杜运燮、1943级的郑敏和1946级的袁可嘉。其中杜运燮是我的同班,他的诗被闻一多先生编入《诗选》。后来,他写了一首《西南联大赞》:

敌人只能霸占红楼,作行刑室,
可无法阻止在大观楼旁培养
埋葬军国主义的斗士和建国栋梁。

校园边的成排由加利树,善于熏陶,
用挺直向上的脊梁为师生们鼓劲。

缺乏必要书籍，讲课就凭记忆默写诗文，
总不忘吃的是草，挤出高营养的牛奶，
仍然写出传世的创作和论文。

著名学者，培养出更著名的学者，
著名作家，培养出多风格的作家。
只有九年存在，育才率却世所罕有。

穆旦不但写诗，而且译诗。他在联大的同班同学王佐良认为他"最好的创作乃是（他翻译的）《唐璜》。""《唐璜》原诗是杰作，译本两大卷也是中国译诗艺术的一大高峰。"王佐良的话把翻译和创作等同起来了。穆旦的翻译能不能等同于创作呢？我们可以比较一下《唐璜》的两种译文：

何况还有叹息，越压抑越深，
还有偷偷一瞥，越偷得巧越甜。
还有莫名其妙的火热会脸红。

叹息越压抑越沉痛，
秋波越暗送越甜蜜，
不犯清规也会脸红。

哪种译文更像创作？哪种译文是译诗艺术的高峰？意见可能会不同吧。如果用流金的话来说，也许是一在其中，一在其上了。这也就是杜运燮说的"多风格"。联大正是因为兼容并包，所以才"世所罕有"了。

左：程应镠
中：丁则良
右：杜运燮

左：穆 旦
中：殷海光
右：袁可嘉

左：袁永熙
中：郑 敏

联大教授的雅与俗

"自然"是因为正确才得到公认，

"风俗"是因为得到公认才算正确。

——约翰逊博士

吴宓教授认为外文系学生应该：一成为博雅之士；二了解西洋文明的精神；三熟读西方文学的名著；四创造今日的中国文学；五交流东西方的思想。如果要用一个字来概括，那恐怕只好用一个"雅"字。陈福田教授和吴先生相反，如果要用一个字来概括，那大约可以用一个"俗"字。吴先生更了解古代西洋文明的精神，陈先生更了解当代美国文化的精神；吴先生熟读西方诗学名著，陈先生广读西方文学名著；吴先生用《吴宓诗集》丰富了当时的中国旧文学，陈先生用林语堂的《京华烟云》向西方传播了中国的新文学；吴先生沟通了孔子和西方人白璧德的人文主义思想，陈先生却主要是向东方传播了西方的人道主义世俗思想。两人如此不同，后来陈先生当了外文系主任，吴先生离开联大后，就没有再回清华了。

关于俗和不俗，《欧洲文学史》上比较基督教和伊斯兰教时说：伊斯兰教是世俗的，基督教是超俗的。如果一个人喜欢吃美味、读好书、看风景，他就是个俗人。而在基督教看来，俗人是生而有罪的，所以注定了来世要受苦受难。但这种人生观不利于文学艺术或科学技术的发展，所以陈先生还是赞成世俗的人生观。

陈先生的世俗哲学，还有他对西方文明的了解，首先体现在他为清华、联大选编的《大一英文读本》上。联大八年来为国家培养了成千上万的人才，没有一个人不读《大一英文》，没有一个人完全不受英文读本影响、不受潜移默化作用的。读本中宣扬西方的自由、民主精神。关于民主教育，读本说得非常简单：只要见到一个好人，知道他是个好人就够了。但说时容易做时难，有几个当权派能知人善任，使人尽其所能、发挥所长呢？读本中选了威廉·詹姆斯的《谈习惯》，说生活琐事养成的习惯越多，就越能集中精力去做大事；如果起床、睡觉、工作都要反复考虑，那就会一事无成的。后来我养成了每天早晨译一首诗的习惯，一年就译完《诗经》三百篇了。

其次，陈先生对西方文明的了解，体现在"大二英文"的教学上。"大二英文"选用的是美国《大学英文散文读本》，这就是说，联大用的英文读本和美国大学用的完全一样。读本中选了纽曼的《大学教育的目的》，说大学要用伟大而平凡的方法，达到一个伟大而平凡的目的：不是培养天才，也不是造就英雄，而是训练社会所需要的好人。这和吴宓教授提出的"博雅之士"有所不同，简单说来，就是雅俗之别。而陈先生自己也是美国教育培养出来的一个好人：他的一切都是美国派头——讲求实效、适应需要、热心公益。

"大二英文"的读本选了杜威的《论思想》。杜威把思想分成四种：来到心上的都是思想；我们不能直接看到、听到、闻到、尝到的就是思想；没有根据的信念也是思想；经过检验、证明的信念才是真正的思想。读本还传播了罗素的教育思想，罗素认为：首先，智力并不是已经取得的知识，而是取得知识的能力；知识越丰富，越容易取得新知识。其次，有勇气的人应该感到自我只是沧海一粟，但并不轻视自己，而是更重视自己的欠缺。第三，仁者富有同情，不但同情自己认识的人，而且同情自己所不认识的人；不但同情亲眼目睹的苦难，而且同情耳闻口传的苦难。现在看来，罗素的"智、勇、仁"和杜威的"思想论"比孔子的"学而不思则罔""学然后知不足""仁者爱人"的思想似乎更加细致深入。可惜陈先生不能沟通东西方的文化，所以不能成为吴宓教授那样的"博雅之士"。

"大二英文"的读本不但选有论文，也选了短篇小说的代表作：英国选的是史蒂文森，美国选的是欧·亨利。我在1940年3月15日用英文记下了史蒂文森《将错就错》的故事："邓尼斯在深夜碰到大兵，慌慌张张躲进了一个富贵人家，不料进去容易出来难。他就索性走进厅堂，看见一个老人正在等他，并且强迫他同老人美丽的侄女白朗雪结婚，不结婚就要他的命。原来白朗雪约一个上尉来幽会，老人误把邓尼斯当成上尉了。白朗雪并不爱邓尼斯，所以她也拒绝结婚。后来她回心转意，邓尼斯却为了面子而坚决拒绝，伤了她的自尊心，说是他再求婚她也不会答应。但天一亮，老人就要把他处死，迫不得已，他最后还是用一个吻和白朗雪成了好事。"

3月25日的日记中，我又记下了欧·亨利《财神和爱神》的英文摘要："肥皂大王洛克菲勒的儿子爱上了一个少女，但是没有机会求婚，后来她就要去欧洲。他开车为她送行时，忽然交通堵塞，堵了两小时。他在车上向她求婚，少女接受了。原来这次交通事故是肥皂大王花钱制造的。"这两个故事说明19世纪的英国重视荣誉，20世纪的美国却是钱能通神，物质文明取代了精神文明。在联大，陈先生代表了美国精神，吴宓先生却体现了英国文明。

陈先生喜欢的英国小说是描写平常人的平常生活的《傲慢与偏见》，喜欢的美国小说是描写贫苦农民的《愤怒的葡萄》。他讲到司各特的历史小说时说：司各特的主角常是些小人物，大人物反而放在次要地位。后来我把司各特的《昆廷·杜沃德》译成中文，发现真正的主角还是法国国王。

陈先生是一个通才，美国英语说得比中国话好，甚至比美国教授温德还更流利。他批改英文作文，最重语言，次重内容。记得我写了一篇有自己见解的《谈美》，只得了80分；又写过一篇《谈杜威的思想》，不过人云亦云，却得了90分。

我去美国志愿空军做英文翻译之前，有一个领导人对我们讲话，内容并不精彩，掌声稀稀落落，我就懒得鼓掌。不料陈先生却当场提出批评，说我不懂礼貌。受训期间，我外出回来晚了，他又罚我星期日不准外出。由此也可以看出他严格的世俗精神。

如果说从陈福田教授身上可以看到清华的严格精神，那么，从莫泮芹教授身上就可以看到北大的自由风格。莫先生讲的是"英国散文"，给人的印象也是一个"散"字：他讲课从容不迫，毫不紧张；他写字如行云流水，毫不用力。他批评培根以前的骈文，批评薄柏的诗："创新不带头，弃旧莫落后"。他把培根比作"文起八代之衰"的韩愈，把他言简意赅的散文比作外壳坚硬、营养丰富的核桃。

莫先生为美国报刊写过文章，他对报刊文体很感兴趣。英国18世纪四大报人是斯威夫特、艾迪生、斯蒂尔和约翰逊博士。斯蒂尔的《街谈巷议报》谈诗论文，采风记乐，重的是"情"。艾迪生的

《旁观者清报》亲切而不粗俗，高雅而不卖弄，重的是"理"——他被称为"当代的苏格拉底"。两人合办的《观察评论报》更是无所不谈，雅俗共赏，有点像苏东坡的文风。斯威夫特是讽刺小说《小人国游记》（一译《格列佛游记》）的作者、保守党机关报《审时度势》的主编。他认为报纸不是消遣的读物，而是改造人类的工具。他的文章简洁明了，一针见血，重的是"讽"。约翰逊博士是《英文大词典》的编者，法兰西学院四十位院士花了四十年才编成《法文大词典》，他一个人孤军奋战，八年就编成了《英文大词典》。书成之后，他写了一封信给内阁大臣，谢绝他的资助和提拔。这封信成了知识分子的"独立宣言"。他的文笔典雅，常在人生的经验中寻求真理。他说过："醉酒是为了避免清醒的痛苦。"他主编的《谈天说地》半月刊，用科学般的精确来描绘人的内心活动，用具体的感性经验来核实抽象的理性知识。他曾说过："作家首先应该努力分清'自然'与'风俗'——'自然'是因为正确才得到公认，'风俗'却是因为得到公认才算正确。"他的散文重的是"真"。孔子说过："诗，可以兴，可以观，可以群，可以怨。"在我看来，这四句话也可以应用到这四大报人身上：艾迪生可以兴，启发思维；约翰逊可以观，反映现实；斯蒂尔可以群，交流感情；斯威夫特可以怨，讽刺朝政。受了约翰逊的影响，我后来写了一篇《文学翻译是再创作》，也许可以说是文学翻译家的"独立宣言"吧！

到了19世纪，英国诗的发展远远超过了散文。莫先生也教过"浪漫主义诗人"，不过他欣赏的是华兹华斯的散体诗，根本不讲"人爱散体我爱韵"的拜伦。我受吴宓先生影响，喜欢拜伦，结果在吴先生班上得分最高，在莫先生班上得分最低。不过分数平均过了80分，总算得到了檀香山奖学金。

外文系讲英诗的教授很多，除了吴、莫二位先生之外，中国教授有谢文通、卞之琳，美国教授有温德、白英。谢先生讲英诗，主要传授格律知识，解决理解问题；但考试时，却要学生自己作出评论。我小考时措手不及，成绩不佳；大考时成竹在胸，说雪莱《西风颂》的尾韵——ABA、BCB、CDC、DED、EE，读来有如波浪起伏，风声盈耳，意美、音美、形美，三合为一，相得益彰，结果得了高分。

温德讲诗更重音美。他朗读时抑扬顿挫，音调铿锵，节奏分明，给人印象深刻。他考试的方法很妙，拿出一首学生没有读过的诗，要求说出诗的作者，并用作者其他诗句来作证。若不是对诗人有深刻的了解，是很难答好的。

白英讲诗只写黑板。他用左手写字，结果听课不闻其声，只见其手左右飞舞，我旁观了一小时，就打退堂鼓了。1947年，他在美国出版了一本中国诗选《白驹集：从古至今中国诗》，译者都是联大师生。这是中美学者第一次大合唱。

除了诗和散文，外文系必修课还有"西洋小说""西洋戏剧""莎士比亚""文学翻译"等。小说课由陈福田教授开，他只照本宣科地念讲义，连标点符号都要念两遍。上课等于听写，文学课成了语言课。他还要求每月交一篇读书报告，报告只写小说内容，不要评论，结果只训练了归纳能力。

开戏剧课的先后有柳无忌、赵诏熊两位教授。赵先生讲课时分析戏剧结构、剧中人物、场景情节、台词语言。每月交报告时，也要作出评论，这就提高了我们的分析能力。我们班还演出了英文剧《鞋匠的节日》。鞋店没有道具，只好向观众借鞋。不料联大同学穿的多是"空前绝后的袜子""脚踏实地的鞋子"，要找能做道具的皮鞋，还得"众里寻它千百度"呢！有个出借皮鞋的同学开玩笑说:"幸亏你们演的是《鞋匠的节日》,如果要演《厨师的节日》,我们可要饿肚子了!"赵先生还讲了德莱顿的《一切为了爱情》,那是我译成中文的第一个剧本。

开"莎士比亚"课的先后有陈嘉、陈福田、温德三位教授。其实,赵先生讲戏剧时,已经为"莎士比亚"课打了基础。他说《罗密欧与朱丽叶》写的是青春恋,《安东尼与克柳芭》写的是黄昏恋,真是一语中的。陈嘉讲课好像演员,注重表情朗诵;陈福田像教员,注重解释词义。而温德却集中了二陈的长处,既有表演,又有解释。记得他讲《奥赛罗》的手帕风波,演得惟妙惟肖;解释克柳芭用的"unpeople"一词,说埃及女王思念罗马大将安东尼,要把埃及人都派去送信,可见情思之深、权势之大。莎翁用字具体,一个词就画出了女王的性格。

联大翻译最出名的是潘家洵教授。他讲"大一英文"时用的是翻译法,最受学生欢迎。当时联大学生课后爱打桥牌(bridge),潘先生把"bridge"音译为"不立志",真是音义俱合的妙译。但他在外文系没讲"翻译",而是讲"语音学",也算"不得志"了。"翻译"和"大四英文"合开,开课的先后有叶公超、吴宓、袁家骅三位教授。吴先生说:"真境与实境迥异,而幻境之高者即为真境。"他认为翻译是对"真境"的模仿,这种思想对我很有启发。

我在课后也爱打"不立志",甚至发明了"问答式"叫牌法,还同吴琼找数学系陈省身、许宝二位教授打过一次桥牌。我北,陈东,吴南,许西。有一盘我叫"三个比大",陈说"加倍",结果竟打成了,非常得意,记在日记本上:

东方先用红心K攻,得一副;再用Q攻,北用A拿;北出方块J,西没有拿;北再出方块9,西用10得一副。西用小牌攻黑桃,北用9

```
                            （黑桃）AJ9X
                            （红心）A8X
                            （方块）AJ9X
                            （梅花）AKX

    （黑桃）Q10XX                              （黑桃）KXXX
    （红心）XX              北                （红心）XX
                         西    东
    （方块）K10XX                              （方块）X
                            南
    （梅花）K10XX                              （梅花）JXXX

                            （黑桃）X
                            （红心）109XX
                            （方块）AQ8XX
                            （梅花）QXX
```

偷，东用K得一副；东用红心J再得一副，西无红心，垫小梅花；东攻梅花，南用Q拿，南出红心10得一副，西又垫小梅花；南出梅花，北用K拿，西无梅花，垫小黑桃；北再出梅花A，西只好垫黑桃10；北出黑桃A时，西的Q束手就擒；北再出黑桃J，西只好垫小方块；北最后出方块A，西K无保护牌，于是落网。这样东西方只拿四副，南北方拿了九副，刚好做成"三个比大"。如果第三副牌西用方块K拿了北的J，那么南的方块Q可拿一副，南北还是可以做成；如黑桃K、Q或10有两张在东方则不行，可见胜利得来不易。下一盘我还想乘胜追击，又叫"三个比大"，陈先生又"加倍"。我想侥幸可一而不可再，就改叫"四个红心"，陈先生还是"加倍"。结果他拿了四副，我没有做成。但如果打"三个比大"，我拿九副倒是够了。于是我很后悔，失去了一次战胜两位数学大师的机会。

左：潘家洵
右：陈省身

左：许宝騄
右：卞之琳

【大三选课及战时作息时间】

◆ 1940年10月1日　许渊冲日记

我升入外文系三年级，选修了莫泮芹教授的"大三英文"、陈福田教授的"西洋小说"、陈嘉教授的"莎士比亚"、吴宓教授的"欧洲名著"、潘家洵教授的"英语语音学"、李宝堂教授的"俄文（二）"和吴达元教授的"法文（一）"。

昨天日本飞机二十七架第一次轰炸昆明市区，今天又有空袭警报。学校无法上课，只好改变作息时间，因为空袭多在上午十点到下午三点，于是这段时间不再排课，而在上午七点至十点上四堂课，下午三点至六点再上四堂，每堂课上四十分钟。吃饭时间也要改变，早晨六点吃餐干饭，中午改吃稀饭，如有警报就不吃了，晚上六点半再吃餐干饭。从大三开始，我们就不得不实行战时作息时间表了。

小林同学

湖光山色上下碧；
轻舟扬帆鸟展翼。

——许咏《莱梦湖》

◆ 1940年9月1日—7日

火车像一条长蛇在山间爬行，爬上了一片片高坡，绕过了一座座峻岭，忽然发现一片天蓝的、平静的湖水。火车越往前爬，山峰越往后退，平湖也越露出了她秀丽的面庞。这就到了夏令营的营地：阳宗海。

我们住在青山顶上的一座古庙里，远望崇山平湖，不禁想起英国湖畔诗人华兹华斯和柯勒律治来；而拜伦和雪莱在瑞士时，也同在日内瓦湖上吟诗。到了阳宗海，我才明白他们的诗句原来是用天蓝色的湖水写成的。

来阳宗海几天了。晴天下水游泳，阴天同小万（万绍祖，二中同班，联大航空系同学）等打"不立志"，吃饭同小林（联大外文系同学林同端小姐）一桌，边吃边唱英文歌——《我们有缘坐一桌》，简单的歌词反而显得亲热了。

阳宗海的湖光山色真是令人心醉神迷：那沙滩上的历历歌声，山顶小庙前的翩翩舞影，座谈会上的滔滔雄辩，营火堆前的腾腾烈焰——如果湖水能像录像机一样录下当年的情景，我多么愿意去湖水深处打捞这历史的陈迹呀！可是我头脑中的录音机只记得小林的英文歌声，而歌词经过记忆的筛选，再翻译成中文，就很难保存当年的韵味了：

星期五的早上，我们扬帆远航，
陆地已经不见踪影。
船长忽然发现，一位美丽的天仙
对着大海梳妆照镜。

大海怒涛澎湃，狂风暴雨袭来，
天仙摇身变成人鱼。
我们爬上桅顶，想要看个究竟，
但是只见一片空虚。

我也去阳宗海寻找过美人鱼，哪里知道她们摇身一变，又变成了联大的女同学，和我们一同乘风破浪了！

◆ 1940年9月8日

今天上午开座谈会，讨论爱的真谛。化学系曾昭抡教授也参加了，但我不记得他说了什么，只记得小林的发言："爱情包含占有欲，喜欢不一定要占有。"

下午游泳，晚上开营火舞会。我找小林跳了方舞和圆舞。跳方舞时，我们边打拍子，边唱英文歌：

我带着班卓琴，来自阿拉巴马，
就要去路易丝安那。
呵！苏珊啦！不要哭哭啼啼！
我带着班卓琴，就会回来看你。

我唱歌时，偷偷地把"苏珊"改成"小林"了。跳圆舞时，我们不唱歌词，只唱曲调，简谱翻译如下：

5.6|5.6|5 1|3 7|7— ‖
（说啦说啦说：多美的茜思！）
6.7|6.7|6 4|3 6|5— ‖
（哪里哪里话？哪里话来说？）
1.7|1.7|1 5|4 2|6— ‖
（多兮多兮多！多少话来啦！）
5.6|7.1|2 3|1 3|1— ‖
（说那茜思来，多美多美呵！）

舞会完后，月色还很明亮，小林和几个女同学要到湖滨去，其中有心理系的李宗蕖（后来和我的二中同学程应镠结婚）、生物系的何申（后来和我留法的同学王乃梁结婚）、外文系的施松卿（后来和中文系同学汪曾祺结婚）、经济系的罗真嵩等。我也跟着她们同去，走在小林身边。雨后小路很滑，我伸出手去扶她。她把手给了我，我们就这样一步一步地走下山去。我真希望这条小路永远走不到头；我真希望树枝缠住明月，永远也不让她落下；我真希望时间永远停在这里，因为这是我最难忘的一夜啊！

为了纪念这难忘的时刻，我后来写了一首《阳宗海之恋》：

青山恋着绿水，
山影在水中沉醉。
第一次挽着意中人的手
肩并肩走下山丘。
唯恐手上的余香
会流入遗忘的时光，
就把手和十九年的生命
投入一千九百岁的湖心，
要溶出一湖柔情
和绿水一样万古长青。

在这首恋歌里，人和山水合而为一了，时间和空间没有了界限，记忆渗入了遗忘之中，遗忘反倒被遗忘了；感情发出了万古长青的芳香，弥漫在宇宙之间，铸造出了永恒。我在那一夜的日记中写道："让时间永远停留在这里吧！地球不要再转，月亮不要落下，太阳不要出来！因为这是我最甜蜜的一夜啊！让我们就这样永远待下去吧：手挽着手，眼吻着眼，什么金钱？什么名位？我只要这样甜蜜的一夜啊！"

从阳宗海夏令营回来后，我升入外文系三年级，选修了莫泮芹教

1940年9月10日从阳宗海夏令营回昆明合影。

授的"大三英文"、陈福田教授的"西洋小说"、陈嘉教授的"莎士比亚"、吴宓教授的"欧洲名著"、潘家洵教授的"英语语音学"、李宝堂教授的"俄文（二）"和吴达元教授的"法文（一）"。

1940年10月21日，莫先生上"大三英文"时说：若要写好文章，应该有追求完美的欲望，还要有对自己名字的自豪感。简单说来，就是要自觉、要主动。

吴宓教授的"欧洲名著"主要是读柏拉图的《理想国》。爱默生说过："柏拉图就是哲学，哲学就是柏拉图。"他又说："图书馆可以付之一炬，只要留下《理想国》就够了，因为书的价值尽在其中。"由此可见这本名著的重要性。的确，《理想国》中包罗万象：形而上学、伦理学、心理学、教育学、政治学、艺术理论，无所不包。尼采的超人哲学、卢梭的民主思想、柏格森的生命力论、弗洛伊德的精神分析，追本求源，都可从中找到雏形。柏拉图说："公平就是各尽所能，各得其所。"——这是他的"社会主义"。他又说："领导人不许有私产、妻子、儿女。"——这是他的"共产主义"。

外文系三年级的必修课还有第二外国语，大多数同学选的是法文。我因为读过鲁迅译的果戈理、巴金译的屠格涅夫、郭沫若译的托尔斯泰等俄国作家的作品，所以我大二时选了刘泽荣教授的"俄文（一）"。不料刘先生到中国驻俄大使馆做文化参赞去了，新聘任的李宝堂教授还在上海没来，同学们就组织了一个"俄文学会"，自教自学。这时我又加选了第三外国语——法文。

联大开"法文"的有吴达元、闻家驷、林文铮、陈定民四位教授。吴先生主要是为外文系二年级的学生开课，所以上课多讲英、法文对比；闻先生是闻一多教授的弟弟，上课多用直接法；林先生是蔡元培的女婿，学艺术的，陈先生是学语言的，两人多讲中、法文对比。

在大三时，日本飞机经常轰炸昆明，联大新校舍操场上炸了两个大坑，师范学院史地系同学熊德基的床都炸掉了。日机总是在上午十点到下午三点之间空袭，联大只好把上课时间改在十点以前，三点以后。上课时间越少，学习抓得越紧。吴达元教授用的《法文读本》前半讲基本语法，从感性知识到理性知识；后半讲系统语法，理论联系实际。他要求非常严，巫宁坤、陈蕴珍回答不出他的提问，都曾当堂挨过批评。我比他们要高一级，加上小林在场，自然怕丢面子，于是就反守为攻，以问代答。如英文的"舞会"和"圆球"是同一个词，我就用法文问这两个词在法语中的分别。这既显示了我的法语流利，又提醒了小林在阳宗海

1941 年联大外文系三年级时摄。

同跳圆舞的往事，正是一举两得。第一次小考我得了99分，压倒了全班的"才子佳人"。数学系的王浩剃个光头，穿件蓝布长衫，貌不出众，语不惊人，坐在后排。我根本不把他放在眼里。不料有一次我和吴先生讨论même（甚至）是形容词还是副词的时候，他却从系统语法中找出根据，来支持我的意见。我们上体育课也在一组。考800米时，我历年的经验是先跑第二，再争第一。这次王浩一马当先，我到600米时才超过他，不料他700米又超过了我，一直冲到终点。幸亏没给小林看见，否则，我又要觉得丢面子了！

1941年1月3日上午，我到茶炉房去烧开水喝，看见小林一个人在图书馆前的草坪上晒太阳。我就拿着一杯开水，走过去和她闲谈，问她法文考得怎么样。她说考得不好，其实书倒读得挺熟，但不喜欢为分数而多写，只想交个头卷算了。她又说了一句："我知道你法文挺好。"这句话使我杯子里的白开水都变甜了。

联大女生，前排为林同端。

3月27日下午,我正在北院操场上体育课,看见小林和几个女同学到操场北面的小吃店来了。我就溜了出来,买了一个大花蛋糕,放在她们桌上。当小林把我介绍给她的女朋友时,我简直有点飘飘然,连平常最喜欢吃的蛋糕,也食而不知其味了。

3月30日晚上,小林从图书馆回南院去,正在灯光昏暗的路上走着。我看见有个男同学紧跟在她后面,我怕他是追求她的,立刻走上前去,和她并肩而行,并说要请她看电影。我再回头一看,那个男同学的黑影已经消失,灯光也似乎更明亮了。后来我旧地重游时写了一首怀旧诗:

当年联大草坪前,春光如酒照红颜。
问答未了心已醉,顿觉杯水似蜜甜。
夜来重温旧日梦,路灯迷离照并肩。
春光已随春风去,空见杨柳垂池边。

"莎士比亚"课小考,考《威尼斯商人》,我居然得了100分。罗宗明来和我谈话,说他在南开中学时就读过莎士比亚,也得过100分,我们立刻就惺惺惜惺惺了。宗明是外文系的白马王子,人很英俊,西服笔挺,英语说得流利。他曾代表中国童子军去美国见过罗斯福总统,在中学就喜欢唱歌演戏,演过《白雪公主》中的男主角,而女主角就是小林。于是我们就谈起小林来。他说喜欢小林的人很多,一定要高人一头,才能得到她的欢心。宗明住在北仓坡五号一座花园洋房里。他要我搬去和他同住,同读莎士比亚,还可以同请小林到家里来玩。

1941年5月2日下午5点钟,我同小林从西仓坡到北仓坡来,路上谈到她的爱好。她说她只崇拜天才，不喜欢光会读死书、写本文学史的专家。我说天才多半是孤独的，因为只有在单独的时候，才会有真正的发现。她说她不想有什么发现，所以并不喜欢孤独，而喜欢和大家在一起玩。谈到小说，她说她爱读《少年维特之烦恼》和《茵梦湖》。我以为她是重感情、轻理智的女性，她却说理智强的人往往情感也强，理智弱的人往往情感也弱。她自然喜欢理智、情感都强的人。

到了宗明家里，我冲了一杯可可茶招待她，不料开水不热，可可溶化不了，把好事做成了坏事。宗明却说水不热不要紧，吃别的吧。我们就动手做生番茄加炼乳，她也爱吃，又把坏事变成好事了。宗明问她晚上有事没有，她说要参加联大歌咏团唱《蓝色多瑙河》，准备去南屏剧院演出。宗明说："明天开运动会，后天放假，何必回去练习？就在这里唱吧！"于是小林就用英文唱起《印第安情歌》来，宗明和我用男中音唱第二部，非常协调。唱完了歌，我拿出两副新扑克牌来要打"不立志"。她说太费脑子，却用四根火柴摆成"十"字，说是只许移动一根，但要摆出一个正方形来。这点宗明不如我，我只动了一根火柴，就在"十"字当中空出一个正方形来了。我请她吃糖，她说不吃。宗明拿出一块糖来，用英文说："吃一块吧！"她就吃了。宗明又用英文说："我说一块，其实你为什么不吃两块？"她又吃了一块。她还告诉我们，她和同珠暑假要住到她哥哥同炎的乡间别墅去，打算请我们去玩，唱唱歌，写写诗。这个打算没有实现，倒是她去美国之后，出版了《毛泽东诗词》英译本；我也在国内出了英法文译本。当年赵明诚和李清照的《醉花阴》，只有"人比黄花瘦"一句流传千古；今天百家毛诗英译"不爱红装爱武装"，恐怕也没人能胜过"不爱涂脂抹粉，只爱上硝烟弥漫的战场"（to face the powder and not to powder the face）吧！

吴达元讲法文

吴达元先生是我的第一个法文老师。我今天能把法国文学名著译成中文,又把中国古典诗词译成法文,首先要感谢的是吴先生。

1938年,我考入西南联大外文系,主要是学英文。二年级开始学第二外国语,我因为在中学时受到鲁迅等进步作家的影响,所以选修了刘泽荣教授的俄文。三年级再学第三外国语,才选修了吴先生的法文。

吴先生是联大著名的教学认真、要求严格的法文教授。他教法文时,先发一张法语读音表,用国际音标注明法语元音和辅音的读法,当堂带读,第二天上课时检查每个学生的发音。这样我们只用了六个学时,见到一个法文词汇,就知道如何读音了。法语鼻音和英语有所不同,吴先生教我们记住"un bon pain blanc"(一块白面包)的读法,使我们很容易就掌握了英语和

吴达元

法语的差别。

　　学完读音之后，我们开始学习法语语法，使用的是弗雷泽（Frazer）和斯夸尔（Square）用英文写的法文读本。记得每课只讲一个语法现象，同时要记住几十个法文词汇。课文分两部分：第一部分是法文，吴先生当堂讲解，译成英语；第二部分是英文，吴先生要我们在课外准备，把英文译成法文，第二天上课时检查。这样每星期三课时，学习一年之后，基本掌握了法语语法和一千多个词汇，为进一步学习打下了良好的基础。

　　吴先生的法文班上人才济济，主要是外文系二年级的学生：女同学中有全校二年级总分最高的林同珠、后来把《周恩来诗选》和《毛泽东诗词选》译成英文在美国出版的林同端、清华大学梅校长的女公子梅祖彬。男同学有后来成为美国志愿空军通译组主任的赵全章、得过宋美龄翻译奖的巫宁坤、后来在美国大学培养了不少教授的卢飞白等。历史系二年级的则有巴金的未婚妻陈蕴珍（即萧珊）、萧乾的未婚妻王树藏、历史系的系花陈安励等人。最著名的是数学系二年级的王浩，他1983年得到"数学定理机械证明里程碑奖"，据说等于数学界的诺贝尔奖。这些同学后来各有不同的成就，但谈起当年学到的法文知识，没有一个不感谢吴先生的。

　　吴先生对学生非常严格，对好学生也不客气；如果回答不出问题，就要受到批评。有个经济系二年级的学生吃不消，怕在女同学面前丢面子，上了几堂课就退选了。我是外文系三年级的学生，比其他同学都高一级，成绩自然不能落后。于是我就反守为攻，在课堂上用法语提问，显得自己与众不同。第一次小考时，我又交了头卷，不料发下卷子一看，只得了99分，因为有一个不规则动词的未来时态拼错了。但是这个动词当时还没有学到，我就去找吴先生，说这一分不能扣,是考题出错了。不料吴先生却说:不规则动词的时态变化书上都有,自己为什么不去查?有的同学(如王浩)查了书,就答对了。由此可见吴先生的要求严格,考试还要检验我们的自学能力。

吴先生除了教我们第一年法文之外,还教第三年的法文,并为清华大学外文系培养了第一个法文研究生——李赋宁。李赋宁研究的是法国作家莫里哀的喜剧,在我念第一年法文的时候,他在清华大学研究院毕业。当时清华研究院的规定是:研究生论文答辩的出席人,除本校本系全体正教授外,还要邀请本校外系两位正教授和外校本系一位正教授参加。因此,闻一多教授代表本校中文系、邵循正教授代表本校历史系、闻家驷教授代表外校(北京大学)外文系参加了论文答辩会,他们分别用英语和法语问了几个问题。当时清华大学文学院院长冯友兰教授也出席了答辩会(清华规定院长必须参加)。清华外文系教授出席的,除系主任陈福田教授外,还有吴宓教授、陈铨教授、杨业治教授以及美国教授温德先生,而研究生导师就是吴达元先生。答辩会检验了研究生的英法语言能力和文学知识,后来李赋宁成了北京大学西语系主任。

1944年,我也考入了清华大学研究院外国文学研究所。那时昆明物价飞涨,研究生一年只发一千元的辅助费,根本不够维持生活,哪里能安心做研究工作?吴先生那时代理清华外文系主任,了解研究生的情况,就让我在外文系兼任半时助教,教了一班英文。但我因为入不敷出,还是不得不中途退学,辜负了吴先生的一番好意。

1946年,法国和中国交换研究生,在中国举行考试。那时我只学了两年法文,还在课外写了一些法文日记,就凭吴先生教会的这点法文知识,我居然考上了法国文学第四名。第一名是王道乾,是吴先生在中法大学教过的学生,公费出国;第四名只能自费留学。到了法国,我每天突击记一百个生词,两个月就记住了六千个。经过测试,我居然胜过学了十年法文的中国留学生,已经能读莫泊桑的《水上》、纪德的《窄门》等法文作品了。吴先生是法国里昂大学的"licencié"(吴先生自译为文学士,也有人译为硕士),和法国大学生一同学习法国文学,通过考试,其难度就像外国留学生到北京大学来读中国文学系一样。我本来想在巴黎大学读"licencié",后来知难而退,只写了一篇研究法国剧作家拉辛的论文,通过答辩,得了一张巴黎大学文学研究文凭,就回国了。

1950年我回国时,吴先生是清华大学外文系主任。我在国外听杨业治先生说,吴先生在研究法国进步作家阿拉贡(Aragon),我就带了一本阿拉贡的作品送他。他那时要求进步,是知识分子改造的典型代表,常在《人民日报》发表文章。一见到我,他就告诉我说:新中国非常需要外语人才,在北京西苑成立了一个外国语学校,法文系主任韩惠连是清华大学外文系教授盛澄华的夫人。他介绍我去外国语学校。这样,我回国不久,就开始了教学工作。

吴先生不但热心帮助我,也一样帮助别的学生。北京大学教育系毕业的李廷揆从法国回来,同我去清华看吴先生。吴先生也介绍他去外国语学校,后来李廷揆成了北京外国语学院法文系主任,这也是吴先生的举荐之功。李廷揆同我去看吴先生时,碰到钱锺书先生夫妇也来吴先生家。钱先生是吴先生毕业那年考入清华的,吴先生是我的法文启蒙老师,钱先生却是肯定我诗词英译的第一人,他们二位关系很好。后来我在中英、中法互译方面,出版了六十多部作品,首先要感谢他们二位。

吴先生除了教学之外,1939年开始编《法国文学史》。1964

年,他和杨周翰、赵萝蕤合编的《欧洲文学史》由人民文学出版社出版,在全国各大学使用,影响很大。此外,他还译了法国18世纪作家博马舍的《塞维利亚的理发师》和《费加罗的婚礼》。费加罗是伯爵的仆人,帮助伯爵冲破了老医生的提防,和医生的养女结了婚,所以剧名又叫《防不胜防》。伯爵结婚后却又诱骗费加罗的未婚妻,费加罗挫败了他的阴谋。戏剧结尾时说:"人民受着压迫,他们就会诅咒,会怒吼,会行动起来。"从吴先生的译文中,也可以看出他的进步思想。所以不但在语文知识方面,而且在做人的品格方面,吴先生都给了我们这一代人不少的影响。回忆起来,吴先生真是一位令人怀念的好老师。

一代人的爱情

好人并不只是服从、只是无害；

有德无才一事无成；

如果我们没有才智，全世界的道德也无济于事。

——杜威

什么是爱情？当你见到了你所爱的人，你会做出莫名其妙的傻事；当你见不到她，又会对人或对自己絮絮叨叨讲她。这就是爱情。当你在她身边，就会觉得舒服，对她温存体贴，既不感到疲倦，也不觉得无聊，而这就是幸福。你一见她的面，就会心情激动，头脑开窍，做事都想着她，说话是为了她，设法讨她欢喜，让她明白你喜欢她；你一张嘴，温柔的话就会脱口而出；你看一眼，就会流露出爱抚的目光。对你来说，她装饰了世界，使生活有魅力。你喜欢坐在她的脚下，不为别的，只为了坐在那里就是乐趣。只是有了她、为了她，你才觉得生活幸福。

上面的话是莎士比亚和莫泊桑分别在谈到英国人和法国人的爱情时说的。到了20世纪的中国,爱情是怎样的呢?浦江清在《清华园日记》中记下了他们一代人的爱情故事。1930年12月26日的日记中说:

我的第二十七个生日。……预先约好,请(蔡)贞芳,(陈)仰贤来吃晚饭,并且请(叶)公超,(朱)佩弦作陪。公超前天告诉我,说请女朋友吃饭,照例应该雇车去接的。……公超对密丝袁(永熹)说了,明天浦(江清)会来接她们二位的。蔡(贞芳)一定笑我向她们的老师(叶公超)那里学到了乖。……在西客厅坐了些时,佩弦、公超先后来了。六点半,到前工字厅吃饭,厨房里预备的菜还可以。佩弦和公超喝了些酒。我们回到西客厅闲谈,公超讲话最多,其次是仰贤。公超大骂燕京大学,拿那里的几个教授开玩笑。仰贤批评吴(宓)先生的离婚,表同情于吴师母,并且说吴先生是最好的教授,但是没有资格做父亲,亦没有资格做丈夫。这使我们都寒心,因为在座诸人都知道,吴在英国,用电报和快信与在美国的毛彦文女士来往交涉,他们的感情已决裂了。吴现在惟一希望在得到仰贤的爱。而仰贤的态度如此,恐怕将来要闹成悲剧。……十点半,我送她们回燕京。

日记中谈到了四位教授的恋爱问题:最简单的是朱自清(佩弦),最复杂的是吴宓,最曲折的是叶公超,最平淡的是浦江清。关于朱自清,《清华园日记》12月27日中说:"晚饭后,访佩弦于南院十八号。佩弦刚和陈竹隐女士从西山回来,……陈女士为艺术专门学校中国画科毕业生,四川人,习昆剧,会二十余出。佩弦认识她乃溥西园先生介绍，第一次（今年秋）溥西园先生在西单大陆春请客，我亦被邀。后来本校教职员公会娱乐会，她被请来唱昆曲。两次的印象都很好，佩弦和她交情日深。不过她对佩弦追求太热，这是我们不以为然的。"

吴宓曾和陈心一女士结婚，生了三个女儿，但他自己说："予于婚前婚后，乃均不能爱之。"于是他和陈女士离婚，追求和他的好友朱君毅离了婚的毛彦文女士，写了《吴宓先生之烦恼》：

吴宓苦爱毛彦文，三洲人士共惊闻。离婚不畏圣贤讥，金钱名誉何足云。

作诗三度曾南游，绕地一转到欧洲。终古相思不相见，钓得金鳌又脱钩。

赔了夫人又折兵，归来悲愤欲戕生。美人依旧笑洋洋，新妆艳服金陵城。

毛彦文后来和比她大三十多岁的熊希龄结了婚，吴宓又追求陈仰贤。陈仰贤爱的是叶公超，叶公超爱的却是袁永熹，于是就出现了错综复杂的多角恋爱关系。

关于大学女生的恋爱问题，当时北京流传着几句顺口溜："北大老，师大穷，清华燕京可通融。"袁永熹、陈仰贤、蔡贞芳都是燕京大学的女生，袁永熹后来成了叶公超夫人。关于她，《吴宓日记》1940年10月19日有评论："叶（公超）宅晚饭。近一年来，与（袁永）熹恒接近，深佩熹为一 superior woman: intelligent, rational, firm, calm, capable, courageous, full of self-control & self-confident（出众超俗之女子：聪慧、理智、坚定、沉静、干练、勇敢、充满自控能力及自信)。诸友亦共誉为近代开明式之贤妻良母。且毫无寻常妇女闲话他人是非,计较锱铢,矫揉作态等习。宓实自愧不如熹之明达镇静,不矜不惧也。然熹亦不免我执,宓因之念(陈仰)贤不置。设想(叶公)超昔年竟娶贤,则宓在超家其情况又自不同。……又觉熹之性行颇似彦(毛彦文)。使宓以昔待彦者对熹,必立即径庭。而若以年来在熹处所学得之忍耐、安静、勤慎、明达及态度、仪容等对彦,亦不致失彦也。"可见吴宓不但爱陈仰贤,而且也喜欢袁永熹。我曾在叶公超先生家见过叶夫人,知道她是我同班同学袁永熙的姐姐,那时已有一女一子。她叫女儿给我们唱英文歌"When I was one, ...When I was two, ..."(我一岁、两岁的时候),可见她是一位贤妻良母。至于是否"出众超俗",在学生眼里和老师眼里看来可能不同。

对袁永熹和陈仰贤,叶公超可以说是"双胜",吴宓则是"双败"。他们之间的关系错综复杂,而浦江清对蔡贞芳的关系则显得简单而平淡。浦江清《清华园日记》1930年12月29日说:"下午雇车到燕京访贞芳,……态度甚冷,二人相对,都勉强找话谈。"31日则说:"(俞)平伯、(朱)佩弦借西客厅请客,……贞芳已有回信,允来清华听曲。……是晚节目有国乐、国技、昆曲,……袁二小姐(永熹)及袁三小姐之《琴挑》。……陈竹隐女士之春香,玲珑活泼,皆不可多得。"1931年1月13日说:"贞芳有复信来。去信有四页,而复信仅页余。她不善写信,无发挥。"17日则说:"贞芳实在太不会周旋,老是要我找话说,很窘。不过坐得很近,细细欣赏她的美。'她有中国美人的轮廓','有旧家闺秀的风度',……闲时想想,她并不见得美,但是每次看到,便愈觉得她的美。近六点钟,仰贤来了。她一来便有话讲。……仰贤说她的绰号是'竹子'，贞芳叫'淑女'，又加上了一句'窈窕淑女的淑女'，……她们俩留我吃饭，预备吃饭后看燕京的化装溜冰。……化装没有什么好看，不过夜景甚美。"19日又说："往图书馆，替贞芳借关于普罗文学理论的书。图书馆中没有，往国文系研究室，向佩弦借了几本。……夜，写给贞芳的信，其中有一节是用心写的：'……如今回忆起来，那晚上真美啊！一片冰湖，明净得如白琉璃一般。红的绿的电灯，绕湖两匝，好似灿烂的星网，也像特地为湖神挂上的五彩宝石的项链。……在船上，后来在亭子里，听到最好的音乐。啊，人生！有几个晚上能这样美妙地度过！我将永远不忘掉这晚上，并且永远不忘掉伴着我度过这晚上的人！'"

但是湖誓山盟只维持了一个星期。《清华园日记》26日中说："仰贤有电话来叫我去，……她告诉我贞芳没有兄弟，所以家里的意思想把她许给同乡人，而且家里已看中一人，此人现在德国。这事仰贤先前并不知道，现在贞芳方始告诉她。我听了，默然者半分钟。我用英语对陈说：'请告诉密斯蔡（贞芳），我对她并无奢望，但愿保持一般的友谊，希望能继续下去。'刚在这时，蔡出来了。蔡态度异常，比平时说话多，且活泼，同时娇眼相看，微露羞涩之意。"27日又说："晚访公超，适袁女士（永熹）在，与谈一小时。袁女士说及贞芳和仰贤都文雅的很。贞芳原来就很少说话，在同学中间，以娴静出名。"2月3日还说："我爱之最热者为贞芳，自对伊失望后，此情难堪。"其实，能保持友谊也不错。《清华园日记》1929年2月22日说过："余谓：'万事皆有缘，朋友相值，闲谈，闲行，皆有缘分在。'潘云：'朋友中有合有不合，不可用理由讲解，我等即出一千块钱，有谁肯陪我们闲谈到二三点钟，又犯寒出门看月耶！'"这样看来，爱情要转变为友谊也不容易了。

总而言之，20世纪30年代的爱情似乎是以缘分（如叶公超以师生的缘分，吴宓以朋友之妻的缘分）或介绍（如朱自清是昆剧小生溥西园介绍，浦江清可能是陈仰贤介绍）开始，接着就是吃饭喝酒、听剧观舞、游山玩水、读书吟诗、评人论事，最后有的成功（如叶公超和朱自清），有的失败（如吴宓和浦江清）。

当时西南联大有四个出名的单身教授：外文系的吴宓、经济系的陈岱孙、哲学系的金岳霖、生物系的李继侗。他们的恋爱故事在学校内广为流传。据说陈岱孙和周培源在美国留学时同爱上了一个女同学；回国后这个女同学成了周培源夫人，陈岱孙就终身不结婚，但却成了周培源家的常客。陈岱孙一表人才，身材高大，西服笔挺，讲起课来头头是道、娓娓动听、要言不烦，掌握时间分秒不差，下课钟声一响，他也刚好讲完。有一次他讲完了课还没敲钟，后来一查，原来是钟敲晚了。不少联大女生恋爱，都希望能找到像陈先生这样的男同学。和陈岱孙一样，金岳霖却是爱上了梁思成的夫人林徽因，因为不愿破坏朋友的婚姻，宁可自己牺牲。这就是叶公超说的宗教精神，哲学家金岳霖和经济学家陈岱孙都在恋爱中付诸实行了。他们这一代人的言行对我们下一代人产生了不少的影响。

中国知识分子这种宗教精神、推己及人的思想，最著名的事例可能是胡适和江冬秀的婚姻。胡适是新文化运动的先锋，却成了旧式婚姻的牺牲品，在台湾甚至被推选为"惧内协会"的会长。据说他推行了新的"三从四德"：太太下命令要服从，上街要随从，发脾气要盲从；太太买东西要舍得，发脾气要忍得，生日要记得，出门打扮要等得。这里故意把"四德"改成"四得"了。为什么胡适不解除旧式婚约呢？他在1921年8月30日的日记中说过："我不过心里不忍伤几个人的心罢了。假如我那时忍心毁约，使这几个人终身痛苦，我的良心上的责备，必然比什么痛苦都难受。"1918年5月2日，他在给友人的信中说："吾之就此婚事，全为吾母起见……今既婚矣，吾力求迁就，以博吾母欢心。"他并且给母亲写过白话诗说：

岂不爱自由？此意无人晓。情愿不自由，也是自由了。

胡适是朱自清的老师，他们怕伤害人的思想是一脉相承的，但对待歌伎的态度却有所不同。在这点上，胡适在年轻时继承了古代文人的风流传统。如杜牧曾有诗说："落魄江湖载酒行，楚腰纤细掌中轻。十年一觉扬州梦，赢得青楼薄幸名。"十八岁时，胡适自己说："从打牌到喝酒，从喝酒又到叫局，从叫局到吃花酒，不到两个月，我都学了。"还留下了一首《岁暮杂感》，前四句是：

客里残年尽，严寒透画帘。霜浓欺日淡，裘敝苦风寒。

他自己把"日淡霜浓可奈何"改后，译成英文如下：

How proudly does the wintry frost scorn the powerless rays of the sun！

可见他把自己比作"淡日"，把花天酒地的生活比作"浓霜"。而对朱自清来说，"浓霜"可能是"忧郁感"，解决的办法是成对成双。对浦江清来说，"浓霜"可能是"怅然"，解决的办法是写诗填词或作对联，都比胡适进了一步。

胡适不但继承了中国文人的传统，到美国后，更吸收了西方的文化，爱上了美国女郎韦莲司。他在日记中写道："吾自识吾友韦女士以来，生平对于女子之见解为之大变，对于男女交际之关系亦为之大变。女子教育，吾向所深信也，惟昔所注意，乃在为国人造良妻贤母以为家庭教育之预备，今始知女子教育之最上目的乃在造成一种能自由能独立之女子。国有能自由独立之女子，然后可以增进其国人之道德，高尚其人格。"他和韦莲司在绮色佳湖畔散步，写了一首情诗：

隔树溪声细碎，迎人鸟唱纷哗，共穿幽径趁溪斜。
我和君拾葚，君替我簪花。
更向水滨同坐，骄阳有树相遮，语深浑不管昏鸦。
此时君与我，何处更容他？

这首情诗比朱自清的游山玩水，比浦江清的观景赏花，都要亲密得多，在感情上，又向前迈进了一步。但是二十年后，1935年秋，胡适同他的婚外恋人曹珮声（即曹诚英）来到绮色佳，她也写了一首《踏莎行·绮色佳的秋色》：

飒飒西风，吹将秋老，溪清瀑浅溅声小。
绿阴渐解瘦枝头，屏林换上银红袄。
一抹斜阳临湖照，远山近水都含笑。
争前问我比西湖，是谁输却三分俏？

这首词中，溪声依旧，只是红花换了秋叶，骄阳成了斜阳，山水却都含笑，西湖也要和人比俏。这样移情山水，简直可以和拜伦的《波河之歌》争辉比美了。

到了抗日战争时期，胡适在美国做大使，曹珮声在国内。1943年6月19日，她写了一首《虞美人》，纪念二十年前她和胡适在杭州栖霞洞团聚的日子，下半首四句是：

朱颜青鬓都消解，惟剩痴情在。
廿年孤苦月华知，一似栖霞楼外数星时。

关于胡适和曹珮声在杭州的生活，徐志摩在1923年10月21日的日记中有一段记载："我们第一天游湖，逛了湖心亭——湖心亭看晚霞看湖光是湖上少人注意的一个精品——看初华的芦荻，楼外楼吃蟹。曹（珮声）女士贪看柳梢头的月，我们把桌子移到窗口，这才是持螯看月了！夕阳里的湖心亭，妙；月光下的湖心亭，更妙。晚霞里的芦雪是金色，月下的芦雪是银色……曹女士唱了一个《秋香歌》，婉曼得很。"胡适在10月3日的日记中也写过："睡醒时，残月在天，正照着我头上，时已三点了。这是在烟霞洞看月的末一次了。下弦的残月，光色本惨惨，何况我这三个月中在月光之下过了我一生中最快活的日子！今当离别，月又来照我，自此一别，不知何日再继续这三个月的烟霞山月的'神仙生活'了！枕上看月徐徐移过屋角去，不禁黯然神伤。"后来他写了一首诗：

依旧是月圆时，依旧是空山，静夜；
我独自月下归来，这凄凉如何能解？

翠微山上的一阵松涛，惊破了空山的寂静。
山风吹乱了窗纸上的松痕，吹不散我心头的人影。

成为美国空军翻译

一般人欲望多于知识，

聪明人知识多于欲望。

——杜朗特

我上大三时，冯友兰的《新世训》出版了，在联大同学中广为传诵，影响不小。书中说道："各人的精神境界，千差万别，但大致说，可以分为四种。一种叫自然境界，一种叫功利境界，一种叫道德境界，一种叫天地境界。自然境界就社会发展说，是原始社会中的人的境界；就个人发展说，是儿童的境界。……功利境界和道德境界与自然境界的显著不同，就是在这两个境界中的人是自觉的。……功利境界和道德境界的区别，在于为私还是为公。……天地境界是就人和宇宙（特别是自然）的关系说的。……使人知道在自然界中所处的地位，从其中可以得到一个'安身立命之地'。"

我和万兆凤讨论这四种境界。他说，不自觉的爱情是自然境界；为个人幸福的爱情是功利境界；为双方幸福的爱情是道德境界；把感性的爱情上升为理性的爱情，那就是天地境界。我说，这样看来，《红楼梦》中宝玉爱吃胭脂，这是自然境界；和袭人初试云雨情，这是功利境界；和宝钗结金玉良缘，从贾府的观点看来，这是道德境界；黛玉"魂归离恨天"后，宝玉还"泪洒相思地"，这可以说是天地境界了。后来兆凤回江西宜春结婚，我寄去了四句贺诗：

万里云山念故人，花香鸟语好宜春！
江畔折花江心掷，无情江水也生情。

我认为最后一句是情人心中皆有之理，可以算是"天地境界"。

1941年暑假中的8月30日，万兆凤、万绍祖、赵嘉真、曾慕蠡、熊中煜、黄有莘、刘匡南等几个江西一中、二中的老同学在钱局街茶馆谈心，分析各自的精神境界。万兆凤对我的评语是："性格外向，情感重于理智；自我中心，个人重于团体；好胜心强，胆大而不心细；观察力弱，判断力弱，不能临机应变；但若事先考虑，却又非常精灵；记忆力好。"总的看来，我的精神状态处在功利境界，万绍祖、赵嘉真主要处在道德境界，其他人多半在两种境界之间。

空袭警报多了，联大推迟开学。我同万兆凤就到大理去了一个月，住在洱海之滨的大理民族文化书院。院长张君劢接见了我们，说我口才很好，可以做外交官，说得我也有点动心。书院只有九个教授，九个研究生，每个学生有两间房，比起四十个人住一间茅屋的联大来，简直有天渊之别。校舍背靠苍山，面临洱海，每天享受湖光山色，遥望环绕苍山十八峰的玉带云，峰顶就像浮在云海中的神山，书院也成了世外桃源。桃源中有两个故人：一个是浙江大学历史系的王树椒,一个是清华大学哲学系的章煜然。我们谈起冯友兰的四种境界,章煜然说:自然境界如庄子《逍遥游》中的"越人断发文身",功利境界如《孟子》中说"叟不远千里而来,亦将有以利吾国乎?"的梁惠王,道德境界如说"王,何必曰利,亦有仁义而已矣"的孟子,天地境界如庄子《养生主》中解牛的庖丁。但他赞成把功利境界和道德境界结合起来的、为绝大多数人谋福利的功利主义。王树椒当时正在写《曹孟德论》,他说不自觉地说曹操坏,那是自然境界;从魏的观点称曹为治世能臣,那是功利境界;从汉的观点称曹为乱世奸雄,那是道德境界;从历史观点看曹,那是天地境界。

从大理回来,美国志愿空军第一大队已经到了昆明,援助中国对日作战,需要大批英文翻译。那时的教育部号召全国各大学外文系高年级的男学生服役一年,不服役的要开除学籍,服役期满的可以算大学毕业。于是联大同学纷纷响应号召,自然,各人的精神境界并不完全相同。有个别同学因为"好男不当兵,好铁不打钉"的观念太深,认为给美军做翻译有失身份,宁愿休学也不自愿参军,这是自然境界。有的同学(如吴琼)因为生活艰苦,本来已经在图书馆半工半读,如果参军既有实践英语的机会,赚的工资又比大学教授还高,何乐而不为之?这是功利境界。有的同学(如罗宗明)本来已经在英国领事馆兼任英文秘书,待遇比军人还更优厚,但因为国家兴亡,匹夫有责,毅然决然放弃高薪,这就是道德境界了。至于我自己,因为高中一年级在西山受过集中军事训练,对军队生活深恶痛绝,也有"好男不当兵"的思想;但一想到在西山受训的同班同学陶友槐、黄文亮等都已经参加了空军并且为国捐躯,他们的精神可以说是进入了天地境界,而我却还在自然境界、功利境界、道德境界之间徘徊不前，怎么对得起已经壮烈牺牲了的汪国镇老师和当年的同窗呢？于是我同吴琼、万兆凤、罗宗明等三十几个同学都报了名。

1941年10月30日晚上，外文系开欢送会。当女同学用英文唱《再会歌》时，我真有点上战场前生离死别的感觉。我们先在翻译训练班学习了两个月，训练班就在我们大一上课的昆华农校。班主任是黄仁霖上校，曾和闻一多等同时去美国留学，英语说得不错，得过美国某大学英语演说比赛第一名；西安事变时，曾随宋美龄去探望蒋介石。黄在训练班用英文讲"社交礼节"；教务长是联大社会系吴泽霖教授，给我们讲"人类学"；气象系赵九章教授讲"气象学"；历史系皮名举教授讲"美国史地"；外文系温德教授讲"英文词汇学"；美国志愿空军第一大队机要秘书林文奎少校讲"航空常识"；通译长舒伯炎少校讲"航空翻译常识"，等等。

训练班还开过招待会欢迎美国志愿空军大队长陈纳德上校，会上黄仁霖致欢迎词，由中央大学顾世淦同学译成英语。当他讲到"三民主义"的时候，顾世淦不知道如何翻译才好。黄仁霖就直译为"民族、民权、民生"，陈纳德好像也听不懂。于是我就用英语解释说："民有、民治、民享"（of the people, by the people, for the people），陈纳德一下恍然大悟，脸上露出了笑容。这是我头一次在翻译工作中崭露头角。

12月7日，珍珠港遭到日本飞机袭击，我们立刻结束训练，投入工作。除黄维等参加缅甸远征军外（黄在怒江殉职），我们多数被分配到昆明巫家坝机场美国志愿空军第一大队。

我被分配到机要秘书室。机要秘书林文奎是清华大学1933年毕业生，那时日本侵略军占领了我国东北三省，林文奎投笔从戎，是

1942年上半年在美国志愿空军任翻译时摄，头戴美国船形军帽。

杭州笕桥航空军官学校第一期第一名毕业生。毕业典礼时蒋介石、宋美龄都来参加，林文奎代表毕业生致辞，慷慨激昂，痛哭流涕，爱国热忱溢于言表。听众无不动容，宋美龄把自己手腕上的金表送他，以示奖励。蒋介石派他到意大利去深造，所以他的飞行技术、外语水平都高人一等，是个不可多得的文武全才。他对我们既严又宽，交代的任务严格要求按时完成，完成得好则格外嘉奖。记得陈纳德将军（珍珠港事变后，他被提升为准将）写了一份美国志愿空军第一大队的战报，林秘书要我当天译成中文，第二天派专机送去重庆，呈报蒋介石和宋美龄（她是航空委员会秘书长）。我加夜班译完之后，他说译得很好，补放我一天假，并且派汽车送我们去云南石林游玩一天。我平常的工作是每天将昆明行营的军事情报译成英文，送陈纳德将军；他就根据情报，分配三个中队八十一架P40飞机的任务。P40时速四百公里，但当时是世界上速度最快的飞机。每次击落敌机一架，飞行员就在机身上贴一张插翅膀的老虎，所以美国志愿空军成了威名远扬的"飞虎队"，我也得了一枚镀金的"飞虎章"。记得有一次我翻译的情报说：日本军舰一艘到达海防，登陆士兵有若干人；日本飞机有若干架，进驻河内机场。林秘书得情报后，立刻召集四个空军上尉参谋（分管侦察、作战、轰炸、驱逐业务）研究，认为日军很有可能会对昆明进行空袭，就要我把情报火速译成英文，派专车送我去陈纳德将军指挥部。陈将军正和中国空军总指挥毛邦初少将在研究军事地图，看了我面呈的情报，就要参谋把地图上的军队、舰只、飞机数目作调整，同时叫我退出。第二天，日本飞机果然袭击昆明，但飞虎队早有准备，不等敌机飞入市区投弹，就在滇池上空进行截击。我只听见飞机爬高的呜呜声、机枪射击的啪啪声，只看到一架架画着一轮红日的日本飞机尾巴冒出一团团的黑烟，被击落在西山滇池上空。从此以后，日机不敢再来昆明，但飞虎大队的第一中队长也英勇牺牲了。为了纪念这位美国勇士，我写了一首英文诗，译成中文如下：

飞虎队乘长风，血溅万里蓝天；
敌机一声轰隆，冒出滚滚浓烟。
西山直立湖边，怀念勇士英灵；
漫漫长夜难眠，人影溶入山影。

林秘书不但重用我，而且注意对我的培养提高。有时听说联大有学术报告，他甚至派专车送我去听。我听了报告后，林秘书要我向全室军人传达，并且谈谈自己的心得体会。有时他也要我作读书报告，我曾讲过张天翼《谈人物的描写》：第一，写好故事不如写好人物，因为好故事只能读一遍，好人物才能百读不厌。第二，写人物不要写成神样的人，可以写成人样的神，如孙悟空。第三，写人物不要写他的大处，而要写他的深处；不要写冠冕堂皇的演说，而要写他的私生活。谈到私生活，我又引用林语堂《生活的艺术》中的话说：试想一个世界，如果夫妻都能白头偕老，如果君主都活万岁千秋，那个幸福的世界有什么趣味呢！世上就没有文学了。正如一次赛马会，假如每个观众都预先知道哪一匹马取得胜利，那还有谁来看赛马呢？如果一个丈夫或者一个妻子总是一本正经，无懈可击，谁愿意和他或她过一辈子乏味的生活呢？显而易见，不能让理性单独统治世界，而要让情感来平分天下。凯撒爱上了埃及女王而几乎忘了罗马帝国，安东尼更是为了女王而失掉了江山，是他们才使世界变得丰富多彩的！——我讲得滔滔不绝，大家听得津津有味，这是我后来五十年教学生涯的前奏曲。林秘书听后说：军人应该有点义、史、哲的知识，才能提高素质，但是更要有明辨是非的道德观念。由此看来，他是处在道德境界的。

清华大学梅贻琦校长曾来美国志愿空军大队了解联大学生的服役情况，林秘书就谈到我英译情报、汉译公文、提高军人文化水平的情况。梅校长听了表示欣慰，亲自来秘书室看我工作，并告诉我，服役期满之后，要回联大学习一年才算正式毕业。

1942年7月4日，美国志愿空军与中国空军合同期满，由美国14航空队接防。林秘书调往成都空军总司令部，临行前他问我能否同去。我初出茅庐，就得到领导赏识，"士为知己者用"，我自然也想附骥尾而成名；但一想到寄人篱下，恐怕不能尽我所长，就还是听了梅校长的话，回联大复学去了。由此可见，我的思想一直处在功利境界。

珍珠港事变后，日本侵略军占领了香港。罗宗明的未婚妻俞维德正经过香港来昆明，一下身陷敌占领区。宗明焦急万分，决定冒生命的危险，去香港搭救未婚妻。结果他们双双来昆，和我同回联大复学。回校的同学还有万兆凤、朱树飏、卢福庠、吴其昱等五六个人，其他同学多半随同美军到美国去了。

大四选课

◆ 1942年9月16日　许渊冲日记

今天看选课表。外文系四年级的必修课有袁家骅先生的"大四英文"和"翻译"，赵诏熊先生的"西洋戏剧"。选修课有莫泮芹先生的"浪漫诗人"，陈定民先生的"二年法文"。三年俄文，选补的外系必修课有雷宗海先生的"中国通史"，萧遽先生的"经济学概论"，还有"体育"。旁听的有冯友兰先生的"中国哲学史"，这是联大通才教育的课表。

冯友兰讲哲学

我在联大八年，回忆起来，冯友兰先生是对我影响很大的一位教授。八年来，冯先生一直是文学院院长，他在联大作过多次讲演。1939年7月13日，他在昆中北院食堂讲《中国哲学的应用》，我在日记中有简单的记录。现在摘抄如下：

他说：如果小孩被石头绊倒，他就会发怒，大人却不会，因为小孩是用情感，大人是用理智。中国道家的哲学是"以理化情"。如死是最动情的，但理智上知道有生必有死，就不会动情了。话虽如此，实行起来却很难，只能做到有情而不为情所累。例如看见某甲打某乙，我们愤愤不平，但事后也就算了；如某甲打的是我，事后还是会愤愤不平的，这就是为情所累。应用哲学，就要学会"以理化情"，学会"无私""忘我"，这样才能有情而不为情所累。

爱因斯坦说过："要使我们的理论尽可能简单。"冯先生就能把复杂的问题简单化，并能深入浅出地表达出来。重温八十多年前的讲演，觉得冯先生言犹在耳，但是实行起来并不容易。例如最近读到南开大学外国语学院一篇博士论文，文中引用网上《清韵诗刊》的话说："格氏说不能让华人译唐诗，是至理名言。听说许某自诩'汉诗英译第一人'，中国人牛皮多，此一例也。"格氏是英国伦敦大学教授格雷厄姆，译了一本《晚唐诗》，错误百出，我在北京大学出版的《文学与翻译》中曾详加评论。这样一位教授，居然口出狂言，说什么"不能让华人译唐诗"。那么请问：我在英国企鹅图书公司出版的《中国古诗词三百首》怎么办？是不是该禁止出版？或者应该销毁？这篇博士论文题目是《许渊冲文学翻译研究》，如果认为华人不能译唐诗，那华人译的诗还值得研究吗？《中国教育报》2001年9月27日发表了采访我的报道，标题是《诗译英法唯一人》。《清韵诗刊》却别有用心，改成"汉诗英译第一人"，并且说"中国人吹牛"。请问世界上还有第二个人能把中国古典诗词译成英法韵文吗？如果没有，这就不是吹牛。但是这种诬蔑不实之词，怎么能在博士论文中引用呢？我读后就生气了。后来想起冯先生要"不为情所累"的话，假如诬蔑的不是我，那我大约不会这么生气。于是我只写了一篇反批评，也就算了。这就是应用了冯先生所说的"以理化情"之法。

1939年8月2日，冯先生又在昆中北院食堂讲《中和之道》。这次讲演更加重要，现在摘抄我日记中的记录如下：

一个人可以吃三碗饭，只吃一碗半，大家就说他"中"；其实要吃三碗才算"中"。"中"就是恰好的分量，四碗太多，两碗太少。"和"与"同"的分别是"同"中无"异"，"和"中却有"异"。使每件事物成为恰好的分量就是"和"，这就是"中和"原理。辩证法的由量变到质变是"中"，由矛盾到统一是"和"。

应用到个人修养方面，生理上吃饭、喝水、睡觉等得到恰好的分量，就是一个健康的身体；心理上各种欲望满足到恰好的分量，就是一个健全的人格。

应用到社会方面，政治家、军人、教师等各种人要求权利不太过，要求责任不太少，就是一个好的社会。

应用到政治制度方面，民主政治最接近"中和"。

我把"中和原理"应用到自己身上，感到得益不浅。我从前曾以为做事做到一半就是中庸，听了冯先生的讲演，我才明白中和之道是有一分热发一分热，有一分光发一分光。这对形成我的人生观颇有影响。就以翻译文学作品而论，如果一天能译一千字的文章，那译一千字就是得其"中"。一个字一个字翻译，这是量变，翻译到一千字成了文章，这是质变。所以从量变到质变是"中"。但是翻译和吃饭睡觉可能有矛盾，翻译一千字，饭也吃得饱，觉也睡得够，翻译、吃饭、睡觉都得其"中"，这是"和"。"和"是从矛盾到统一。这就是我在生活中实践的"中和原理"。

应用到世界观上来，我觉得每一个国家都应该尽可能为本国人民谋福利，这是"中"；如果世界各国都尽可能为本国人民谋福利而不损害其他国家的利益，这是"和"。如果全世界能行"中和之道",那就天下太平了。用孔子的话来说:"中和"是"从心所欲,不逾矩"。"中"是主观上尽其在我,"和"是不超越客观规律。这就是冯先生的演讲对我的人生观和世界观产生的影响。

1940年7月26日晚上,冯先生讲《青年对哲学的修养》:

他首先批评题目说:青年对哲学要修养,中年、老年是已经修养够了呢?还是不够修养的资格呢?其实修养是不分年纪的,正如学数学不分年纪一样。这是普通一般人的错误。

他讲形式逻辑,说逻辑是语经,是思想的规则。规则是人人应该遵守、实际也遵守、只是不能完全遵守的。一个不守道德规则的人守规则的时候总比不守规则的时候多。

辩证法反对形式逻辑。后者说甲是甲,前者说甲是非甲。其实是甲包含非甲,甲可变成非甲。

如果人人懂形式逻辑,天下的争论可以减少一半。如古语说"知易行难",孙中山先生说"行易知难"。其实,前者是指道德方面,后者是指技术方面,两者并不冲突。这就要有逻辑的修养。

重温冯先生的讲话,觉得真是逻辑严密,分析清楚。就以"中和原理"而论,人人都要遵守尽其在我的规则,才能做出成绩。我在翻译文学作品的时候,总想尽可能译得使读者知之、好之、乐之。但是一般只能使人知之,有时能够使人好之,很难使人乐之。这和冯先生说的"不能完全遵守规则"基本是一致的。形式逻辑说甲是甲,等于说规则就要完全遵守,文学翻译就要使人乐之,这是不符合实际的。辩证法说甲包含非甲,这等于说实际上人不能完全遵守规则,文学翻译不能字字使人乐之,总有部分只能使人知之或者好之。"知易行难"说的是道德修养,知道什么是"中和原理"并不难,要做到事事合乎"中和原理"却不容易。"行易知难"说的却是技术才能,如果你知道了制造飞机的技术,动手制造就不困难,"知"需要工程师的设计,"行"却只需要技术工人的劳动。"知易行难"指德,"行易知难"指才,两者范畴不同。经过逻辑分析,就清楚了。

1940年8月8日,冯先生在昆中北院讲《生活的意义》。我没有听到开头的部分,不知道"意义"的第一个意义是什么,只好把听到的部分记下来:

意义不是目的。有人以为生活的意义是指生活的目的。如果凡事都有一个目的,本身只是手段的话,那么世界上的事都成了手段。我们应该说:有些事本身就是自己的目的。哪些事呢?凡是自然的事,如猪生草长,都是无目的的;人为的事如吃药等才是手段。所以如果以为意义就是目的的话,生活是没有什么目的的。

意义的第二个意义是了解:了解愈多,意义愈大。如一只狗听见演讲,一点也不了解,所以也就毫无意义;一个无知的人听演讲比狗了解多一点,意义也就大一点;一个大学生听演讲了解得更多,意义也就更大了。

但了解不同,意义也就不同。如地质学家游山,只见山是什么地质;历史学家游山,却记得这山是古战场。这样说来,意义不是主观的吗?其实不然,因为实际上山是某种地质,是做过古战场,并不是地质学家和历史学家臆造出来的。仁者见仁,智者见智,此之谓也。

冯先生谈到了解和意义的关系，说了解越多，意义越大；了解不同，意义不同。这话我深有体会。如李商隐的《无题》诗中有两句："金蟾啮锁烧香入，玉虎牵丝汲井回。"伦敦大学格雷厄姆教授对这两句诗的译文大致是："一只金蛤蟆咬着锁，开锁烧香吧；一只玉虎拉着井绳，打上井水逃走吧。"译文说明英国教授对诗毫无了解，所以译文毫无意义。他不知道：金蛤蟆是唐代富贵人家大门上的门环，咬住锁表示晚上锁门了；烧香是唐代人的风俗习惯，早晚烧香祈天敬神；玉虎是水井辘轳上的装饰品，"牵丝"是拉起井绳的意思，"汲井"就是打起井水——唐代人的风俗习惯是天一亮就打井水，以备一天之用；"入"和"回"的主语都是省略了的"我"字。所以中国人的译文是："天晚烧香锁门的时候，诗人进门了；早晨拉井绳打水的时候，诗人回家了。"中国人的了解比英国人多得多，所以意义也大得多。但是诗人进门做什么？为什么一早就回家了？原来诗中"烧香"的"香"和"相"字同音，"牵丝"的"丝"又和"思"字同音；"香"和"丝"就暗示"相思"，隐射诗人和富贵人家的女性互相思念。诗人等天黑了再偷进富贵人家的大门，来和女主角幽会；因为怕人发现，所以天一亮就赶快溜走了。这样了解更深一层，诗的意义也就大得多了。这可以说明了解越多，意义越大。但是《清韵诗刊》2002年第10辑说：中国人把英国教授的译文"改得糟得不得了"。这是不是了解不同，意见就不同呢？不是，因为译文不是改得太"糟"，而是改得太好。所以这不是了解不同，仁者见仁的问题；而是了解不了解，有没有意义的问题。

1940年9月14日晚饭后，我在昆中南院听冯先生讲《文学的欧化与现代化》。现将笔记摘录如下：

冯先生讲到"共"与"殊":"殊"是个体,如张三、李四、美国等;"共"如人、胖子、民主国等。"殊"只有一个;"共"可以很多。"殊"没有理由,如张三是胖子就是胖子;"共"有理由,如胖子是因为脂肪多。我们学东西要学"共",不是"殊"。

欧化是"殊",现代化是"共"。用新式标点不是欧化,因为标点并不是欧洲原有的,而是现代新出的。现代化就是精密化,我主张现代化,不主张欧化。如中菜西吃就是现代化、科学化、卫生化,而用刀叉却是欧化。

"全盘西化"问题,当时在联大议论纷纷。现在看来,逻辑不太清楚。如果是说现代化,可能反对的意见就不会太多了。解放初期"一边倒",也有点像"全盘西化"。结果大学调整,清华大学文科并入北京大学,于是清华北大的传统消失,本来已与世界接轨的水平反而下降。现在谈现代化,首先大学需要恢复传统水平,因为传统水平是"共",一边倒向苏联是"殊"。逻辑思想不清,造成影响太大。

1942年6月11日,冯先生在昆中北院讲《哲学与诗》。那时,我在美国志愿空军机要秘书室任英文翻译,被派回联大来听讲,再回秘书室作传达。现将讲话摘抄如下:

宇宙间的东西,有些是可以感觉的,有些是不能感觉而只能思议的,有些是既不能感觉又不能思议的。如"宇宙"就是不可思议的,自然你可以去思议,但你所思议的宇宙,并不是真实存在的这个宇宙。不能感觉而能思议的如"理""性"等。

诗就写可以感觉的东西，但却在里面显示出不可感觉的、甚至不可思议的东西。诗的含蕴越多越好，满纸"美"呀"爱"呀，叫人读起来一点也不美，也不可爱，这是"下乘"；写"美"写"爱"也使读者觉得美、觉得可爱，那是"中乘"；不写"美""爱""愁"等字，却使读者感到美、爱、愁，才是"上乘"。

诗的意义越模糊越好，如屈原的《离骚》，你可以说是写香草美人，也可以说是写忠君爱国，使人得到的意义越多越好。诗要模糊可用"比""兴"，如"春蚕到死丝方尽，蜡炬成灰泪始干"。哲学却不同，一句话就是一个意思，而且要清楚；否则，哲学就失败了。

冯先生讲哲学和诗的分别，真是言简意赅，一针见血。回头看看李商隐的《无题》诗，正是用可以感觉的"金蟾烧香""玉虎汲井"，来写含蕴在内的幽会。诗中没有一个"美"字或"爱"字，却可以使读者感到诗人对情人的爱，他们爱情的美。但是英国的格雷厄姆教授根本不了解这首意义模糊的朦胧诗，译得牛头不对马嘴，反而口出狂言，胡说什么"不能让华人译唐诗"。居然还有奴颜婢膝的中国人说他的狂言是"至理名言"。由此可见，了解哲学和诗的分别，对译者和评者是多么重要。关于冯先生的评诗理论，我在答中央电视台记者问时，举李白诗句"朝辞白帝彩云间"的三种英译文作了说明。"彩云"可以译成"colored clouds""rainbow clouds"以及"crowned with clouds"。第一种译文说是"有颜色的云"，虽然不错，但不能引起"彩云"给人的美感，是说美而不美的例子，这是"下乘"。第二种译文说是"彩虹般的云"，这就是用"比"的方法，使人可以看到五彩斑斓的云霞，这是说美而美的例子，可算"中乘"。第三种译文根本没用"彩"字，却说戴着云霞的皇冠，运用的是暗喻的方法，不露声色地把云比作皇冠。而皇冠是金碧辉煌、五彩斑斓的，所以不说彩而彩自见，这是不说美而美的例子，可算是"上乘"。这个译例批判了英美人的骄傲态度和一些中国人的自卑心理，也说明了冯先生的教诲。

1944年9月，冯先生作了《论风流》的讲演。他说话虽然结巴，但是思想却非常清晰，分析非常细致，表达非常简明，能够深入浅出，风格犹如静水流深。闻一多先生的风格却如疾风暴雨，带有雷霆万钧之力，两人的风格流派大不相同。冯先生的《论风流》登在《哲学评论》九卷三期上，非常精彩。现在摘录如下：

风流是一种所谓人格美。凡美都涵有主观的成分。这就是说，美含有人的赏识，正如颜色涵有人的感觉。离开人的赏识，不能有美，正如离开人的感觉，不能有颜色。……美虽有主观成分。但是美也有一定的标准。如其不然，则即不能有所谓美人，亦不能有艺术作品。……没有主观成分的性质的内容，是可以言语传达的。有主观成分的性质的内容，是不可以言语传达的。……我可以说，一个命题与事实相合，即是真。一个行为于社会有利即是善。但我不能说，一个事物有什么性质是美。

……风流是一种美，……真风流的人，必有玄心。……玄心可以说是超越感。……超越是超过自我。超过自我，则可以无我。真风流的人必须无我。无我则个人的祸福成败，以及死生，都不足以介其意。……真风流的人，必须有洞见。所谓洞见，就是不借推理，专凭直觉，而得来的对于真理底知识。……

真风流的人，必须有妙赏，所谓妙赏就是对于美的深切的感觉。……真风流的人，必有深情。……有情而无我，他的情与万物的情有一种共鸣。……主观客观，融成一片。表示这种感触，是艺术的极峰。……陶潜有这种主客交融的乐趣，如他的诗：

结庐在人境，而无车马喧。
问君何能尔，心远地自偏。
采菊东篱下，悠然见南山。
山气日夕佳，飞鸟相与还。
此中有真意，欲辨已忘言。

后来我把这首诗译成英文，认为"心远地自偏"说明陶潜有"超越感"，所以能闹中见静；"悠然见南山"说明他有"妙赏"，能与南山共鸣；"飞鸟相与还"说明他有"深情"，能与飞鸟同乐；"此中有真意"说明他有"洞见"，能够天人合一——所以陶潜是"真风流"。

从这些讲演中，可以感到联大当年的学术空气。

联大和哈佛

《纽约时报》网站2007年6月10日报道:"为了听课来哈佛太傻了。想和地球上最聪明的人在一起,你就来哈佛。"我看,这句话如果要应用到1938—1946年间的联大身上,可以说联大胜过哈佛。因为联大不仅有当时地球上最聪明的头脑,还有全世界讲课最好的教授。

我在联大八年,听过不少精彩的讲课。如闻一多先生讲《庄子》时,教室外面都挤满了人;他讲到《逍遥游》的错简,使学生恍然大悟、豁然贯通。他讲《诗经·汝坟》时,把饥渴理解为情欲,把"鲂鱼赪尾"理解为情欲如火的象征,把"王室如毁"理解为王孙公子情急如焚,把前人讲不通的诗句一下讲通了。无怪乎汪曾祺要说:闻先生讲《诗经》,古今无双了。但是他认为闻先生应该多搞学术研究,少搞政治活动,引起了闻先生的不满。今天看来,假如闻先生接受了汪曾祺的意见,民主运动少了一位烈士,学术研究却可能多出一些成果,是否得不偿失?值得深思。

假如把闻先生比作一团烈火,那就可以把朱自清先生比作一潭清水。闻先生像"飞流直下三千尺""不尽长江滚滚来";朱先生却像"闲云潭影日悠悠,物换星移几度秋"。朱先生是"气蒸云梦泽",闻先生却是"波撼岳阳城"。闻先生讲课时异峰突起,令人惊心动魄;朱先生却平淡如水,其味隽永,使人觉得原来如此!如朱先生讲"比兴"时说:"比体诗"有四大类——咏史(以古比今)、游仙(以仙比俗)、艳情(以男女比君臣)、咏物(以物比人);"兴"却是见景生情。有时"比兴"难分,如《诗经·关雎》:"关关雎鸠,在河之洲。窈窕淑女,君子好逑。"如果说诗人看见成对成双的雎鸠,就想到自己意中的窈窕淑女,那是"兴"。如果把自己和淑女比作一对雎鸠,那却是"比"了。中国诗的"亦比亦兴",使得诗的含蕴丰富,解释多样,是西方诗难相比的。因为中国诗的"比兴"往往合而为一、难解难分,而西方诗却比是比、兴是兴,泾渭分明。如艾略特的《荒原》,把比喻生硬地插进诗里,没有消化,无怪乎钱锺书先生挖苦地把他的名字译成"爱利恶德"了。

联大教授中有诗人闻一多、散文家朱自清、小说家沈从文——沈从文多写农民和兵士。写工商界人士的作家茅盾和剧作家曹禺、写知识分子和小市民的老舍、写知识青年和革命者的巴金都到联大来作过报告。在短短的八年之中,哈佛大学不可能有这么多文学精英、全世界的聪明头脑都集中到一个学校来了吧!

沈先生在他的小说《边城》中提到小说中的人物时说:"他们是正直的,诚实的。生活有些方面极其伟大,有些方面又极其平凡。"可见他是要寓伟大于平凡的。

汪曾祺写了一篇小说,里面有许多对话。他尽力把对话写得美一些,有诗意,有哲理。沈先生看过之后说:"你这不是对话,是两个聪明脑壳打架……"由此可以看出他对平凡的看法,平凡就是普普通通的话要尽量写得朴素，这样才能算真实。但沈先生并不反对写聪明的脑壳，正相反，当读到汪曾祺神来之笔的时候，沈先生说比他自己写得还要好，并且破格给了他120分。例如汪曾祺关于韩愈和温庭筠、李商隐的评价就备受赞许："眼看光和热消逝了，竭力想找出另一种东西来照耀漫漫长夜的，是韩愈；沉湎于无限晚景，以山头胭脂做脸上胭脂的，是温飞卿、李商隐。"联大有这样一些头脑聪明而又循循善诱的教授，所以就培养出了这样一大批"中兴业"所需要的"人杰"。

不过人杰并不是完全靠学校培养出来的，多半要靠自己的才能和努力，学校只是提供一个可以自由发展的环境而已。汪曾祺在联大时不太喜欢上课，常是夜里在图书馆读书写作，白天却在宿舍里睡觉，下午又泡茶馆聊天。结果毕业前中文系问朱自清先生愿不愿要汪曾祺做助教，朱先生却因为汪不上他的"宋诗"课而拒绝了。但杨振声先生开"汉魏六朝诗"课，因为汪曾祺写了一篇短短的报告《方车论》，从一个合乎情而不合理的奇特想象中发掘出了诗中人物依依惜别的感情，杨先生宣布汪曾祺免予考试，却可得到学分。由此可以看出联大百花齐放、兼容并包的学风。这种学风造就了汪曾祺这样的人才，但他却因为大二英文和体育不及格，不能毕业。这和比尔·盖茨2007年才补领哈佛毕业文凭不是有相似之处吗？汪曾祺英文不及格，虽然没有拿到文凭，却使他知道了英文的重要，甚至说："不懂英文的作家，只能算半个作家。"他英文虽然不及格，但考试时不会说"刮胡子"，却会用"把胡子去掉"来代替，这就是作家的本领了。我看联大对才子应该不拘一格，对汪曾祺这样的学生应该采取杨振声先生免考的办法，那就可以两全其美了。中文系同学何国基考了几次联大都没考取，后来写了一个剧本给朱自清先生看，才破格录取的。这和钱锺书数学不及格却考取了清华不是一样的吗？我认为这也是联大可以和哈佛相比的地方。

联大的中文系应和哈佛大学的英美文学系进行比较。就我所知，当时哈佛英文系最著名的教授是基特里奇（George Kittredge），他的主要贡献是编辑了《莎士比亚全集》的校勘本。闻一多校勘的《诗经》《楚辞》，朱自清校勘的《乐府》，钱锺书的《宋诗选注》不是可以和他比美的吗？而沈从文的小说、曹禺的戏剧、朱自清的散文、闻一多的诗，却是哈佛很难有人可比的了。

联大的外文系则应该和哈佛的东方语言系进行比较。当时联大外文系只有一位教育部聘的教授，那就是吴宓先生。吴先生是中国比较文学的奠基人，他的中文和英文水平都不是当时英美任何汉学家所能比拟的。他是哈佛的毕业生，在联大外文系讲"欧洲文学史"，用的方法完全和哈佛的一样，所以外文系的精英等于身在联大，心却可以去哈佛。后来他们集体完成了《唐诗三百首》的英译，而这是闻一多先生和英国教授白英所想做而没有完全做到的，自然更是哈佛东方语言系做不到的了。吴宓还是清华大学中文系第一任系主任，第二任是杨振声，第三任才是朱自清。这样学贯中西的教授，哈佛却是少有的。

联大外文系主任是叶公超。赵萝蕤在《怀念叶公超老师》一文中说："他一目十行，没有哪本书的内容他不知道。作为老师，我猜他不怎么备课，……他只是凭自己的才学信口开河，说到哪里是哪里。反正他的文艺理论知识多得很，用十辆卡车也装不完的。"叶公超后来当上了国民党政府的"外交部长"，这和哈佛的基辛格也许可以相比吧！

历史系陈寅恪先生是哈佛出身。他讲课时，不讲书上讲过的，不讲前人讲过的，也不讲自己讲过的。这种讲法，不知道哈佛有没有先例？陈先生的独立精神表现在他不畏权势上。记得《文汇读书周报》登过一件轶事，说解放前的中央研究院要选院士，蒋介石示意选教育部部长，陈寅恪却公开反对说："蒋先生如果是要选秘书，当然可以选某某人；如果要选院士，那就碍难照办了。"这种精神和思想表现在学术上，则是他写了一部八十多万字的《柳如是别传》，说柳如是不但淹通文史、兼善词曲，而且才华盖世、名节俱高，独立精神与自由思想远非一般文人可比。周一良说："陈先生开辟了运用文学作品阐述历史问题，又利用历史知识解说文学作品的崭新途径，左右逢源，令人叹服。"这就是"以诗证史"。但历史系1943级系友何兆武却认为陈先生不是"论从史出"，由此可见，联大聪明人多，百花齐放，百家争鸣。这就造成了联大自由民主的学风。何兆武说："江山代有才人出……问题是给不给他自由发展的条件。没有思想的自由，没有个性的发展，就没有个人的创造力，而个人的独创能力实际上才是真正的第一生产力。"

《吴宓日记》1919年3月26日记下了陈寅恪对于爱情的看法："一等，情之最上者，世无其人。悬空设想，而甘为之死，如《牡丹亭》之杜丽娘是也。二等，与其人交识有素，而未尝共衾枕者次之，如宝、黛等，及中国未嫁之贞女是也。三等，又次之，则曾一度枕席，而永久纪念不忘，如司棋与潘又安，及中国之寡妇是也。四等，又次之，则为夫妇终身而无外遇者。五等，最下者，随处接合，惟欲是图，而无所谓情矣。"陈先生的话如果应用到今天的西方，可以说多半都是有欲无情的了。甚至英国著名的浪漫主义诗人雪莱，和一个十六岁的女学生私奔，结婚后妻子怀了孕，却又被抛弃。妻子投湖自杀之后，他又和玛丽结婚。而联大人的爱情呢？吴宓对很多情人多是"悬空设想";徐志摩、金岳霖等对林徽因的精神恋可以算是第二种;胡适之对曹诚英的婚外恋可以算是第三种;陈寅恪、朱自清、闻一多等的家庭生活则可以说是第四种。这就是联大胜过哈佛的地方。

历史系教西洋史的皮名举教授也是哈佛出身,他是我认为讲课讲得最好的历史系教授。我听过他讲的"西洋通史"。一年后,我走过他讲课的教室,听见他讲得那么津津有味,虽然我已经听过一遍,但还是站在教室窗外又听了一次,可见他讲课的吸引力之大。皮先生讲西洋史,同时联系中国古代史。如讲欧洲民族大迁移时,他联系到《诗经》中记载的公元前1796年的周民族大迁移,这恐怕是哈佛教授难以做到的。哈佛有一个讲中国史的教授却是联大校友何炳棣。那时有的西方史家认为华夏文化源自中近东,何炳棣却根据地下发现的7000年前的实物化石证明中华民族是土生土长的。由此可见,在文史方面,联大比起哈佛来是有过之而无不及的。

历史是哲学的分析,哲学是历史的综合。20世纪,综合中国哲学史的学者是联大文学院院长冯友兰。冯先生把20世纪以前的中国政治文化总结为"礼乐"之治,"礼"模仿自然界外在的秩序,"乐"模仿自然界内在的和谐。这就是顺应自然、天人合一的思想。据联大校友、数理逻辑学家王浩说:冯先生最大的本领,是把复杂的问题简单化。"礼乐"是2500年前孔子提出来的,目的是要培养好人。同期,西方柏拉图提出了"音乐"和"体育"的教育方针——其中"音乐"和"礼乐"是一致的,"体育"和"礼乐"却不相同,着重的是力量,要跑得更快、跳得更高,充分发挥个人的能力,目的是要培养强人。哈佛大学最著名的哲学教授山塔雅纳(George Santayana)提出,理性是对神性的模仿,宗教是用人的想象来解释人的经验，这和联大教授的解释又不相同。总之，西方"强人征服自然"的思想增加了西方的硬实力，中国"好人与世界和谐相处"的思想却增加了东方的软实力。东西思想结合，取长补短，就可共同建设一个更加美好的世界。

我在联大读的是外文系，所以只能谈谈文学院的概况。至于理工学院，联大培养的人才更多。除了荣获诺贝尔物理学奖的杨振宁、李政道之外，还有"两弹一星"的功勋科学家朱光亚、邓稼先、屠守锷、王希季以及国家最高科学技术奖的得主黄昆、叶笃正、刘东生等。近来国际大学排行榜最重要的排名依据是看培养了多少杰出的人才，不知道有没有人研究过1938—1946年间世界著名大学的排名榜。如果比较一下，联大不一定会落在哈佛之后。自然这个研究需要全面，学术研究成果不仅限于联大八年，还要包括后来的成果在内；教学物质条件也要考虑，但并不是物质条件越好，排行名次就越占前——恰恰相反，应该是条件越困难越占先，那联大就可和哈佛相提并论了。

化学系在做实验。

西南联大 第二章

许渊冲夫妇（1、4）与王希季、聂秀芳夫妇在北大家中合影。

2004年许渊冲夫妇（左1、4）和杨振宁（右1）、朱光亚夫妇（左2、3）在北京大学合影。

联大毕业前后

> 科学是一中有多,艺术是多中见一。
>
> ——杜朗特

1942年9月,我回联大复学,选修了袁家骅教授的"大四英文"和"翻译"、赵诏熊教授的"西洋戏剧"、莫泮芹教授的"浪漫主义诗人"和吴宓教授的"文学与人生"等课,还旁听了温德教授的"莎士比亚"和冯友兰教授的"中国哲学史"。我觉得自己的精神状态已经脱离了不自觉的"自然境界",但又觉得"功利境界"和"道德境界"也不能说明我的思想情况,于是巧立名目,来个"兴趣境界"吧。我对旁听冯先生的课感兴趣。他讲到儒家的"仁""义"时说:仁者人也,就是做人的道理;义者宜也,就是做适宜的事情。他讲到庄子时总结说:庄子顺万物之性而达到与万物为一的天地境界。我结合"浪漫主义诗人"课,在"大四英文"课作文时写了一篇《庄子与卢梭》,又结合"文学与人生"课,写了一篇《儒教与基督教》。这是我进行中西文化比较的试笔,现在摘译如下:

基督教和儒教对人生的态度

孔子说过："己所不欲，勿施于人。"耶稣也说过："己之所欲，亦施于人。"这两句话典型地概括了儒教和基督教对人生的态度。简单说来，儒教是消极的，基督教是积极的。中国有儒、道、佛三教，儒家不谈"怪、力、乱、神"，只说"未知生，焉知死？"但是并不要求道教徒和佛教徒也不相信鬼神，所以三教和平共处，历时千年。基督教却要求人人信教，如不相信，就是异教徒，甚至要把人活活烧死；教内又分旧教、新教，自命正统，攻击对方是异端邪说，于是战争连年不断。这是儒教和基督教的第一个区别。

儒教内向，注重修身养性；基督教外向，注重开拓发展。而伊斯兰教也外向，先知穆罕默德一手拿剑，一手拿《可兰经》，不信《可兰经》的，就得吃他一剑。两个外向性的宗教都要求发展，自然容易发生冲突，所以中世纪"十字军"十次东征。冲突的结果也带来了经济、文化的交流，双方都得到了发展。但要根本解决这种冲突，却要采取儒家"己所不欲，勿施于人"的态度。这是儒教和基督教的第二个区别。

相对而言，儒家更重义，基督教更重利。孟子说"舍生取义"。基督教也有殉教的圣徒，但殉教是为了灵魂得救，为了相信来世，为了上帝会惩恶赏善；广义地说，还是功利思想。而儒家"取义"却是只求心安理得，只是为了今世，甚至成败生死都在所不计。简单说来，基督教重的是天（天堂），儒教重的是人（人世）；前者重理想，后者重现实，重理想就有进取心，重现实就有保守性。这是儒家文化和基督教文化的第三个区别。

一般说来,基督教重信仰,儒教重情理。基督教相信原罪,相信人是生而有罪的,因为人在伊甸乐园偷吃了智慧之果;儒家却相信"人之初,性本善",因为人生而有恻隐之心。既然基督教认为人生而有罪,那就应该忏悔,应该重视精神生活超过物质生活;既然儒家相信"性本善",那就容易调和理想生活与实际生活的差异。孔子注重理想生活,而实际生活中则随遇而安。这是儒教和基督教的同中之异。

这篇作文说明了我当时对中西文化的了解。五十年后,我为《诗经》英译本写了篇序言,摘抄一段,可见认识的发展:

儒家治国之道就是"礼乐"二字。"礼"模仿自然界外在的秩序,"乐"模仿自然界内在的和谐;"礼"可以养性,"乐"可以怡情;"礼"是"义"的外化,"乐"是"仁"的外化。做人要重"仁义",治国要重"礼乐",这就是中国文化几千年不衰的原因。在世界各国中,希腊、罗马有古无今,英、美、法、德、俄等国有今无古,印度、埃及都曾遭受亡国之痛;只有中国屹立在世界东方,几千年如一日,对世界文明作出了独一无二的贡献。

关于儒家做人之道,孟子也有一句名言:"穷则独善其身,达则兼济天下。"这几乎成了中国知识分子的准则。但是自从打倒孔子之后,人几乎是穷则不利天下,达则先利其身了。自然,中国文化并不限于儒教,还有道家哲学,主要是老子、庄子等。据说孔子曾问道于老子,老子没有回答,只是张开没有牙齿的嘴,呆若木鸡。孔子看了半天，莫名其妙。回来之后，反复思索，才恍然大悟：老子嘴里没有牙齿，这就是说，硬的东西全落掉了；但是舌头还在，这就是说，软的东西依然无恙。因此，老子的回答等于说：道是刚柔相济、以柔克刚的。儒家兼济天下重刚，独善其身则重柔。

至于庄子，我觉得《逍遥游》中有自由、平等的思想；而卢梭谈"自由、平等"的《民约论》（今译《社会契约论》）却影响了法国大革命。庄子还有回归自然的思想；而卢梭对自然的歌颂，则影响了一代欧洲浪漫主义诗人。因此，我又写了一篇《庄子与卢梭》。在文中，我认为卢梭的"自由"主要指人，而庄子的"自由"则包括万物。如《骈拇》篇中举例说：鸭子的腿很短，如果把腿拉长，鸭子就会痛苦；鹤的腿很长，如果把腿切断，鹤也会很痛苦。这样看来，把腿拉长、切短是人的自由，顺腿的天性却是万物的自由。卢梭重视的是前者，庄子一视同仁的是后者。谈到"平等"，《逍遥游》中有个故事：大鹏鸟一飞九万里，小麻雀只能飞到树枝上，但麻雀笑话大鹏说："你花那么大力气飞到哪里去呀？我只飞几丈高，在树上唱唱歌，又飞到地上吃小虫，自来自去，不是一样逍遥自在吗？"卢梭强调的是人的"平等"；庄子却认为大鹏高飞，麻雀低飞，各尽所能，也是"平等"。至于回归自然，卢梭认为人在自然中能得到幸福；庄子却说人与自然合而为一才是幸福。他在《大宗师》中举例说：把船藏在山沟里，把渔网藏在湖里，可能被人偷走；只有把一切藏在自然中，那就永远不会失掉了。回归自然，就是要与自然合而为一。这是我对庄子的一知半解。

上"西洋戏剧"课时，我们演出了英文剧《鞋匠的节日》，这是英国16世纪剧作家托马斯·德克的代表作。该剧写鞋店老板西蒙发家致富、当上了伦敦市长的故事，和抗日战争时期发国难财的暴发户对比，相映成趣。演鞋店老板的是万淮，后在昆明工学院任教；演国王的是陈羽纶，后来是销售量超过百万份的《英语世界》的主编。剧中穿插了两个鞋店学徒的恋爱故事。一对情人由彭国焘和卢芝扮演——彭国焘和我同在南昌西山受过集中军事训练，是个奶油小生；卢芝的英语说得和彭国焘的面孔一样漂亮。另外一对情人由金隄和梅祖彬扮演，而我则扮演一个第三者。金隄后在天津外国语学院任教，身材不如梅祖彬高，祖彬不肯扮演他的情人。幸亏剧中没有他们两人谈情说爱的场面，只有我向祖彬求爱并骗她和我结婚的两场戏。结果在杂货店求爱那一场，她靠在柜台上，就不显得那么高了。我拉住她的手，她用流利的美国英语拒我于千里之外，赢得了满场的掌声。

后台主任许芥昱（后来是美国旧金山大学比较文学系主任）看了演出后对我说："你和卢芝倒是一对！"他是言者无心，不料我却听者有意。有一天傍晚，我和卢芝在从云南大学到联大的林荫道上散步：

我们正谈着合演的喜剧，
忽然天上落下一阵急雨，
我忙躲到她的小阳伞下。
雨啊！你为什么不下得更大？
伞啊！你为什么不缩得更小？
不要让距离分开我和她！
让天上的眼泪化为人间的欢笑！

我对卢芝假戏真做，越做越热，但她却是落花有意，流水无情。为了摆脱相思之苦，我就去参加澄江妩仙湖的夏令营，并在1943年8月30日的日记中记下了给她的信：

坐上汽车，就想不去；才到澄江，就想回来；同你在一个地方不觉得快乐，一离开你就觉得寂寞了。满车佳丽，于我有如无人，没有爱的女人就像没有蜜的花啊！其实，我们在一个地方也不一定就能天天见面，只不过有可能见面而已。但是为了这一点可能，为了林中的这一只鸟，我宁愿放弃手中的一百只鸟啊！

黄色的河水一流入妩仙湖，却变成了蓝色。随便什么闲言碎语，只要出自你的口中，听来都会赏心悦耳。我越看湖，就越想你；夜里看不见湖，我也想你。他们还嫌没有月亮，我却怕见星星，因为一想到要隔几万秒钟（几乎和我见到的星星一样多）才能再见到你，我就几乎要晕倒了！我要看急风暴雨的天，怒涛澎湃的海，海上的每一个汹涌波浪都白了头，我心里的每一滴血都涨红了脸，为了争着向你吐露我的衷情！

我到妩仙湖来，带了德莱顿《一切为了爱情》的译稿，反复修改，琢磨推敲。只有钻进象牙之塔，我才能忘了卢芝。例如：

◆（一稿）
凶兆异迹，接踵而来，人们都见惯了，并不觉得奇怪。
◆（二稿）
不吉祥的兆头，希奇古怪的事情，接二连三地发生，但是人们都司空见惯了，反而以为不足为奇。
◆（三稿）
怪事年年有，不如今年多，但人们都司空见惯了，反而不以为怪。

这是我翻译的第一本世界文学名著。译后，我借口卢芝的声音甜蜜悦耳，就在文林街一家小茶馆里，请她朗读埃及女王克柳芭的台词，由我自己扮演罗马大将安东尼，妄想弄假成真。但我并不是"不爱江山爱美人"的罗马大将，她也不是"鼻子高了一分就会改变历史进程"的埃及女王，所以假戏没有真做。《一切为了爱情》在十二年之后才由上海新文艺出版社出版。后来美国好莱坞把这个故事拍成电影，取名《埃及艳后》，由伊丽莎白·泰勒扮演女王，耗资两千万美元，是有史以来花钱最多的影片。我的剧本也就改名《埃及艳后》，由桂林漓江出版社出了插图本。

1943年联大毕业时翻译英国德莱顿的诗剧《一切为了爱情》的手稿，1944年入清华大学研究院外国文学研究所的论文题就是《莎士比亚和德莱顿的戏剧艺术比较》；1956年该剧由上海新文艺出版社出版，剧名改为《江山殉情》，1994年桂林漓江出版社再版时，书名改为《埃及艳后》，清华论文用作代序。

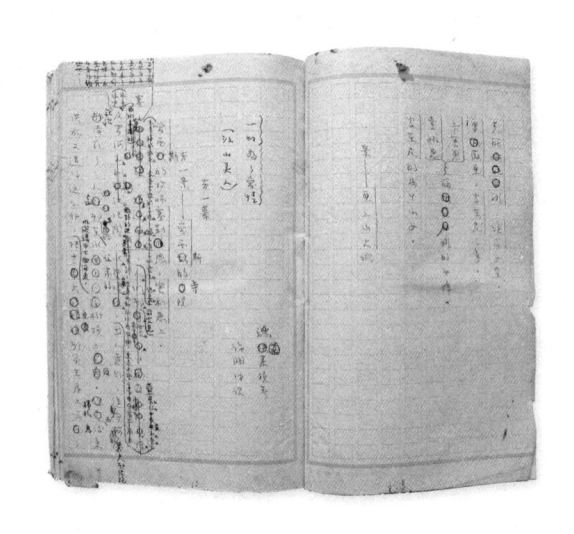

温德在"莎士比亚"课上讲了《安东尼与克柳芭》。我把莎剧和德剧进行比较，觉得从剧本的结构看来，莎剧宏伟，德剧简练；莎剧像名山大川，德剧像小河流水。从剧中的人物看来，莎剧忠于生活的现实，德剧合乎诗人的理想；莎剧写的是古代的英雄美女，德剧写的却是当代的才子佳人。从剧中的情节看来，莎剧顺理成章，德剧另辟蹊径；莎剧利用情节来展示人物的性格，德剧却改造人物的性格来发展剧情。从语言的观点看来，莎剧形象生动，用字具体，德剧感情充沛，措辞自然；莎剧如崇山峻岭，处处惊心动魄，德剧如长江大河，往往一泻千里。但是莎剧有时平地异峰突起，不够和谐；德剧人力难夺天工，不耐咀嚼。总而言之，莎剧是现实主义的杰作，德剧是古典主义的名篇。这样比较一下，引起了我研究英国文学的兴趣。

1944年入清华大学研究院外国文学研究所时摄。

1944年秋，我和卢芝一同考入清华大学研究院外国文学研究所，她研究莎士比亚剧中的隐喻，我研究德莱顿的戏剧艺术。9月14日下午，吴宓教授召集研究生谈话，要我第一学年选读温德教授的"莎士比亚戏剧艺术"，算六学分；赵诏熊教授的"德莱顿全集"，算八学分；论文题可考虑为《莎士比亚和德莱顿戏剧艺术的比较研究》。当时昆明物价飞涨，研究生一个学期只发一千元生活费，根本不够维持生活。其实我大四时，已经开始半工半读，在昆明天祥中学兼教英文。不料清华外文系主任陈福田教授规定研究生不许在外兼差，于是我第二学年只好休学。后来吴达元教授代系主任，知道研究生经济困难，就要我在联大外文系兼任助教，教了一班英文。抗战胜利之后，联大解散，清华、北大、南开迁回平津。那时教育部举行出国留学考试，考试合格，我也离开昆明，出国去了。

1943年联大外文系四年级同学摄于昆明海源寺。前排右起：1关逸娴，2卢如莲，3林同珠，4林同端（译过毛泽东、周恩来诗选）。后排右起：1朱树飏，2卢福庠，3林秀洁，4刘缘子，5刘笑娟，6萨本樑。摄影者是许渊冲。

1944年欢送联大参军同学摄于大观楼湖中，船上左2许渊冲，3熊中煜，4万绍祖，5蒋怀明。右1刘匡南，2曾慕蠡，3、4谢光道夫妇，5万兆凤。

许渊冲与西南联大同学合影。

天下第一中学

看滇池金波荡漾，

西山白云苍苍！

——《天祥中学校歌》

  昆明天祥中学是名副其实的天下第一中学，因为她的师资阵容强大，古今中外没有一所中学能够和她相比。天祥的教师后来都成名成家。教国文的，有全国人大代表、江西大学法律系主任胡正谒教授，有上海社会科学院副院长冯宝麟（后改名冯契）教授。教文史的，有中国社会科学院历史研究所副所长熊德基教授，有上海师范大学历史系主任程应镠教授，有在1933年教过杨振宁中国古代历史的丁则良教授（《人民日报》海外版1993年8月4日转载了杨振宁的话说："丁老师讲得很活，开拓了我的视野，对我以后的科学研究很有益，至今我记忆犹新，我非常感谢他。"），有北京大学历史系副主任许寿谔教授，还有曾任辽宁省委秘书长的才子李晓。教地理的，有中国科学院池际尚院士，有北京矿业学院〔现为中国矿业大学（北京校区）〕地质系主任邓海泉教授，有北京地质学院〔现为中国地质大学（北京校区）〕研究生院导师王大纯教授。教物理的，有为发展中国核事业作出了重大贡献的朱光亚院士，有中国科技大学物理系主任黄有莘教授，有中国空军气象研究所副所长谢光道教授。教化学的，有华东石油学院副院长朱亚杰院士，有中国科学院化学部院士、南开大学元素研究所所长申泮文教授。教数学的，有国际驰名的数理逻辑学家、美国洛克菲勒大学王浩教授，有被《人民日报》誉为"全国模范教授"、大庆石油学院的曾慕蠡教授，有西南联大工学院的状元、云南大学数学系张燮教授，还有中国科学院严志达院士等。教英文的，则有我这个把中国古典诗词译成英法韵文，又把世界文学十大名著译成中文的北京大学教授。这样雄厚的师资力量，如果要办一个大学，也是国际一流的；只办中学，自然是"天下第一"了！

天祥中学第一任校长邓衍林是联大师范学院教育系毕业生。论英文他不如我，论数学他不如王浩，论物理他不如朱光亚；但他有

1957年与邓衍林（联大同学，天祥校长）全家摄于北京大学，坐者右1为邓夫人及女儿，后为其弟元昭夫妇，元昭左为许渊冲，许左为邓衍林之弟海泉夫妇，海泉夫人左为其三妹，粤剧演员、影星红线女。

点像汉高祖刘邦，文不如萧何、张良，武不如韩信、英布，却能领导文武百官。邓校长也有北京大学蔡元培校长的民主作风，能使老师们人尽其才，以校为家，乐而忘忧，直到今天，还是令人怀念。

天祥中学第一位教务主任是熊德基，他是联大地下党的负责人。当时联大三青团批评青年没有志气，只会闹事，并且宣扬"效忠党国"的思想。熊德基在《云南日报》上发表了一首讽刺的《竹枝词》："力求温饱太无聊，无怪人嗤志气消。奉劝诸君齐发奋，先从刘项学吹牛。"结果被训导处取消了奖学金，只好到天祥中学来兼课。他和邓校长一样知人善任。他写过一篇《恸忆夭逝的天才王树椒》，现在摘抄如下：

王树椒热情洋溢的大谈旧诗。我发现他读过很多，欣赏力特高，议论不落俗套，诗的造诣远过于我。……有一次在西南联大附近的凤翥街一家小茶馆里，他又大谈中国史，口若悬河。四座不少联大文学院的学生，其中有些是自命不凡的，也都不知不觉的转而倾听他的高谈阔论，而他却旁若无人，依然兴高采烈的讲个不停。尽管他其貌不扬，衣着也不好，但却才华洋溢。

一九四二年暑假，我和他又在小西门内的一个茶馆畅谈了半天。这一年他通读了魏晋南北朝诸史，虽未抄卡片，可是他的记忆力真惊人，谈起六朝来竟如谈家常，滔滔不绝。特别提到《三国志》的裴注，认为是开后世鉴别史料、驳正旧史的先河，甚至刘知幾的《史通》和司马光的《通鉴考异》都受了裴注的影响，可惜尚无人真正认识裴松之的贡献。一九四五年他寄我一首《贺新郎》：

倦鸟知还矣！

十年来、书剑飘零，竟成何事？

学就漫有屠龙技，日向长安乞米。

喜与怒、随人而已！

九曲阑干遍倚徙，念亲朋、满眼今谁是？

春梦远，五千里。

少小情怀清似水。

望空山、烟波万顷，扁舟天际。

自谓渔竿堪终老，此外无须措意。

回首处、凄然隔世。

出岫无心归未得，叹异乡、亦有林泉美。

终不及，故园耳！

思亲怀乡之念较我更切，语甚凄楚，令人读之心酸。不久得到他妻子一信，说他已病死，不过二十六岁。

1945年昆明天祥中学高三班毕业照，第二排为教师，左起：1谢光道，2王树勋，3许寿谔，4章垡然，6胡正谒，7邓衍林（校长），8陈士林，9邓海泉，10杜精南，11万兆凤。第三排左起：1程应镠，6罗云（后为海军少将），右1许渊冲，2曾慕蠡，3季长新，6韦子敏。第四排左起：1吴靖清，右2杨士圻。第一排左起：1蒋怀明，2蒋启明，3李章淑，5刘玉翠。学生中有五六人升入清华、北大。

1946级天祥中学高三班西山露营合照，前排右1为校长章煜然，左1为教务主任许渊冲。本级女生与教师结婚的有三对：前排右4罗泽瑜与王树勋，二排右2黄庆龄与张燮，右3尹秀英与彭国焘，由许证婚。

熊德基在联大几年的学习成绩都居史地系第一，写传时已是历史研究所副所长。他爱才若渴，所以天祥中学才办得好。

天祥中学第二任校长是章煜然，他四十年如一日（从1941年到1980年），一直在天祥中学任教，是最令人怀念的人物。他任校长时，我是教务主任，我们还同在清华研究院做研究生，同时通过出国考试。但当我和邓衍林、邓海泉、张燮、王浩、朱光亚、谢光道等天祥教师纷纷出国留学时，他却俯首甘为孺子牛，留在天祥中学教书。1945年"一二·一"学生运动开始，他身为校长，首先支持学生罢课；结果天祥中学罢课委员会成立得最早，甚至反宾为主，比联大还更早。他1947年在云南大学任哲学讲师，1948年在贵阳师范学院教育系任副教授并在上海开明书店出版了《新世界的哲学》。他认为"功利主义"就是为大多数人谋福利的哲学，得到国外好评。1949年天祥中学因"赤色鲜明，言行反动"而被查封；但1950年复校后，章煜然又回到天祥教书。

他的学生、云南大学物理系教授陈尔纲回忆说：给我印象最深的莫过于章煜然先生，他的精神影响了我的后半生。他身穿一件蓝布长衫，冷天腰上紧扎一条草绳，经常穿一双旧布鞋，而一双长袜老是落在脚踝下面。他讲课有些口吃，但经他总结的物态变化的"三段两关"，我至今还记得很清楚。

天祥校友会会长、民盟昆明市委主任彭国焘回忆说：章煜然物理学讲得深入浅出，清楚易懂；同学们当时感到上他的课，好像大热天喝冰水，清凉解渴。他还酷爱搞小发明、小设计：他曾设计制造出一种教学用的加速度计；为提高教学质量，他还亲自设计制造全套物理、化学仪器。他一生都穿布衣，从未穿过一件毛料衣服。抽烟、喝酒是他的嗜好，但不论烟或酒，都是最便宜、最差的。他在学校中住着一间合八平方尺的低矮、窄小而又潮湿的平房，一住就是二十多年。他从不考虑自己，他考虑的是如何办好天祥，培养好下一代，如何奉献自己。

校友杨玉朋回忆说：1976年在学校门口的小平房里是我最后一次探望章老师了。头发已经花白、腰驼得更厉害的章老师还住在那里，衰老、消瘦、咳嗽不止。看到章老师如此清贫的生活，十分心酸，我一再劝他调进城工作或者是退休回家吧。他却明确地告诉我："不！我参加工作就进入天祥，几十年来一直住在小坝校园，我死也要死在这里！"章老师，您是那点燃的蜡烛，燃尽了自己，却照亮了别人！

章煜然一生"给予社会的甚多，向社会索取的甚少"（他女儿章芸语）。他1975年陪我去过海埂，死后骨灰也撒在那里，像天祥校歌唱的，永远"看滇池金波荡漾，西山白云苍苍"！

1946年春，天祥中学从昆明南城脚迁到小坝，我是迁校后的教务主任。训导主任是程应镠，他和闻一多先生很熟，请闻先生到天祥来讲演。闻先生对我们这些联大毕业生心甘情愿在中学教书大加赞赏，并说老师对学生应该像父兄一样，唯恐学生考试成绩不高。

于是我就提出了一种"周考制"，于每周星期六上午第一堂课进行考试，国文、英文、数学、史地、理化或生物各考一题，每题限在十分钟内回答。这对学生巩固知识起了很大的作用。1949年以前，天祥中学的升学率一直在昆明市名列前茅。

天祥校友、云南师大附中校长姜为藩回忆说：许渊冲先生是我们高三年级时的班主任。他年轻、开朗、热情、爽直，待人诚恳，能和同学打成一片，是青年学生的好榜样，同学们都喜欢他。许先生从高二起就教我们外语，直到毕业。他英语水平很高，会话能力很强，上课时坚持用外语教学，无论课文还是语法知识，都用外语讲解。课文内容及复杂的句子，都用浅显易懂的语言讲给大家听，有时用两三种讲法解释一个句子。他选读了许多名篇原著，如《傲慢与偏见》、罗斯福《炉边谈话》等等。凡是学过的重要课文都要求背诵，因此，整个校园书声琅琅。

姜为藩又说：程应镠先生是我们高一、高二年级时的班主任，是非常好的国文教师。有一次他请沈从文先生到他家做客，挤一些时间给我们壁报社开座谈会。沈先生给我们讲了许多问题，印象最深的有两点：一点是有志创作的人，不要错过二十岁上下这个黄金时代。这期间，人们敏于事物，感情奔放，没有包袱，应该大胆地写，努力地写。写后不要急于发表，过上十年、八年，回头来冷静看看，修改修改。错过这个时期，考虑的多了，提起笔来，前思后想，左顾右盼，往往就写不下去。另一点是不要奉命写作。凡是奉命写作，成功者不多。这些经验之谈值得有志写作者参考。

天祥校友会名誉会长、北京市政协副秘书长王刚（原名王树勋）总结说：天祥中学具有五大特色：校务公开，教员集体治校；教师阵容严整，学术思想自由；教导严格认真，课业紧张；校园生活丰富，思想活泼；政治气氛浓厚，民主力量强大。课外活动，师生打成一片，假日一起郊游、登山、赛球、游泳、探讨问题。那天真无邪、尽情欢乐和彻底畅叙的情景，令人永难忘怀。王树勋在熊德基之后，成了天祥中学进步力量的核心，他是"一二·一"学生运动抬棺游行的主持人。熊德基去世后，他送了一副挽联："一身正气，两袖清风。"

天祥校友、云南大学中文系教授杨玉宾回忆说：朱光亚老师教我们时，年仅二十一岁。他为人老成稳重，常穿一件长衫，皮肤白皙，五官清秀，是个名副其实的"白面书生"。他讲课语言简练，重点突出，逻辑性强，明白易懂。他湖北乡音较重，如将"密度"念成"密豆"，有的调皮学生还偷偷在下面学他。他写得一手柳体好字，板书十分工整。他要求学生很严格，课堂纪律很好。他批改作业相当认真，颇有点像鲁迅所描写的藤野先生那样。同学们的物理作业本上都留下了他苍劲的钢笔字迹。

我在《天祥校友》一书中也记下了：朱光亚是我国参与制造原子弹的著名科学家。他在天祥担任过初二乙班班主任，能用科学精

联大同学，天祥中学教师解放后摄于北京大学。左起1黄有莘（科技大学物理系主任），2谢光道（空军气象所所长），3赵嘉真（造船高级工程师），4施养成（新从美国回来），5熊德基（社科院历史所副所长），6何国基（文化部文物所所长），7吴琼（清华大学教授），8许渊冲，9、11刘匡南夫妇（科学院气象所副研究员），10曾慕蠡（石油学院教授）。

神管理学生。记得天祥开运动会,举行集体赛跑,每个学生跑五十米。平均速度最快的班获胜,速度由班主任记录。由于各班人数多少不一,班主任一般只能说出大致速度。只有朱光亚说初二乙班几点几分几秒起跑,几分几秒跑完,平均速度几秒几厘,非常准确,结果得了初中第一名。从这件往事,也可以小中见大了。后来,我寄给他我英译的《唐诗》《宋词》,他回信说:"我国古典文学五大名著均由你译成英文,在国内外出版发行,是了不起的创举!"这是我国科学界对我的高度评价。

天祥的数理教师还有刘伟、赵嘉真和万绍祖。刘伟曾得全国科技大会奖。赵嘉真是天祥校歌的作者,后来去美国学习造船,是我国少数掌握尖端造船技术的高级工程师。万绍祖是联大航空系助教。在中学时,我们同在西山受集中军事训练,床铺一左一右;来联大后,我们又同游昆明湖、阳宗海;任助教时,他曾带领联大代表团去滇缅前线慰问抗日将士,受到卫立煌将军接见;他还掩护过航空系进步学生、后来当了教育部部长的何东昌。但绍祖不幸英年早逝,而和他同屋的助教吴孝达现在已经是加拿大航空学会会长了。绍祖去世后,我写了一首《沁园春》,以志怀念:

独坐寒窗,故人西去,往事东流。
念南昌故园,西山古庙,
钟鼓惊梦,号角破晓。
参天松柏,垂地杨柳,万木浴风争自由。
望青云,恨身无双翼,难追飞鸟!

旧友十人西游,昆明湖绿水泛轻舟。

忆龙门壁下，海埂滩头，

碧波万顷，任我沉浮。

阳宗烟雨，鹅塘月色，柳丝难钓万点愁。

俱往矣！何日乘东风，再登小楼？

天祥中学最后一任校长是联大经济系毕业生熊中煜。据校友姚昕回忆说：1949年9月13日，灾难的阴影终于闯进了天祥这个作为革命堡垒的校园。跟着来的是封闭、拘捕、监禁、蹂躏和屠杀。9月13日，校园特别宁静，秋天的气候令人感到格外清爽，但宁静的气氛又使人感到有些异样。这天，我走进校门之后，看到熊中煜校长在校园的通道上安详地踱来踱去。这是常见的事，没引起我什么注意。但熊校长走过来对我说："你快走吧！五点钟特务要来封闭学校，不过请你不要告诉我你到什么地方去。"我担心地问："你呢？""我们守在这里，你们走吧！"会计给了我一张支票。我就这样离开了天祥，奔赴宜良解放区参加了战斗。但解放后，熊中煜却被长期下放劳动改造，天祥改名十一中学，"天下第一中学"就成为一去不复返的历史了！

1946年昆明天祥中学教师摄于席子营85号宿舍门前，右1许渊冲（教务主任），2孙永明（印缅前线回国，总务主任），3黄永泰（数理教师，杨振宁同系同级），4张树棣（后为教导主任），5熊中煜（史迪威炮兵司令部复员，后为校长）。

如萍

巧笑倩兮，
美目盼兮。

——《诗经·硕人》

天祥中学的校训与众不同，是"紧张活泼"四个字。邓衍林校长解释说：上课紧张，下课活泼。我却喜欢标新立异，唱反调说：上课也要生动活泼，下课打球玩牌，也要紧张认真。这样，无论堂上堂下，师生都能打成一片，既紧张，又活泼，无怪乎校歌中唱道"师生情谊长"了！"紧张活泼"还有一个含义，就是能文能武的意思。抗日战争期间，天祥师生参军做翻译的不少：除了我和万兆凤在美国志愿空军第一大队之外，还有外文系彭国焘在美国14航空队，经济系熊中煜在斯蒂威尔将军的炮兵司令部，电机系孙永明在滇缅前线中国远征军等。此外，机械系赵嘉真参加了中国海军，被派到美国去学习造船；航空系万绍祖考取了空军领航，直到抗战胜利才去上海交通大学任教；我考取了空军飞行员，正要出国学飞行，抗战就胜利了。历史系李晓笑着对我说:"还是学万人敌吧!"

天祥校歌中的"师生情谊长"还有另外一个含义,那就是天祥校友喜结良缘的有好几对,如彭国焘和丽莎(尹秀英),结婚时还是由我证婚的。记得我在婚礼上说:"世界闻名的舞蹈明星邓肯小姐向世界闻名的大作家萧伯纳求婚,说是以萧伯纳之才,配邓肯之貌,生下来的第二代一定才貌双全。不料萧伯纳拒绝说:'如果第二代是你的才,我的貌,那岂不糟了!'今天彭、尹喜结良缘,却无论是郎才女貌,还是女才郎貌,都是天生一对、地成一双!"我的贺词比梁启超在徐志摩、陆小曼婚礼上的致辞赢得了更多的掌声。我对老同学的风流韵事谈起来如数家珍,但自己却眼高手低,只留下了一首《大观园之恋》和几页中、英、法文的日记:

大观园中有一个草亭,

草亭中埋藏了四个脚印,

还有离得很近、

很近的脸颊和嘴唇。

又过了多少个早晨,

草亭早已无踪无影,

但那离得很远、很远的脸颊和嘴唇,

在我心中却永远显得年轻!

【1944年夏】

太阳晒得沙子烫脚,阳宗海静静地露出了酥胸,山谷间吐出了夏的气息。慕蠡、国焘和我,三个人躺在绿草地上,各人做着各人的梦。

前年同兆凤、慕蠡、绍祖、匡南来阳宗海住了一个月;去年同树勋、泮文、光亚、匡南来只住了一周；今年才来一天，一想起如萍那双比海水还深的眼睛，就想明天回去。

不用肉体接触，不用言语交流，只要静静地看她一眼，我的灵魂就进入了天堂乐园；如果一天看不见她，我的精神就陷入了无底深渊。

想想看：把手放在她的书桌上，手指着每个英文生字，格外仔细、格外温存体贴地对她讲解，可惜这些生字吐露的不是我的心声！

更想想看：房里只剩下我和她两个人，我问她答，让她自己改正自己的错误，然后在铺着月色的路上送她回去。为什么这种时间不能长久？也不能常有呢？

夜深人静，慕蠡、国焘都已睡了。我一个人坐在湖边，望着天上闪烁着神秘之光的双星，它们像是如萍那双迷宫似的眼睛，正在用听不见的声音对我说话呢！

【1944年7月4日】

今天同高二班去阳宗海旅行，偏偏天公不作美，下起雨来。我们在昆明火车站等车，如萍还没有来，而我组织这次旅行，主要是为了她。她不来，阳宗海也会黯然失色，就像没有月亮的黑夜，缺少激情的诗篇。我要一个学生去催她来，自己站在门口等着。时间慢得好像蜗牛爬行，我似乎看得清一滴滴落下的雨点。她到底同阿珊共打着一把伞来了，我心里的雨也停了。火车开动，我站在她身边，靠着栏杆。风吹雨飘，我打开了伞，免得轻佻的风抚摩她的脸，免得珍珠般的雨点沾湿她的头发。我只顾和她谈话，冷落得阿珊都妒忌了……

游了阳宗海后，我们又在凤鸣村火车站等车回昆明。不料火车误点，老也不来，而如萍晚上家里有事，急得哭了。大家望眼欲穿，好不容易火车才姗姗来迟，但又挤得没有立锥之地。我急中生智,从窗口爬了上去,就在窗槛坐下。如萍东奔西走,却上不了车,而汽笛响了。我忙叫她到窗口来,伸出双手把她拉到我身边坐下。我们的身体紧紧挨在一起,我数得清她睫毛上的泪珠,她的头发吻着我的嘴唇。我们看着月亮和晚星在水田里飞,仿佛追着要和她的眼睛媲美。我真巴不得火车永远不要到站……

【1944年7月9日】

昨天约了如萍,今天一早同去大观楼玩。我高兴得连晚饭也没有吃,但并不觉得饿;昨夜连眼睛也没有闭,耳朵一直听着淅沥淅沥的雨声,但并不觉得困。

今天早晨五点,闹钟一响,我立刻起床,脸也不洗,口也不漱,穿上雨衣,带了雨伞,就去赴约。一夜大雨把街道洗得干干净净,一尘不染,仿佛是为我们清道似的。

到了大观路云瑞庐门口,我撑开了雨伞,站在一棵白杨树下等她。只见她家阳台上有个人影一闪,五分钟后,她就穿了一件天蓝色的雨衣,走出来了,叫了一声:"先生!"

为了测验她的智力,我就问她:"有三颗珠子,两白一黑,放在两个人头上,要各人猜自己头上珠子的颜色,两人都没有猜到。假如你是两个人之一,你猜得出吗?"她想了一会儿答道:"我猜是白色。如果是黑的,对方一看,就猜得到自己头上是白的了。"我笑着说:"你平时比考时更聪明。"

到了大观园,我们从右边的小堤走到一个草亭。她在窗前看雨,我左手放在她左肩上,身子紧靠着她的右肩,问她:"这是春雨还是夏雨?"她说是夏雨。我说:"不对,现在是阴历五月,英文的五月不是春天吗?何况昆明四季都是春呢!"我又问她:"雨在说什么话？"她说："淅沥淅沥。"我说："不对，雨是在说：'一起一起！'要我们永远在一起！"……

【1944年7月19日】

今天要和如萍约会，她忽然不答应，说是同学本来都对我好，把我叫作"大众情人"；现在我对她一个人偏爱，大家就说我不公平，对我都不好了。为了不让人家说我的坏话，我们还是不要再约会了！一番话说得我无言回答。

回想起来，我和大家关系的确不坏。例如6月18日，正和光亚打"不立志"，忽然彭兄（彭国焘）跑来告别，说是明天要去重庆，然后再飞美国。他满脸流着眼泪，把丽莎交代给我，要我代为照顾。又如阿珊热恋小万（万绍祖），但不好意思开口。我就陪他们去新村公园，大观楼外，把我和如萍扮演的角色，让他们也扮演一次。再如6月21日，嘉真已去重庆学习造船，小芬忽然来信说有要事相告。我立刻在晚上八点到大绿水河她家里去。她告诉我：她的父母不同意她和嘉真要好，要强迫她和她表哥结婚。我担保说："如果你不情愿，我一定帮你离家出走。"还有6月24日，土木系助教张燮来告诉我：他对庆龄很感兴趣，但是不好意思找她。我正在改英文作文，发现庆龄把"太阳晒黑的"误用成"太阳照耀的"，就请孙永明顺便把她叫来，再请张燮代为讲解："晒黑"是及物动词，"照耀"是不及物动词，两词不能混用。后来，他们果然结婚了。

【1944年8月5日】

晚上同兆凤、嘉真、小万、彭兄在翠湖茶室谈天。兆凤对我们几个人都不满意，说他对小万和阿珊的事、彭兄和丽莎的事，都自动尽力帮过忙；但现在他和熊子（熊中煜）都喜欢林洙，我们几个人却都帮熊子了。我说："熊子给我看过林洙的信，信中承认她喜欢熊先生。"兆凤就说："信算什么？我还吻过她呢！"这种事不知道内情的人，就不便插嘴了。兆凤又对我说："你自动帮人忙，都是好胜心的驱使，为了表现你高人一头。其实，你只是对学生好，对同事并不好，大家对你的印象是：好吃懒做。"的确，我有时为了大家开心，故意夸大自己的弱点，提供别人并不需要的乐趣，不料却给他留下了一个这样的印象！

【1944年8月7日】

下午发了薪水，一万五千元，同煜然、光道、小万上共和春去"好吃懒做"一番。我们吃了鸡翅、鸡腿、鸡枞、汽锅鸡、鸡蓉蹄筋。煜然已经知道了我和如萍的事，但他听到同学还说我的好话，所以他说不太要紧；如果一说坏话，那就该悬崖勒马了！

【1944年8月16日】

痔疮出血太多，今天下午要去惠滇医院住院治疗。

清晨在新村马路上做了一次临别的散步。我追求如萍就像白天追求黑夜一样，永远追求，永远不能如愿以偿。但是白天追求黑夜，每天总有几分钟若明若暗，若即若离，难分难舍。而我追求如萍呢，为什么比白天融入黑夜还难？

她的眼睛像是黑夜的黑色和白天的白色凝成的水晶；她的睫毛像是闪烁的星光，只不过是染成了黑色；她的脸像希腊的女神像，无怪乎光道说她和小芬是天祥中学的飞燕和玉环了。

明天下午五时开刀手术。

【1944年8月18日】

　　下午四点半钟，如萍、小芬、阿珊同来医院一号单人病房探视。我要洗脸，是阿珊给我扭手巾；我要喝汤，是小芬把调羹送到我的嘴边；如萍只是不好意思、道是有情却无情地站在那里。我要小芬和阿珊先回去，她们会意地走了，留下如萍一人。我就对她念我为她写的英文诗：

（一）
在夜深人静的时刻，你像一个不速之客，
闪电般进入了我的梦乡；
生离死别似的痛苦，使我眼里涌出泪珠，
像滚滚而来的不尽长江。

（二）
你迷宫一般的眼睛，长使我的灵魂呻吟，
一陷进去，再也不得出来；
你羞答答的谈吐，你婀娜多姿的脚步，
使我魂牵梦萦，难以忘怀。

（三）
那一天我怎能忘记：在路上我遇见了你，
你有情无意地向我一笑；
这一笑我藏在心底，在寂寞中它一涌起，
我的苦闷就会云散烟消。

（四）
我不怕痛苦的海洋，我要游泳，乘风破浪，
寻求海水中渗透的幸福；

如果你说要我等待，我不在乎十年八载，
只有时间可以消磨痛苦。

（五）

幸福是美丽的幻景，看来像水上的倒影，
离得越远，显得越美。
让距离把我们分开，我会像星星般等待
日月借给它的光辉。

【1944年10月20日】

夜里九点钟，我和如萍并肩走向新村花园。她的手电在路上描下了我们的影子，但电光一消失，我们的影子也被黑暗吞噬了。难道我们的关系也像电光一样，只有一刹那的寿命？

【1944年11月1日】

我们喜欢月亮，因为月光美化了一切：好的和坏的，美的和丑的，真的和假的。星星也爱月亮，因为在月光下，星星也可以闪烁发光。但星星一定不爱太阳，因为阳光太强，锋芒太露，唯我独尊，容不得星星的存在。

我想起了和如萍夜游西坝的往事。那一夜昆明的月色特别美，环城的林荫大道仿佛铺上了如水的银光，高耸入云的尤加利树叶和云影混成了一片，分不清是云影还是树影。如萍穿了一件浅蓝色的旗袍，一件灰色方格的西服上装，显得身影婀娜、风姿绰约。我挽着她的腰，走上了海埂的小堤，并立在树影下，要她看天上的七姊妹星。她只看到六颗，我说："远在天边，近在眼前，你怎么看不见？还有一颗星看见人间月色太美，就下凡来变成你了。"不料秋风起兮云飞扬，姊妹星也随风而去，飞回了天上。

【1944年12月2日】

高三英文讲了一篇萧伯纳的《百万富翁的悲哀》，作文时我要男女学生分别写一篇《国王的悲哀》或《皇后的悲哀》。课后小芬来告诉我：有个男同学说，我要他们写国王的悲哀是假，要如萍写她的悲哀才是真的。

下午高三、高二女子排球比赛，我做裁判。因为如萍是高三队，她们赢了一球，我就高声宣布："高三得分！"高二赢了一球，我却只说："几比几。"结果高三队胜了，高二女生都不服气，说我是高三班主任，裁判不公平！奈何！奈何！

【1944年12月8日】

晚上小芬来请病假，我还没说"准"或"不准"，她就哭了。她说如萍若来请假，不管有病没病，有事没事，我都照准。她们若来请假，即使真是有病，我也不太相信。连小芬都说我不公平，我真该悬崖勒马了。

后来，我同小芬去菠萝村参加跳舞晚会。回来的时候，忽然落下一阵急雨，我就赶快用我的伞给她遮雨，算是补偿了她的眼泪。

【1945年7月12日】

高三班毕业了，我在纪念册上写道："做三十八颗星星，在做着迷梦的天海里，发射出你们的光辉，给夜行人一线光明！用眼睛奏出你们的歌曲，让夜风把它散遍大地，说黑暗暂时占领了世界，但接着来的就会是黎明！"

【1945年8月10日】

晚上正在昆明大戏院看电影《神鹰队长》，看到阳宗海一般的湖，神鹰似的空军队长，正是我最喜欢看的影片。突然，银幕上出现了几个大字："日本投降了！"

好电影也吸引不住我们的眼睛，雄壮的军歌也掩盖不了如雷的掌声。太兴奋了！八年来就等着这么一天啊！这一天，终于来到了！

没有言语可以表达这种快乐，只有震耳欲聋的爆竹；没有颜色可以象征这种兴奋，只有直冲云霄的花炮！

如果一个人没有满街乱跑，从东到西，又从西到东，看满街人头如浪，而自己也是一个波涛，他就不知道什么是兴高采烈！如果一个人没有用失眠之夜，用辗转反侧来庆祝胜利，那参加一百个庆祝会也不能了解真正的喜悦！

天啊！八年了！今天！

出国之前

江山代有才人出，

各领风骚数百年。

——赵翼《瓯北诗钞》

  1946年，全国举行了抗战胜利后的第一次出国留学考试。胜利前一年也举行过一次，但限大学毕业两年以后才能报名参加，于是抗战以来的联大精英纷纷准备应试。结果理学院的状元是杨振宁；工学院的状元是张燮；但文学院外文系的状元出人意外，不是联大的老助教，而是浙江大学新毕业的裘克安。他在这万米竞赛的第一圈超过了其他选手，夺得了第一块金牌。20世纪50年代，他在外交部任翻译处处长。后来，他参加了我主编的《唐诗三百首》英译。我们之间还有过一场辩论，那是关于如何翻译李白的《送友人》，原诗如下：

青山横北郭，白水绕东城。

此地一为别，孤蓬万里征。

浮云游子意，落日故人情。

挥手自兹去，萧萧班马鸣。

裘克安说：此诗据推测是732年秋天李白在河南南阳送别崔宗之所作。南阳东边离城三里有清水环流，为一城之胜，俗称白水，今名白河。所以"绕东城"是绕于城之东，并非如许译的"东城"。

我说："你谈的是科学派的译文，重的是真；我谈的是艺术派的译文，重的是美。首先，这首诗是不是李白在南阳'送别崔宗之所作'？如果是，为什么诗题不是《送崔宗之》，而是《送友人》？至少可以得出结论：李白把'一般的普遍的人之情意'看得重于'本诗中特定的送友人情境'。因此，译文就不必拘泥于'绕东城'是不是'绕于城之东'，而更应该表达'青山'对'白水'，'北郭'对'东城'的对仗美了。而从美的观点看来，你译的'青山'没用冠词，只有两个音节；'白水'用了冠词却有四个音节，这就显得前轻后重，失去了原诗的平衡感。'横'字你译成'range'，这是一个地理学上的常用词，读来有如念地理教科书；我却用了'bar'，更加形象具体，而且可以联想起英国诗人济慈《秋颂》中的名句。两种译文，哪种有诗意呢？'绕'字你译成'curve'，又是一个几何学上的常用词，读来有如在做数学习题；我却用了'gird'，可以使人联想到'一衣带水'。相形之下，恐怕可以说是'真'不如'美'吧！"

1994年英国企鹅图书出版公司出版许译《不朽之歌》，内有英译诗词三百首。

他说:"'浮云游子意,落日故人情。'这两句诗的妙处,在于除了在本诗中特定的送友人情境之外,还可以超脱而升华为一般的、普遍的人之情意。"他认为我译成"你像浮云一般飘浮而去,我的心如西沉红日一样下沉",译得不信实。

我引用袁行霈《中国诗歌艺术研究》中提出的"宣示义"和"启示义"说:"宣示义,一是一,二是二,没有半点含糊;启示义,诗人自己未必十分明确,读者的理解未必完全相同。"但"一首诗艺术上的优劣,在一定程度上取决于启示义的有无。一个读者欣赏水平的高低,在一定程度上也取决于对启示义的体会能力。"我接着说:"'浮云游子意'的启示义非常丰富,使人浮想联翩。如'游子'会使人联想到'慈母手中线,游子身上衣';'意'字会使人想起'请君试问东流水,别意与之谁短长?'你把'游子'译成'行人',把'意'译成非常散文化的'feeling',这都只传达了原文的'宣示义',不能引起读者的联想,只能使人产生疑问;不能打动读者的感情,只能引起人的思索。这破坏了李白借景写情的手法,用科学的说理方法来代替,读来有如第三者在冷眼旁观友人分别,体会不到惜别之情。'落日故人情'也是一样。总而言之,你所谓的'信实',只是忠于原文的'宣示义',而不忠于原诗的'启示义'。再看我的译文,把'游子'译成'你'字,虽然不如你译得'形似',但却令人感到亲切。换句话说,你译的是'词',我传的是'情'。又如'萧萧班马鸣',会使人联想起'风萧萧兮易水寒'的名句来。我用两个'再见'来译'萧萧',从微观的角度来看,也许又和原文有点出入;但从宏观的角度看来,却传达了诗人的离情别意。"

抗战胜利前后,还举行过小型的出国留学考试,那是英国和美国文化协会主办的。结果选派到英国去的是杨周翰,到美国去的是李赋宁和王浩。这就是说,在外文系万米竞赛的第二圈,杨周翰和李赋宁脱颖而出了。杨周翰后来当选为国际比较文学学会副会长,还参加了《唐诗三百首》的英译。他在《当代文学翻译百家谈》中说:"翻译诗歌几乎不可能'信'……一种语言中的某个词往往不能同另一种语言中的某个词完全吻合。这种现象在诗歌里尤为突出。"谈到"神似",他说:"神跟形是分不开的,无形何来神?原作既是那个形,才有那种神,译作的形已走了样(必须走样),神也跟着走样,何来神似?不如老老实实说是再创造。文学翻译就是知其不可为而为之的事,在'不可能'和'必须为'之间讨生活。最上乘只能近似。"他否定"神似",却承认"近似",可见他的"近似"只指"形似"。

在我看来,杨周翰没有"宣示义"和"启示义"的概念。一般说来,"形似"指翻译原文的"宣示义","神似"指翻译原文的"启示义"。两种语言的文化背景不同,词语的"宣示义"和"启示义"也有多有少。如果把原文"启示义"少的译成多的,那就是译文胜过了原文,"再创造"超越了"创造"。这样一来,最上乘的译文也就不止是"近似"了。《当代文学翻译百家谈》上说:《追忆流水年华》译本中的"流水"二字,"暗示出普鲁斯特的意识流创作方法,可谓曲尽其妙"。这就是译文的"启示义"比原文的更丰富,译文可以胜过原文,"再创造"可以超越"创造"的一个例子。

抗战胜利后的第一次,也是最后一次出国留学考试,规模最大,全国大学毕业生中的精英几乎都参加了。结果,联大外文系的助教王佐良在两次落选之后,终于在万米竞赛的第三圈追了上来,夺得了一块"金牌"。历史系的"金牌"得主是丁则良，地理系是王乃梁（他们三人号称"清华三良"），哲学系是王玖兴（他是江苏省高中会考的状元），数学系是吴文俊（后获首届国家自然科学一等奖），物理系是朱光亚（后为中国科协主席），化学系是朱亚杰（后为中国能源研究会副理事长），工学院是王希季（后为中国回收地球卫星总设计师），钢铁学院是徐采栋（后为九三学社中央副主席），医学院是廖延雄（后为江西科学院院长），法学院是端木正（后为全国最高法院副院长），经济学院是陈舜礼（后为民进中央副主席），教育学院是李廷揆（曾在美国《诗刊》发表过英文诗），音乐学院是丁善德（后为上海音乐学院院长），艺术学院是世界闻名的大画家吴冠中。在这十五人中，有十人是清华或联大毕业生，其中有四人是天祥校友或与天祥渊源匪浅（王希季的夫人聂秀芳是天祥毕业生），而徐采栋和廖延雄是我中学时代的同班。此外，联大外文系同班吴其昱取得了语音学的银牌；"好吃懒做"的我却只考取法国文学第四名。

王佐良后来是北京外国语学院教授，他没有参加《唐诗三百首》的英译，因为他反对译诗押韵。他在《英语文体学论文集》上说：韦利等人"抛弃了脚韵和诗歌用语的老套，而用自由诗体和白描手法，着重形象、意境和气氛的移植，于是一时显得十分新鲜。正是由于有这段历史，至今英美译得比较成功的中国古诗绝大多数是不押韵的。"

我在香港三联书店出版的《中诗英译比录》序言中反驳说："译诗应不应该抛弃'脚韵和诗歌用语的老套'，要看原诗是不是用了'脚韵和诗歌用语的老套'。如果原诗用了而译诗不用，那无论如何也不可能移植原诗的'形象、意境和气氛'，因为诗的内容

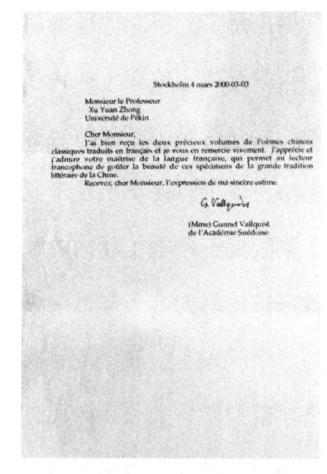

2000年3月3日瑞典科学院院士，华尔基斯特夫人来信，谈到伟大的中国文学传统样本的问题。

1988年香港三联书店出版吕叔湘、许渊冲编著《中诗英译比录》，内有英译诗词百首，约有一半由许译。

和形式是不可分的。郭沫若说得好：'诗是有一定的格调，一定的韵律，一定的诗的成分的。如果把以上这些一律取消，那么译出来的就毫无味道，简直不像诗了。'他还形象地说：'一杯伏特加酒不能换成一杯白开水，总要还他一杯汾酒或茅台，才算尽了责。'我看郭沫若这个比喻正是一语中的。以诗体译诗好比把兰陵美酒换成白兰地，虽然酒味不同，但多少还是酒；以散体译诗就好像把酒换成白开水，白开水虽然可以解渴，但在人们需要高级精神饮料的时候，白开水就不能满足人的欲望了。"

1947年6月27日，我同嘉真离别了我的第二故乡昆明，飞到上海，住在交通大学小万那里。7月7日，我又到了南京，办理出国手续，住在我大表姐家。姐夫黄育贤是全国水力发电工程总处处长，是我国第一个自建水力发电站的总工程师。那时水利专家张光斗也在水电处任副总工程师。记得吴琼对我说过他有一个同学发明了一种永动车，我觉得这样的人才不该埋没，就向姐夫推荐，并要吴琼把他的同学带到水电处来。不料一谈之下，张光斗立刻证明永动车只能动几分钟，说得那位小发明家无言对答。姐夫也说我推荐人太冒失，胆大而不心细。

姐夫是清华大学留美的，和周培源、章汉夫（后任外交部副部长）、孙立人（当时的陆军总司令）是同班。有一天他请孙立人来家午餐（姐夫家有中餐、西餐厨师），我也作陪。席上孙立人谈到瑞典，我就立刻用瑞典话祝酒："亭斯戈，明斯戈，阿丽菲莉斯戈！"（祝你健康，祝我健康，祝普天下的美人都健康！）姐夫这次不觉得我冒失了。他要代表中国，去欧洲出席国际会议，还同我去看了当时的外交部次长刘师舜（也是清华老校友，译过唐诗），并且认识了他的女儿，但我没说"阿丽菲莉斯戈"。

办理出国手续，第一步要到教育部领取留学证书，第二步到外交部办理出国护照，第三步去上海法国领事馆签证，第四步到上海法国邮船公司预订船票，第五步到南京中国银行购买外汇，那时留学生的生活费是每月一百五十美元。我预订的船是1948年6月8日开往马赛的安德烈号，要等好几个月才能成行。那时吴琼在南京美军顾问团做翻译，介绍我去报考。薪水按美金算，虽然不到美国大兵的一半，却比我姐夫的薪水要高一倍；而且每周休假两天，可以坐飞机免费旅游平津沪杭，真是何乐而不为呢？何况来去自由，说声"不干"，立刻可以一走了之！

我的工作地点在南京明故宫机场，这是南京政府要人往来必经之地。我见过蒋介石的专机到达，出我意外，第一个走出机舱的是宋美龄，态度傲慢，目空一切；蒋介石反倒跟在后面，穿了长袍马褂，礼帽拿在手里，频频向欢迎的官员点头微笑。我还见过李宗仁到南京来竞选"副总统"。他穿一身黄呢军服，一出机舱，就在舷梯上向欢迎的人群举手敬礼。白崇禧第一个迎上前去，和他紧紧握手。我也凑上前去看热闹，不料第二天报上的照片却把我也照进去了。此外，我还在南京联大校友会上见到过胡适，可惜他忙得没吃晚饭，所以没有吐出字字珠玑。

我坐免费飞机去过三次北平、一次天津、一次上海、一次杭州。第一次到北平住北平研究院黄有莘处，见了严济慈院长，同黄有莘、张济舟、何国基夜游北海，日看故宫，吃东来顺，听荀慧生。第二次到北平住清华大学谢光道家，同谢光道、林宗基、王乃梁看清华园，游颐和园，夜打桥牌。第三次到北平后去天津，住南开大学申泮文处，看了中学同班盛思和、联大同班罗宗明，还有天祥中学校友等人；回北平后住北京大学何国基处，看了天祥校友蒋思明、刘光华、杨士珩等。每次飞北平只有三四天，时间紧张，没有写诗，但觉得北平是中国最美的城市，颐和园是中国最美的名胜。我在英文日记中只简单写道："故宫头戴翡翠绿瓦，身披朱红墙甲，腰围雕栏玉砌，真是富贵甲天下！我仿佛回到了三百年前；三天之内，经历了十万九千个日日夜夜！"我到杭州，住浙江大学丁成章教授（中学同班）家，游了西湖——比起颐和园来，西湖只是小家碧玉了。在南京时，表姐家有汽车，常同我去中山陵、玄武湖，但只留下了几页日记：

【1948年3月11日】

人生好比刚刚熄灯后的长夜，灯熄得越久，才看得越清楚。爱情就是那刚熄的灯光，它使人生亮了一下，但光一熄，你看世界反倒更糊涂了。

什么是感情？感情只是在"非我"中发现"同我"。时间和空间都是制造感情的工具。所以几年后旧地重游或者异国他乡遇到并不熟悉的朋友，都会产生感情。

在张燮的二姐家里，见到一位漂亮的上海小姐，她一下就看中了我这个未来的留学生。但我在她身上却没有发现"同我",所以我虽然陪她吃喝玩乐,跳舞看戏,听梅兰芳,但却建立不了感情。难道爱情一定需要幻想孕育?需要碰壁才能滋长?

难道留学也要"一举成名天下知"才觉得快乐?一步一步走反而不足为奇?!

第三章
留学法国

出国·巴黎·牛津

一张文凭，仿佛有亚当、夏娃下身那片树叶的功用，可以遮着包丑；小小一方纸能把一个人的空疏、寡陋、愚笨都掩盖起来。

——钱锺书《围城》

1948年6月8日，我登上了钱锺书在《围城》中描写过的法国邮船。这条船除了"每分钟把玷污了人气的一小方水面，还给那无情、无尽、无际的大海"之外，还"道是无情却有情"地把中国第一位核物理学家钱三强带回了中国，又带走了一位外交官、一个未来的大明星、三位新科状元。外交官是当时的中国驻法公使凌其翰，此外还有驻利物浦副领事贺其治（我中学同班）的夫人，但我们"相见不相识"。大明星是卢燕，那时还只是一个梳着两条小辫子的小姑娘，可惜我没有识人的慧眼。三位状元是文科的王玖兴、法科的端木正、理科的王乃梁，都是清华、联大同学。

我们在船上住了半个月，6月24日才离开上海。海上晕船，我的

与好莱坞明星卢燕（右2）谈论梅兰芳表演艺术的英译问题。

法文日记写得非常简单，海景只袭用了王勃的名句"落霞与海鸥齐飞，碧波共长天一色"。27日到香港，海水慢慢显得更深更蓝了，仿佛是蓝宝石熔化成了液体。7月1日船到西贡，要经过蜿蜒曲折的湄公河才能进港，大有"山重水复疑无路，柳暗花明又一村"之感。5日到新加坡，星光和灯光交织的夜景使人仿佛置身天上人间。10日到科伦坡，还没进港我就看见了世界最高的天然喷泉。我本来想去看看世界闻名的大象，但是时间不够，只好在邮局买了几张中学时代朝思暮想的大象邮票，就算是画象充饥了。11日进入印度洋，大风大雨，浪高如山，天翻地覆。人吃不下，也睡不着，一连七天七夜，折磨得年轻人都变老了。这使我想起了柯勒律治在《古舟子咏》中说的：

　　水呀，水呀，到处是水，
　　　泡得船板起皱；
　　水呀，水呀，到处是水，
　　　却休想喝一口。

18日船到吉布提，只有一家酒店，依然"休想喝一口"清茶。船进入红海，24日过苏伊士运河，有如"人在画中行"。入地中海后，风平浪静，"水绿如蓝"。莫泊桑在《水上》日记中写得好：

海上没有汹涌的波涛，……我看见在遥远的天边，在依然朦胧的尼斯城上空，有粉红色的奇光异彩，这是晨曦照亮了阿尔卑斯山顶上的冰川。

远在群岛后方，是峰峦起伏的埃斯特勒山脉。这座山是夏纳城的天然布景，是山水画册中令人神往的珍品。它的颜色是蔚蓝的，线条清晰，剪裁奇特，娇媚多姿，却又富有艺术情趣，仿佛是顺从人意的造物主用水彩在舞台布景上画下的远山，供有闲情逸致的王孙公子赏玩。

埃斯特勒山晨夕万变，景象万千，使那些高雅人士心醉神迷，目不暇接。

早晨，这条山脉的轮廓被蓝天清晰地衬托出来。天蓝得柔和纯净，有点发紫，非常悦目，是南方海滨再好不过的蓝天。到了傍晚，山坡上的树林变得阴沉沉、黑压压的，给如火如荼、红得惊心夺目的天空镶上了一条黑边。我在任何地方也没有见过这种日落的仙境，这种燃烧整个天边的烽火，这种火山爆发似的彩霞，这种宏伟无比、精妙绝伦的表演，这种每天周而复始的灿烂辉煌、奢侈富丽的景色，即使这是画家巧夺天工的妙笔，也会使人莞尔微笑，百看不厌的。

我在地中海上看日出、日落，读莫泊桑的《水上》日记，真是情景交融，其乐无穷。后来我把《水上》翻译出版，上面一段就是一个译例。我在船上还读了诺贝尔文学奖得主纪德的《窄门》,纪德的译者盛澄华托林宗基带了一颗铜印送他,宗基要我代写封法文信,还得到了纪德的亲笔回信。

除了读书,我们又向同船的一位法国神甫学习法语。我说得快,但往往是把英语变成法语;王乃梁是学地理的,他说得稳,能够注意英语和法语的同异。例如"进入"这个动词,我只看到英语和法语形似的地方,所以不假思索,就脱口而出;乃梁却注意到英语的"进入"是及物动词,法语的是不及物动词,用法并不相同。

我们在船上也常打桥牌,乃梁和我在清华大学合作过,配合比较得心应手。我自己发明过"问答式"叫牌法,独创一格;乃梁却知道几种问牌法,能博采众家之长。我叫牌偏高,喜欢利用对方的弱点,出奇制胜;乃梁却稳扎稳打,能弥补我的缺点。我们的牌友是左景权和倪连生:左是历史系的"银牌"得主,左宗棠的孙子;倪是联大同学,教育系第四名公费生,后来我们曾同事多年。此外,乃梁、宗基、端木正和我有时也玩玩扑克牌。

7月30日船到马赛,中国留学生都住在安茹旅馆,同去吃了一顿世界闻名的法国大龙虾。不料龙虾越大,味道倒越像鱼,反而不如中国的河虾鲜美,可见饮食不能贪大求洋。31日参观市容,浏览名胜,晚上同倪连生、左景权等去露天歌剧院听《维特》。座位越近票价越高,留学生只买得起后排票,既看不真,也听不清,可见看戏不能舍近求远。8月1日,我同林宗基去了伊夫岛。岛上的碉堡因关过铁面人而闻名于世,附近的岩礁曾是帕格尼尼的葬身之所。莫泊桑在《水上》日记中有精彩的描写:

岩礁上尖石林立,好像一只豪猪,它是如此嶙峋嵯峨,到处竖着狼牙虎爪，枪尖刀锋，使人寸步难行；一定要把脚踏在四面是尖锋的空隙当中，才能提心吊胆地前进一步。……假如就让帕格尼尼这位不同凡响的小提琴家，安眠在这岩礁上，静听汹涌澎湃的海浪和犬牙交错的怪石合奏的交响乐，岂不更妙？

远远望去，伊夫岛是海上珍宝；上岛一看，却只剩下了断壁残垣。倒是周围的海水蓝得像天堂，是理想的葬身之所；相形之下，海滨浴场反倒成了人间炼狱。

8月1日晚上，我同宗基乘火车离开马赛；2日早上，我们到达巴黎里昂车站。我们住在巴黎15区许弗仑林荫大道149号：我住五楼，宗基住三楼；王佐良、陈舜礼从牛津来巴黎，住在四楼；佐良走后，廷揆接他的班。王、陈、李三人都是新科状元，所以149号成了状元府。

关于我的卧室，8月8日的法文日记中写道："开窗一望，可以看到古老的建筑鳞次栉比，好像精工雕镂过的云南石林。两排法国梧桐用郁郁葱葱的树叶遮住了三楼的窗户，看来似乎是环绕大理苍山的绿色玉带云。再加上星罗棋布的雕像和草地，巴黎真成了城市中的花园。"可惜这座花园城的秋天和昆明的春天一样长。魏尔伦在他的名诗《秋之歌》中写得好：

秋风萧瑟，琴声呜咽，余音长；
单调无力，令人悲戚，心忧伤。
暮色苍茫，晚钟凄凉，人无语；
往事多少，涌上心头，泪如雨。
无所事事，随风所之，如落叶；
秋风无情，东西飘零，伤离别。

巴黎的秋天如果下起雨来，那秋声就更加萧瑟了。我在法兰西语言学院学习法文时，写过一篇《巴黎的雨天》，现在摘要译成中文如下：

秋雨是黑夜的助手，又是黎明的凶手，它侵占了白天的领地，却延长了黑夜的统治。巴黎这座古城，即使在天气晴朗的日子，也不过是风韵犹存的半老美人。秋雨一来，又在墙壁上划下了皱纹，在街道上投下了阴影，留下了岁月的脚印。秋风一起，梧桐树都哆哆嗦嗦抖下了身上的枯叶，露出了光秃秃的树枝，在风雨飘摇中诉说自己的痛苦。杜邦咖啡店的三排桌椅，虽然侵占了人行道的地盘，却留不住行人的脚步，只有稀稀落落的几个顾客坐在柜台跟前。橱窗里陈列的不是时装，而是风雨大衣。平时车如流水马如龙的歌剧院，现在也门前冷落车马稀了。十字路口的红绿灯，在没精打采地眨着眼睛。只有卢森堡公园的草地、巴黎圣母院墙上的爬山虎、塞纳河长满藓苔的堤岸正在开怀畅饮。教堂塔楼钟鸣五下，就敲响了白天的丧钟。夜幕随着枯叶飞下，黑暗又笼罩了大地。偶尔有几辆汽车用灯光划破了黑暗，汽车一过，黑夜又吞噬了街道。只剩下彻夜不眠的街灯，伴着颤抖的枯枝，在等待着天明。

正如街灯等待天明一样，我也在等待巴黎大学开学。但巴黎大学的暑假和冬夜一样长，我就在8月14日跨海北上，去了英国牛津。早在中学时代，我已经读过林语堂的《谈牛津》：

你到了牛津大学，就同到了德国一个中世纪的小城一样。

有僧寺式的学院，中世纪的礼堂，古朽的颓垣，弯曲的街道，及带方帽穿袈裟的学士在街上走，令人恍惚如置身别一世界。

……学生愿意躲懒的，尽管躲懒，也可毕业，愿意用功的人，也可以用功，有书可看，有学者可与朝夕磋磨，有他们所私淑的导师每星期一次向他聊天谈学——这便是牛津的大学教育。

……记得志摩这样说过：他在美国Clark大学跟人家夹书包，上课室，听演讲，规规矩矩念了几年，肚子里还是个闷葫芦，直到了他到剑桥，同朋友吸烟谈学，混一年半载，书才算读"通"了。……牺牲了高才生以就下愚，这是通常大学教育最冤枉的一件事。

……（牛津）仍然不失其为一国最高的学府，一个思想之中心。所以"牛津学生走路宛如天地间惟我独尊"……

我到牛津，住在表叔熊式一家里。表叔20世纪30年代在英美上演英文剧《王宝钏》，得到萧伯纳的赞赏，红极一时。他的名字曾

1949年联大留法校友摄于巴黎大学，左起1卢浚（后为云南师院院长），2李廷揆（后为北外法文系主任），3端木正（后为最高法院副院长），4许渊冲，5王乃梁（后为北大地理系主任），6吴其昱（后为法兰西学院研究员）。

用霓虹灯管组成，高挂伦敦、纽约街头，是在欧美最出风头的中国人。后来他译了《西厢记》，林语堂认为诗味不足。于是，我就把他的散体译文改成韵文了。

他的大女儿德兰、大儿子德威都规规矩矩在牛津大学念了几年英国文学，二儿子德倪也念了几年英国历史。中国留学生中，杨周翰步熊德兰的后尘，在牛津读到毕业；许国璋则步徐志摩的后尘，在剑桥"同朋友吸烟谈学，混一年半载，书才算读'通'了"；王佐良走的是钱锺书的道路，既在牛津念了一个"文学士"的学位，又打算去巴黎读书谈学——所谓"文学士"，是按照字面直译的。有人译成"硕士"，有人译成"副博士"，是否恰当可以研究。据在牛津拿到硕士学位的熊德倪告诉我：牛津硕士只授予本校毕业生；学士交费三年之后，就可授予硕士学位，因此"文学士"不是硕士。而"副博士"呢？那是20世纪50年代苏联的产品，和三四十年代的牛津风马牛不相及。因此，我只好直译了。钱锺书的"文学士"论文题是《十七、十八世纪英国文学中的中国》，王佐良的论文题是《约翰·韦勃斯特的文学声誉》。

我来牛津游学，自然不能规规矩矩地念几年书。何况德威告诉我说：牛津一年分三学期，每学期只上八周课，一年上课时间不到半年。像我这样，还是走徐志摩的道路，交交朋友读读书好，而表叔家的朋友如云。

表叔是中国的名人，那时用英文写了一本《天桥》，得到英国桂冠诗人曼殊斐儿的赞赏，已经译成法文，在巴黎书店橱窗里展出；德兰是女作家，作品有长篇小说《求》；德威曾将赵树理的《小二黑结婚》译成英文；德倪更译过老舍的名著《牛天赐传》。他们一家父子姐弟都是文人，无怪乎中国访英的名人学者没有不到他家来的。我在牛津期间，在他家里见过曾任外交总长的王正廷、和鲁迅笔战过的《西滢闲话》的作者陈西滢、联合国教科文组织的司长程其保（他的儿子程纪贤即程抱一，后来成了巴黎大学的名教授）、写了英文本《红楼梦研究》的牛津大学中文教授吴世昌以及诗人卞之琳等。至于中国留学生杨周翰、王佐良、程镇球等，更是他家的座上客，常来他家用餐。餐后自己洗碗，晚上谈学论文，真是牛津的"中国沙龙"了。

但我不想走王佐良的道路，因为我在清华已经研究过17世纪的桂冠诗人德莱顿，再研究一个二三流作家，对自己的提高帮助不大，不如去巴黎大学另辟蹊径。我就回法国去了。

巴黎大学

建筑是凝结的音乐，
对称是直立的节奏。

——歌德

巴黎大学和牛津大学不同：首先，巴黎大学大而集中，文、理、法、医四大学院各据一座大楼，学生宿舍也有英国馆、美国馆、德国馆、意大利馆、希腊馆等风格不同的各国建筑，构成了一座名副其实的国际大学城。牛津大学则小而分散，有三十个学院，学院又各有各的风气、传统、历史、制度，连院长的英文名称都不统一。至于学生宿舍，林语堂在《谈牛津》中写道："独坐房中疑神疑鬼，听见隔壁有人咳嗽，就疑是艾迪生（Addison）伤风，听见有老人上楼的脚步，就疑是牛顿来访。这样吸烟出神，坐到半夜，听见礼拜堂一百零一下的钟声，心上有无穷的快乐，也不知是在床上，或大椅上，就昏昏入寐了。"简单说来，牛津大学是大学中的乡村，巴黎大学是大学中的城市。

其次，巴黎大学制度也和牛津大学不同。每年10月开学注册，次年6月考试结束，除了圣诞节和春节放假以外，一年有七八个月上课时间。法国中学毕业生叫"学士"，入大学后，要通过考试，得到四张证书，才算大学毕业。如以法国文学证书为例，需要精读十位法国作家的十部作品。大学毕业以后，可以写篇文学研究论文，通过论文答辩及三门考试，得到文学研究文凭，大约相当于美国的硕士。也可以不考文凭，直接攻读博士学位。法国博士有两种：一种叫国家博士，主要供法国大学毕业生或中学教师攻读；一种叫大学博士，主要供外国大学毕业生攻读。

中国留法学生有规规矩矩考到四张证书、和法国大学生一样拿到学位的，如我的法文老师吴达元、《红楼梦》法译者李治华等；有"同朋友吸烟谈学，混一年半载，书才算读'通'了"的，最有名的是梁宗岱和傅雷。梁宗岱法译的陶渊明诗，得到法国象征主义诗人瓦雷里的赞扬，并且和他交上了朋友；傅雷则和罗曼·罗兰多次通信，后来把《约翰·克利斯朵夫》译成中文。得到大学博士学位的有沈宝基，他的博士论文是研究《西厢记》的；还有梁佩贞，她的论文题是《瓦雷里与诗》。得到国家博士学位的，直到20世纪70年代，才有入了法国籍的中国留学生程纪贤。

我在大学时代只读了两年法文，每星期上课三小时。第一年学完了法文文法，学到了大约一千个法文生词；第二年读的是法国教授邵可侣（应读部可侣）编的《法国文选》，又学了大约一千个生词。然后就是阅读法国小说，写写法文日记。到出国时，在法国邮船上读纪德的《窄门》，觉得没有多少问题。到法国后正是暑假，又同宗基去法兰西语言学院学了两个月法文。宗基告诉我他学法文的方法就是每天突击一百个生词，可惜他记不住；我也如法炮制，因为英文、法文词汇很多既形似、又意似的，发现困难不大。两个月后，我居然新学到六千个法文生词，在中国留学生的词汇测试中，胜过学了十几年法文的留学生。我还在法兰西语言学院拿到一张文凭，有了这张"遮羞包丑的树叶"，就可以在法国以外的学校教法文，也可以在法国上大学了。

巴黎大学要得到四张证书才能毕业，而一张证书一般要读一年。我舍不得花四年时间去规规矩矩地读书，只想浅尝辄止，于是就在四张证书中选读了我喜欢的课程。"法国文学"中我选了拉辛、卢梭、雨果、巴尔扎克、福楼拜、象征派等；"法语语言学"中我读了高乃依和《包法利夫人》；"英国文学"中我读了英国文学史、狄更斯、康拉德；"比较文学"中我读了理查逊、卢梭、歌德和夏多布里昂等。

我选读了十几门课程，但一门课程每星期只上一小时课，上课的教授每年不相同，讲解的重点作品也有同有异。例如福楼拜的《包法利夫人》，三年之内就有三位教授讲课。后来我把这部世界名著译成中文，并且在《译序》中回忆道：

《包法利夫人》是研究法国语言、文学的必修课。1946年开课的是亚赞斯基教授，他讲课时注重分析书中人物的性格特点。1947年开课的是布鲁诺教授，他是法国著名的语言学家，讲课时对福楼拜用词造句的艺术作了精辟的分析。1948年开课的是莫罗教授，他是巴黎大学最受学生欢迎的文学教授，也是译者学位论文的指导教师。他讲课时深入浅出，注重分析《包法利夫人》的篇章结构，指出福楼拜善用对比的手法。例如第一部写了艾玛的结婚行列，第三部又写她的出殡行列；第一部实写了舞会上的子爵，第三部又虚写教堂前的子爵。这样前后呼应，使人今昔对比，感慨系之，收到了强烈的艺术效果。

开"巴尔扎克"课的教授是杜丽夫人，重点讲解《人生的开始》。巴尔扎克说这是他"王冠上的珍珠"，杜丽夫人说书中打肿脸充胖子的人物写得绝妙，如奥斯卡和管家婆。试读我的译文：

奥斯卡羡慕乔治深灰色的紧身裤，带有胸饰的卡腰上衣，简直觉得他是一个传奇式的陌生人物，生来高人一等，所以盛气凌人，就像一个丑媳妇见到一个美人儿，总会怪她锋芒外露一样。……奥斯卡已经到了青春时期的最后阶段，到了这个年龄，看来微不足道的小事，都能使他喜不自胜或者悲不可言；他宁愿咬紧牙关吃苦，也不愿意衣服穿得给人耻笑；他爱说大话，越是鸡毛蒜皮般的小事，越要吹得天花乱坠。……一个十九岁的孩子，看到一个二十二岁的阔绰青年，怎能不佩服得五体投地？社会上哪个阶层的人没有这种眼睛向上看的小毛病？

……画师对漂亮的总管太太说起话来以东道主自居的口气，心里开始起了反感；但是他和学徒都在等着看一个泄漏天机的姿势，等着听一句暴露本来面目的语言，就是那种狗嘴里装象牙似的不伦不类的字眼。他们头一眼就看见了总管太太的粗手大脚，原来她是个农家姑娘出身；然后，她一不小心又漏出了一两句女仆的口头禅，用字造句，和高雅的服装不太相称，于是画师和他的学徒马上抓住了狐狸的尾巴。

开"雨果"课程的是莫罗教授，重点讲解《历代传说》诗集。

但是我却认为《静观集》中的一首小诗最能代表雨果的进步思想，并在1948年11月28日把它译成中文。这是我翻译的第一首法文诗：

> 泉水从岩石上一滴滴
> 落入怒涛汹涌的海里。
> 掌管生死的海洋说：
> "你来干吗？这样哭哭啼啼！
> 我的风暴使人害怕，
> 我的尽头就是天涯。
> 难道我还需要你吗？
> 小鬼，我是这样广大！……"
> 泉水对苦海深渊说道：
> "我无声无息，不求荣耀，
> 我给你的，正是你缺少
> 的一滴淡水，人的饮料！"

最能代表雨果散文风格的是他的长篇小说《笑面人》中的一段演说词：

> 我出身贵族，但属于平民。我身在享乐的人中间，心和受苦的人一起。……贫穷，我在其中长大；冬天，我在那里哆嗦；饥饿，我尝过；轻视，我受过；可怕的瘟病，我得过；羞辱的苦水，我喝过。

比较一下这段演说词和巴尔扎克的人物描写，就可以看出法国浪漫主义和现实主义风格的不同了。

雨果不但是法国杰出的诗人、小说大师，而且是浪漫主义戏剧的主帅。我在《雨果戏剧选》的译后记中引用他自己的话说：他的作品"既是戏剧，又是史诗；既形象生动，又诗意盎然；既是现实主义的，又是理想主义的；既逼真，又壮丽；他把司各特和荷马融为一体了。"因此，我把雨果比作世界文坛上的十项全能冠军，把"上穷碧落下黄泉"的但丁比作跳高名将，把"排空驭气奔如电"的莎士比亚比作短跑冠军，把"铁骑突出刀枪鸣"的托尔斯泰比作长跑名将，"大珠小珠落玉盘"的歌德则是五项全能的冠军。

"象征派"一课包括四位诗人：波德莱尔、魏尔伦、兰波、马拉美。1948年12月10日，我用波德莱尔"通感"的方法，模仿魏尔伦《秋之歌》的形式，写了我的第一首法文诗《白夜》——不眠之夜。现在译成中文如下：

月亮和星星组成的合唱队，
开了一个无声的音乐会，
奏出了心灵的歌声。
我闭上眼皮，这感觉的窗帘，
让月光的节奏流入我的心田。
我感到海心的地震：
月亮用梦幻吸引着起伏的海水，
她的脉搏摇晃得我不能入睡！

"法国文学"的课程除了19世纪的雨果、巴尔扎克、福楼拜、象征派之外，其他六门课程是："12世纪至15世纪的法国抒情诗""16

世纪杜伯雷的《田园杂兴》""17世纪拉辛的诗剧""18世纪卢梭的《漫步遐想录》""18世纪博马舍的《费加罗的婚礼》"和"19世纪夏多布里昂的《墓畔回忆录》"。统计一下,讲诗的有四门课,讲散文、小说、戏剧的各有两门。从时间上来说,越早的课程越少:15世纪、16世纪、17世纪各一门课,18世纪两门,19世纪则占了一半。此外,"法语语言学"中,我选读了高乃依的《罗多君》(*Rodogune*)和福楼拜的《包法利夫人》,教授讲时侧重语言艺术。

在"英国文学"的课程中,我选读了法默教授开的"英国文学史"和"狄更斯"两门。说也奇怪,连英国的文学史家也承认:法国人如泰纳等写的《英国文学史》,比英国人自己写得更好。法默教授讲英国作家时,常和法国作家进行比较,这等于是讲"比较文学史"。如他讲司各特的历史小说时,说司各特的文字不如雨果美,但更接近生活;他的人物不如巴尔扎克的性格鲜明,但更像历史人物;他的主角不如维尼的深刻,但主角、配角都写得栩栩如生;他不如梅里美有才华,但他的人物比梅里美的感情丰富;他不如福楼拜客观,但更有趣。总的看来,他的历史小说胜过了所有的法国作家。

在"比较文学"的课程中,我选了卡雷教授开的理查逊的《帕米拉》、卢梭的《新爱洛绮丝》、歌德的《少年维特之烦恼》和夏多布里昂的《勒内》。卡雷教授是比较文学法国派的重要人物,他着重研究的是国际文学之间的关系,或者叫作"影响研究"。法默教授虽然也研究司各特对法国作家的影响,但他进行的主要是"平行研究"。无论卡雷还是法默,都只比较西方文学;对于与西方文学双峰并立、遥相对峙的东方文学,尤其是比希腊、罗马还早的中国文学,他们却是茫然无知。而歌德提出的"世界文学"如果只有西方没有东方,那就成了一个跛脚巨人或者是独眼苍龙了。

在我看来,中国《诗经》中的《生民》《公刘》《绵》《皇矣》和《大明》描写了西周灭商的历史或传说,是比荷马《伊利亚特》更早的史诗;屈原的《离骚》是一首由"述怀""追求""幻灭"三部曲组成的心灵神游的悲歌,比但丁《地狱》《炼狱》《天国》合成的《神曲》早了一千五六百年;王实甫的《西厢记》比莎士比亚的《罗密欧与朱丽叶》也早两三个世纪;曹雪芹的《红楼梦》又比歌德、雨果、托尔斯泰都早一二百年。因此,在巴黎大学读了一年之后,我就想到应该对东西方的文学作平行的研究,才不辜负出国一趟了。

1950年获巴黎大学文学研究文凭时摄于王官花园。

巴黎生活

有美的身体，以身体悦人；
有美的思想，以思想悦人。

——张爱玲

1949年年初，林宗基从巴黎出版的美国《纽约先驱论坛报》上读到：淮海战役结束，黄维兵团被歼，蒋介石"引咎隐退"，李宗仁任"代总统"。这三个国民党的要人和我都有一面之缘：黄维是1936年我在南昌西山受集中军事训练时的总队长，副总队长郭礼伯是和蒋经国同居过的章亚若的前夫。黄、郭都给我们讲过"战史"，大家对黄印象很好，认为他有儒将风度。他和我们赛跑，说谁先占山头，夺得军旗，就给头奖。他陪蒋介石向全体学生训话，我当时只有十五岁，听不懂蒋的奉化口音，只记得一句："不要辜负了你们的父母！"蒋有八百万海陆空军，黄是兵团司令，结果败在解放军手里。于是宗基预言说：共产党一定会得天下。果然，"百万雄师过大江"后，法国报纸登了解放军露宿上海街头的照片和炮击长江中的英国军舰的消息,海外学子都扬眉吐气,格外兴奋。一个梦寐以求的新中国到底如一轮朝阳出现在眼前了!

国民党撤离之前,我请端木正在国内为我代买了一年外汇。国民党撤到台湾后,外汇来源断绝,我一定要在一年之内读到学位才行。本来想把从《诗经》到《红楼梦》的中国文学和从荷马到19世纪的西方文学作一个初步的比较研究,但这需要一代文豪歌德这样的才力,才能构筑这个世界文学的框架。英国诗人艾略特也说过:"一个人写诗,一定要表现文化的素质;如果只是表现个人才气,结果一定很有限。"因为,个人才气绝不能与整个文化相比。而我想写的论文,恰恰不是表现个人才气,而是要表现东西方文化素质的,绝不可能在短短的一年之内完成。首先,《诗经》、《楚辞》、唐诗、宋词、元曲、明清小说,这些中国文学的精华当时还没有好的外文译本,怎么可能在国外进行比较研究呢?如果要把这些文学瑰宝译成外文,而且读起来要能得到一点读原著的乐趣,那需要多少年月啊!恰巧王乃梁告诉我,他准备花一年时间读一张大学研究文凭。这个办法对于只有一年外汇存款的我非常合适,于是我也注册登记,攻读文学研究文凭。我在国内已经研究过莎士比亚和德莱顿,现在决定研究莎士比亚和拉辛,以拉辛为主。论文题是《拉辛剧中的妒忌情愫》,导师是莫罗教授。现在将论文第一章"绪论"和第十二章"结论"摘译于下:

法国文学史家朗松说得不错:"从拉辛起,开始了女性在文学王国中的统治地位。"的确,女性的王国是从拉辛起才得到举世公认的。试看高乃依,他笔下的女性不过是强烈意志的玩偶;试看莎士比亚,他笔下的女性比起男性来未免黯然失色。

只有拉辛才使女性成了悲剧的主角,而且掌握了男性的命运;只有拉辛才惟妙惟肖、刻画入微地描绘了形形色色的女性灵魂:少女有温柔的、有高傲的、有虚荣的、有腼腆的、有妒忌的;少妇有的如怨如诉,有的悔恨交加,有的凶狠毒辣;母亲有的仁慈体贴,有的野心勃勃。总之,从纯洁的到罪恶的女性,拉辛剧中都有典型的人物。

拉辛不但是描绘女性心灵的画家,而且是抒写爱情的诗人。在他的悲剧中,有忠贞不渝的夫妻,也有杀弟夺媳的国王,有父子共同爱慕的少女,也有热恋太子的王妃。无论是哪种爱情,他都写得栩栩如生,诗意盎然。但爱情也好像灾祸,从不单行,而是和妒忌形影不离的。如果说拉辛是描写爱情的高手,那他更是刻画妒忌心灵的神手。比起妒忌的女主角来,多情的男主角都相形见绌了。决定悲剧结局(如王弟、王子之死)的,都不是爱情,而是妒忌。因此可以说:妒忌是拉辛悲剧的推动力。(绪论)

拉辛的悲剧是遵守"三一律"的典范:情节一致,地点一致,时间一致;也就是说,剧情在同一天内,发生在同一地点。在拉辛剧中,是爱情使剧中人物到同一地点来,是妒忌使剧情在一天内达到高潮的。人物的妒忌心理也因为强烈的爱情和难以忍受的痛苦而变得情有可原甚至是合乎情理的了。

莎士比亚的悲剧(如《奥赛罗》)却不遵守"三一律":地点跨越国界,时间超过几天。拉辛为了时间一致,不得不连篇累牍,大谈过去发生的事情。这些台词虽然感动了剧中人,却很难感动读者。剧中人的感情也常走极端:爱时能够原谅情人的忘恩负义,恨时却又必欲置之死地而后快,内心起伏跌宕幅度太大。拉辛善于诉诸读者的理智,使人认为剧情的曲折多姿都是理所当然、合乎现实的事态发展；而莎士比亚则不只是用台词，还用了动作来诉诸观众的感官，打动读者的心灵，使人忘了现实，和剧中人打成一片。总之，拉辛善于描绘内在的妒忌心理，莎士比亚长于表现外在的妒忌行动；拉辛写的是妒忌的人物，莎氏演的是妒忌的过程；拉辛更注重美，莎氏更注重真。两位大师各有千秋。（结论）

莫罗教授在评语中说：论文表现了作者的聪明才智，深刻的理解和精辟的分析使人读来乐趣盎然。莫罗教授还对论文的词句作了润色，使我得益匪浅，感激不尽。另外两位参加答辩的教授是亚赞斯基和德德扬。亚赞斯基教授是新版《法国文学史》的作者。他问我卢梭在《忏悔录》中有没有说谎。这个问题在历史上有过争论：如果卢梭说谎，这本世界上最坦率的自传岂不成了一本"谎言录"？如果没有说谎，有些失实之处如何解释？我只好回答说卢梭主观上没说谎，但客观上有失实之处，主客观之间有矛盾。德德扬教授研究"文学方面的世界主义"，他要求我比较《罗兰之歌》和雨果的《罗兰的婚姻》。这样，通过答辩，三位教授考查了我对古代、17世纪、18世纪、19世纪的法国文学的知识和见解。

和我同一批通过论文答辩的有文学院的董宁川（留法学生会主席，历史学博士，1954年日内瓦会议时任周恩来总理的翻译）、法学院的端木正、理学院的吴文俊和工学院的徐采栋等人。学艺术的同学都不需要通过论文：丁善德常来巴黎中国学生会练习钢琴，我们时常见面；吴冠中和我同在圣贞纳薇芙学生食堂用餐，常在法国先圣祠前碰头。我还见过两次女画家潘玉良：第一次在巴黎"顶好"饭店（店主肖瑜在青年时代曾同毛泽东步行走遍湖南；他的夫人也是画家，和潘玉良是同代人），第二次在巴黎草堂画室。当时，我看见潘玉良与众不同，用毛笔作人体素描。那位法国模特是个绝色美人，我只能看她的形体，遥想当年中国第一个模特的形象。我归来后写了一首诗，题目是《美》：

美丽的花朵总对人说欢迎；
美丽的孔雀总在人前开屏；
美丽的人体何必避开眼睛？
让美丽的花儿尽情开放；
让美丽的鸟儿尽情歌唱；
让美丽的人体任人观赏！

其实，"有美的身体，以身体悦人；有美的思想，以思想悦人。"如果美的身体能够激发美的思想，那岂不是锦上添花了吗？

谈到美人，我和宗基、乃梁曾陪佐良在巴黎大马路上一家咖啡店里观赏来来往往的过客。坐了一个晚上，发现这个"世界花都"里最繁华的地区，可以算是"美人"的却寥若晨星。但是"踏破铁鞋无觅处，得来全不费工夫"，我在巴黎大学上课的时候，却碰到一个非常漂亮的法国女郎。我在1949年1月10日的法文日记中写道：

下午三点，我去听法默教授讲"英国文学史"。我去得晚了一点，教室已经坐满，只有右手最后一排座位上坐了三个法国同学：一男二女。有一个女同学非常漂亮，皮肤白皙，态度高雅，穿了一身天蓝色的连衣裙，看来很可爱。我仿佛见到了卢浮宫中的维纳斯。我站住了，犹豫了一下，最后，问她能不能挤一挤,让我在她旁边坐下。她微微一笑,点了点头。但三个人的位子坐四个人,自然免不了要摩肩擦臂,而她却并不以为意。我问她讲到哪里了,她说正讲乔叟《澡堂老板娘的故事》。我带了一本牛津版的《乔叟》去,就翻到565页,指给她看。法默先生讲:老板娘已经嫁过五个丈夫,还在找第六个;从人物的性格和故事的风格中,可以看出乔叟的现实主义和人道主义。我听得笑了,不是因为乔叟幽默,而是因为有"红袖添香伴读书"。

下课后,我问她的名字,她告诉我是妮珂·碧嘉。我请她去杜朋喝咖啡,她说好的。一进咖啡店,侍者迎上前来招呼我们道:"美须旦。"(Monsieur dame,先生和女士)仿佛是中国京剧中"美"丽的"须"生和"旦"角似的。我们要了一杯咖啡,一杯可可。我问她选读了什么课,喜欢看电影不。她说喜欢。我们就谈起费雯丽主演、萧伯纳写的《凯撒和克柳芭》来。我说在影片中,我听到了权欲和情欲的对话。费雯丽在海滨灯塔旁边,穿了一件天蓝色的透明纱衣,几乎可以看清她的裸体。就这样,她使情欲战胜了权欲,使自由的凯撒沦为埃及女王的奴隶。碧嘉说,影片中妙语如珠,如"一个人做了蠢事,就说这是责任"。我说不错,又如"谈你喜欢谈的事,我就可以知道你是什么人";"对朋友说实话,会使朋友变成敌人"。她说:"那你刚才讲的是不是实话?如果是,岂不是要把我当成敌人了?"我说:"对同性说实话,朋友会变敌人;对异性说实话,却可交上朋友。如你不信,我现在就要约请你看场戏或电影,你看这是不是说实话?"我们从四点谈到四点半,约好后会有期,然后握手再见。

1950年巴黎中国学生会郊游时摄，左1、4李廷揆、何佩珠夫妇，2许渊冲，3何申。

后来，我同碧嘉去法兰西剧院看了拉辛的《费德尔》（*Phèdre*），月下沿着塞纳河畔散步，送她回家。暑期中我又约她去海滨度假，她告诉我已经有约在先，希望"说实话不会化朋友为敌人"。在我的回忆中，她永远年轻美丽，正如拜伦说的"时间不会在她的额头上画下皱纹"。

我和中国同学也谈论过爱情问题。我在圣诞节前的日记中写道："端木正把女人分为三种：第一种天真纯洁，把你当成世界上最好的人，全心全意地爱你，把一切都给了你；第二种高傲虚荣，要求于你的多多益善，给予你的却微乎其微；第三种尝过人生的艰苦，了解男人的缺点，却能给人平静的家庭幸福。他认为我们需要的是会给予的女人。"后来，法中友协有一对年轻的夫妇，姓德雪莉，常请我和端木去他们家晚餐。也许他们就是端木说的第三种人吧。

此外，我和乃梁还去过一个法国同学家打桥牌。我们有时也在巴黎学生会打，牌友是李廷揆、卢浚（后为云南师范学院院长）、陈仁宽（当时是巴黎唯一的民盟盟员，后来是中国翻译公司编译处

1950年,与程纪贤(右)摄于梵蒂冈圣保罗大教堂前,程纪贤后改名程抱一,当选法兰西学院院士。

主任)等人。廷揆、宗基更喜欢下象棋。我观战时,宗基和我打赌:下十盘棋,我只要赢了他一盘,他就输我一千法郎(当时大约合三美元);如我十盘全输,就得给他一千法郎,并请廷揆做证。不料才下一盘,我就赢了,要求宗基给钱,他却不给。我要廷揆说公道话,哪知廷揆却说:"得理要让人!"当时我不理解,后来,我的外汇来源断绝,经济发生困难,宗基、廷揆、乃梁、端木几个老同学都曾积极支援,宗基支援最多。没有他们,也许没有今天的我!

巴黎是世界人文精英荟萃之地。我在巴黎会见了两个中学时代的同班:徐采栋和贺其治;两个联大外文系的同班:吴其昱和林秀清(后为上海复旦大学法文系主任)。至于送往迎来,更是不胜枚举。清华大学梅贻琦校长来巴黎,住在物理学家汪德昭家里。我们陪他参观了卢浮宫,在香榭丽舍大道喝咖啡,游览了拿破仑的枫丹白露宫。联大同学许国璋来,我们陪他去巴黎歌剧院听戏。天祥中学校长邓衍林夫妇来,我陪他们去凡尔赛宫,还看了脱衣舞等。

此外,我还认识了程纪贤。他比我小八岁,父亲在国民党做官,他却借给我一本斯诺写的《西行漫记》,使我对共产党有了初步的了解。后来,他认识了法国诗人克洛代尔,并和法国人结了婚,加入了法国籍。他在1970年得了国家博士,成为巴黎大学的名教授,还当选为法兰西学院院士。他曾把中国诗词译成法文,不过他的译文和我的不同,全是自由诗,如雨果的《清泉与大海》:

清泉自高岩上流下来
涓涓流向大海，那倾帆
覆舟的大海却对她说：
"你，哭啼者，你来干什么？
该知道，我是风暴和恐怖，
澎湃扩展一直到天边；
我又何所需求于你呢？
你微弱得可怜，我浩瀚。"
对苦海深渊，清泉回答：
"你是大海，我愿无声给你
带来一点你所没有的：
几口可以解渴的净水。"

比较他和我的译文，就可以看出诗体和散体的高下了。

欧游心影：瑞士·罗马

幸福不在于你有什么东西，
而在于你是什么人。

——杜朗特

◆ **1948年9月法文日记摘译**

什么是幸福？幸福是在必然王国中求自由。生活不能太忙，太忙成了必然王国的奴隶；也不能太闲，太闲会感到自由王国的空虚。只有忙闲适度，不给空虚以可乘之机，引导着时间的脚步走向遗忘，才能感到幸福。幸福的时间是没有钟点的。

雄鹰可以自由翱翔，但是不能飞入太空，因为那里没有空气。心灵也可以浮想联翩，但是不能脱离必然王国，否则就成了无本之木、无根之花，或者是幻想的气泡，最后必然破灭。（9月22日）

读纪德的《亚明塔》（*Amyntas*）。他的目光深邃，能在平凡中看出不平凡来；他的文笔纯朴，能用平凡的文字写出不平凡的思想。读到他在昏暗的咖啡店里品尝着月色，不禁想起阳宗海畔昏暗

的小饭馆，饭馆也美化了！（9月24日）

◆ 1948年10月法文日记摘译

看见卢森堡公园铺满了金黄色的碎叶，我仿佛闻到了秋天的呼吸。落下来吧，枯萎了的叶子！让金黄色的阳光穿过你的枝丫，洒满卢森堡公园的小径！你浓阴蔽日，装饰了美丽的巴黎；但是你的时代已经过去。现在我们更需要的，是温暖和光明。（10月4日）

买了一本《小拉鲁斯法文词典》，不但有助于解决问题，而且查字典本身也成了一种乐趣。生活就是读书，读书就是生活，生活和读书结了不解之缘。每天在家读法国小说，在巴黎大学图书馆读善本戏剧，坐在床上读诗，甚至在学生餐厅排队用餐或者在地铁车站等车时也是手不离书。每天早上八时起床，夜里有时两点才睡。读一小时的书，似乎赚到了一小时，似乎延长了生命。（10月18日）

读法朗士的小说《红百合》，仿佛在金碧辉煌的客厅里，看到一朵色彩鲜艳、香味浓郁、令人心醉神迷的花朵。而读夏多布里昂的《阿达拉》却相反，似乎在一望无际的大沙漠里，看到一株绿色的小草，喝到一口不可缺少的清泉。一面读纪德的戏剧《沙瑜》（*Saül*），一面听无线电广播的演出，更使耳目都得到娱乐，使小小的卧室成了古往今来的大舞台。（10月28日）

◆ 1948年12月法文日记摘译

室内的暖气和室外的冷气交锋，在玻璃窗上织成了一幅雾气腾腾的帘子。月亮看来也戴上了面纱，在一片苍茫的天海中游泳。（12月12日）

一阵急雨洗出了一片蔚蓝的天空，一轮明月又照出了一片银白的大地。高楼大厦像梦魇似的把墙影投在路上。月光纯洁无瑕，相形之下，香榭丽舍大道和协和广场的辉煌灯火，看来只是一曲杂乱无章的交响乐。月亮仿佛也融化在银雨的乐声中，只是凡人的耳朵听不见而已。我感到我的身体、心灵、情感、梦想，这一切都消失在光影交织的空虚里，无影无踪。（12月15日）

应该为艺术而艺术，还是为人生而艺术？我想，在不具备生活的必需条件时，应该为人生而艺术。这就是说，艺术是苦闷的象征，艺术应该为生活服务，艺术家可能把真放在第一位，把美放在第二位。在已经具备美好的生活条件之后，应该为艺术而艺术。那时，艺术应该美化生活，艺术家可能把美放在第一位，把真放在第二位。雨果的浪漫主义诗篇如《清泉与大海》，可以算是为人生而艺术的一个样品；马拉美和瓦雷里的象征主义诗篇，却可以说是为艺术而艺术的典型。（12月21日）

1948年留欧同学游凡尔赛宫。左1方光琪，3肖明，4卢浚，5林宗基，7许渊冲，8王佐良，9李廷揆，10李秉德。

◆ **1949年1月18日法文日记摘译**

一个人的所得，少于他付出的，他会感到不满；如果他所得的多于他付出的，又会觉得不安。名誉好比衣服——衣服不能太大，也不能太小。名高于实就是戴大帽子，实高于名就像穿小鞋子，名副其实才算得体。

1949年3月25日，同费海玑游瑞士的日内瓦。他是我江西南昌二中的同学，比我低一级，是江西全省会考的状元。后来，他在台湾"国立编译馆"任职，著有《汉学反哺集》《文学研究集》《历史研究集》《西洋哲学研究》等十余种著作，编入"人人文库"。日本十所大学把他的作品列入"留学必读书"之内。他发表文章之多，为全台湾之冠。他在莱梦湖（即日内瓦湖）畔、卢梭像前曾为我摄影留念，我却只填了一首《渔家傲·莱梦湖》：

白雪山前人独立，白雪山下青草密；
莱梦湖畔喷泉急，
点点滴，青云直上恨无力。
瑞士山间四五日，湖光山色上下碧；
轻舟扬帆鸟展翼，
飞行急，乘风破浪争朝夕。

1949年4月23日，我第二次游瑞士。联大外文系杨业治教授和王恩韶陪我游了苏黎世，清华研究院同学王玖兴夫妇陪我游了弗里堡，我一个人游了绿森（Lucerne，今译卢塞恩），并且写了一篇法文游记。现在摘译如下：

绿森在古老的伯尔尼和现代化的苏黎世之间，环山铁路像大动脉似的，把新旧血液都输入她的湖光山色之中。古城在不高不低的里脊山（今译瑞吉山）下，在不大不小的绿森湖畔。湖水蓝得像一块剪下来的青天；湖滨的古塔和教堂的钟楼像两颗星星雕镂而成的钉子，钉住这块苍穹，免得它思念故园而乘风归去。湖上白帆翩翩起舞；岸边的房屋从山顶上看来，有如人工精雕细刻的花朵，要和天然的鲜花比美争艳。这些房屋连成一串，看来又像五彩缤纷的眉毛，把眼睛和额头分开；而眼睛就是绿森湖，额头却是里脊山。登山一望，会看到冬天和夏天平分秋色的奇景。金黄的阳光和银白的积雪，用颜色合奏出一首闻所未闻的交响曲。有时，云彩的海洋平铺在你眼前，你会看到凝固不动的汹涌波涛，绘出一幅见所未见的水彩画。郁郁葱葱的树林像是绿色彩云织成的披风，披在青山肩头；妒忌的山林把倒影投入湖中，仿佛要看看青出于蓝是否也胜于蓝。哪个游客看了能不心醉目迷、流连忘返呢？

1949年游瑞士日内瓦时摄于卢梭像前。

◆ 1949年5月—12月法文日记摘译

夜把星星撒满天空,又把灯光洒满塞纳河上,看来有如一首雪花纷飞的无字诗,它的节奏是孤独人的脚步。(5月30日)

译者是文字的商人。(6月15日)

没有什么比水和阳光更平淡无奇的东西,但阳光照耀下的喷泉却美得出奇。诗人能用平淡无奇的字眼,织成美得出奇的喷泉。(7月31日)

生活就是把时间转化为诗的花朵和散文的芳草。(8月)

枯叶是死神的礼物,西风是秋天的信差。秋风落叶把我投入了一个已经消逝的旧梦。光和影描下了你的面容,比声和色的构图还更美。在情人心中,死亡给了你永恒的生命,怀念延长了你的生活。苍茫的月色是你忧郁的气息,侵入了我的梦乡,画下了对你的回忆。(10月5日)

烦闷穿着蓝色的纱衣,踏着朦胧的雾鞋,降临大地。我只有活了几百年的古人做伴,他们用无声的语言和我谈心。古老阴沉的建筑物见过战争和死亡,感觉不到人心的苦闷。它们把阴影投在路面上,压得地铁发出了轰隆的呻吟。金黄色的阳光吻黄了梧桐树叶,梧桐也跳起脱衣舞来,把光秃的枝丫伸向星光,祈求点滴的同情。(11月11日)

人生就是追求。我追求的是美,是一个达不到的理想。但是读瓦雷里的《海滨墓园》这首诗中之诗,在死亡中你会发现生命,在寂静中你会听到音乐。永恒的太阳照着变化的大海,这就是生死的象征。(12月5日)

◆ 1950年2月—11月日记摘录

1950年2月1日,迁居塞纳河畔、巴黎圣母院桥边的圣雅克路28

号,住联大同学肖厚德楼上,楼下住的还有严志达博士。

2月10日,参加巴黎中国学生会组织的"星五学会",讨论"历史唯物主义"。肖厚德的发言学究气重,端木正的政治味浓,林宗基海阔天空,李廷揆谈吐从容,陈仁宽条理清晰,田方增深入浅出。我却认为历史唯物主义可以用来研究法国文学。如拉辛剧中费德尔由爱而变成恨,这可以用"量变到质变"来解释。浪漫主义否定了古典主义,象征主义又否定了浪漫主义;而古典主义和象征主义有相似之处,所以这可以用"否定之否定"来解释。泰纳说法国人重形式、轻内容,重理智、轻感情,这也可以说是"矛盾的统一"。

2月12日,参加方光琪的婚礼舞会,同温柔的卡德琳跳《蓝色多瑙河》,同活泼的玛加丽跳《维也纳森林的故事》,同随和的贝纳汀跳《旧相知》,真是一舞难忘。还同光琪、佩珠(后同廷揆结婚)跳了狐步舞。

4月20日,上午程纪贤来谈。他说:人如果能达到"美"的境界,那就可以摆脱情欲和罪恶。他认为这是人的"使命"。没有这个"使命",人和禽兽就没有分别;有了这个"使命",人才成其为人。在他看来,纪德、艾略特、克洛代尔、萨特等作家都在揭露人生的悲剧,人没有完成"使命"的悲剧;但是这些作家没有看到:罪恶的根源是失去了平衡,失去了"美"。我觉得他说的"美"就是"理想"或"价值",或是人之所以为人的"道"。

6月15日下午,参加端木正的博士论文答辩会。他的导师年龄太大,常常自言自语。他的问题不多,但是问得广泛。例如他问:"你读过拉伯雷没有?"一个研究国际法的中国学生,哪里有时间去读16世纪的法国文学家呢?有时他刚问完,自己就抢着回答了。如他问道:"为什么说教授、外交官、法官是三位一体?"接着他自己就说:"外交官什么也不懂,只会挽着漂亮女人的手,去出席鸡尾酒会。法官、教授也是一样。"我似乎看到了一个导演在唱主角的戏。

7月20日,我和端木正参加了罗马旅行团,也像外交官一样挽着漂亮女人的手,去出席罗马教皇和中国使馆举行的招待会。同去的有林宗基、吴文俊、程纪贤、费海玑等,漂亮的美人有蒋家的姊妹花——丽琳、蜜琪、芳西。

7月21日下午,我们坐的火车经过比萨斜塔。芳西把头探出窗外去看斜塔,火车外面的意大利人叫了起来:"好漂亮的妞儿!"芳西问我他们说什么。中国留学生中,只有我一个人会说几句意大利话,我就为他们做翻译,借他们的口,说我想说的话,问我想问的事。"他们问你几岁了?""十九岁。""他们说,你这么美丽的人儿,为什么不下车去看看这个美丽的比萨斜塔?""我这就去。"不料,芳西下车才几分钟,车站哨声一响,火车就要开动了。我急得要命,恨不得斜塔立刻倒下,挡住火车的去路,免得芳西误车;又怪自己为什么不陪她同去,若出了事,也有个人照应。我急得往车尾走,希望出现奇迹,她会在后面车厢上车。果然,我才穿过三节车厢,就碰到她迎面而来,笑吟吟地对我说:"到罗马后,你要寸步不离开我,免得我再迷路啊!"从罗马回来后,我写了一首诗:

从巴黎开往罗马的列车
像一条蜿蜒的黑色长蛇
穿过了无数长长的山洞
划破了无边的漫漫黑夜。
忽然有亮光出现在窗口,
啊!那是芳西含笑的明眸:

"到了罗马你给我做翻译,
不要让我在教堂前等候!"

我恍惚看见希望的曙光
照着圣彼得教堂的钟楼。
哪知道千里旅途的终点
却也是瞬间幸福的尽头!

为什么"旅途的终点"成了"幸福的尽头"呢?原来罗马旅行团是天主教会主办,去梵蒂冈参加罗马教廷五十周年大庆的。所以一下火车,男女同学就分道扬镳:男同学去郊外住帐篷,女同学去市内住宾馆了。分手时,芳西一再拉住我的手,要我第二天一早就来宾馆找她,还说要我请她吃十个冰激凌。她不知道,每一个要求都在我心中点燃了一个欲望,每一个冰激凌都化成了一团烈火。我说我一定来,并且要她在宾馆里为我留个床位,我好午休。

7月22日早上,教廷的汽车把我们一直送到圣彼得大教堂。一见那金碧辉煌的圆屋顶,新月形的圆柱走廊,青云直上的喷泉,纪贤就要和我合影留念,不知道我的心已经急着找芳西去了。走进教堂大门,只见芳西披了纱巾站在米开朗琪罗雕刻的圣母像前。她一见我就说:"我等你好久了!"于是我陪她去参观教堂的建筑,看马赛克镶嵌的图画;下午,又去看了古罗马的遗迹;晚上,男同学都回郊外晚餐,我却陪着芳西去了宾馆。不料这却引起了教会的非议,她就冷落我了。

参观博物馆时,看见丘比特追求仙女,仙女的下半身忽然变成了树木。我就对芳西说:"你也有点像这个仙女,神甫的告诫快要使你变成森林女神了。"不料这句话却成了罗马之游的缩影。

回巴黎后，我同芳西去塞纳河游过泳，同去看过电影《红与黑》。我说："你是电影中的贵族小姐，马上又要去海滨度假。我却是电影中的穷秘书，不久就要到伦敦去坐船回国了。"她去海滨前夕，我到她家告别时说："如果你戴上一副墨镜，海滨的青天白云一定会显得更美，那时可不要忘了戴墨镜陪你游罗马和翡冷翠的人哟！"她说："你真会说话！"我和她的父母、姐姐一一道别。她也抢着伸出手来，我说："你小，最后和你握手。"她把我送到大门外，我又依依不舍地和她再握了一次手，我真恨不得能握住永恒。

10月22日，我离开巴黎去英国，游历了莎士比亚故居和伦敦塔等地，不禁想起了死在塔中断头台上的玛丽女王。雨果在戏剧中写女王说："这场爱和恨的斗争，力量对比太悬殊了！爱情是忧郁不安、惊慌失措、丧魂落魄的。它的脸像你（女王）的一样苍白，它的眼睛像我的一样热泪盈眶。它藏在祭坛旁边，通过你的嘴来祈祷，通过我的嘴来诅咒。"想起女王的死别，我的生离又算得了什么呢？

11月7日，我同傅懋（后为中国社会科学院语言研究所所长）、朱亚杰等中国同学，坐上了英国轮船，离开了伦敦，走上了回国的征途。在船上，我还赢得了国际乒乓赛的冠军，和船上选出的美人跳了舞，这也算是凯旋而归了。

1950年与中学同学费海玑摄于巴黎小凯旋门。费海玑后来任职台湾编译馆，出版译著颇多。费说许译《哥拉·布勒尼翁》，读来有如创作。

左：1950年摄于伦敦纳尔逊广场前。

右：1950年与中学同学费海玑摄于巴黎小凯旋门。

1950年巴黎学生会在罗马合影，前蹲者蒋芳西，坐者左起：2吴其昱，3林宗基，4范祖珠，5蒋蜜琪，6蒋丽琳，8孙建中，9程抱一，后立者左起：1王玖兴，2许渊冲。

留学法国 第三章

留法同学在北京大学聚会时摄。右起1端木正夫妇（后1），2林宗基，3吴文俊，4徐采栋夫妇（后3），5王恩韶夫妇（后4），6许渊冲夫妇（后2）。吴文俊、徐采栋都是科学院院士，徐时为九三学社中央第一副主席。

第四章

翻译人生

回国之后

五十年代翻英法,
八十年代译唐宋。

回国之后,20世纪50年代我在北京西苑、香山、新北京等外国语学院教授英文、法文。1956年,上海新文艺出版社出版了我译的

1952年参加四川永川土改合影,前左2韩惠连(曾任北外法语系主任),3王桂新(后任中国驻荷兰大使),后排中许渊冲。

英国德莱顿的诗剧《一切为了爱情》（又名《江山殉情》）。德莱顿在英国文学史上地位很高，英国甚至把17世纪叫作"德莱顿世纪"，认为《一切为了爱情》的艺术水平高于莎士比亚的《安东尼与克柳芭》。而这本译著是我国出版的第一本德莱顿名著，并且直到目前为止，还是唯一的一本。

1958年，人民文学出版社出版了我译的法国罗曼·罗兰的小说《哥拉·布勒尼翁》（鲍文蔚校，但是一字未改），得到罗曼·罗兰夫人的好评。后来，《法汉翻译教程》中还引了一段译文，作为保留原文神韵的例子——"我游手好闲，好吃懒做，放荡无度，胡说八道，疯头癫脑，冥顽不灵，好酒贪饮，胡思乱想，精神失常，爱吵爱闹，性情急躁，说话好像放屁。"因此，我在前面的诗中说"五十年代翻英法"。

法国文学中，我还译了巴尔扎克的小说《人生的开始》和莫泊桑的《水上》日记。但是当时出书，需要我所在的外国语学院同意；而学院认为我名利思想严重，不能出版，所以这两本书稿在出

1958年许译罗曼·罗兰《哥拉·布勒尼翁》出版，寄赠罗兰夫人，夫人回赠夫妇1935年合影。

20世纪70年代初全家三人摄于洛阳。

版社放了二十多年。话又说回来,塞翁失马,焉知非福?鲍文蔚《巨人传》的续稿,在"文革"抄家时被没收,至今下落不明。鲍先生临终还引为遗恨,这也是中国翻译界无法弥补的损失。我的书稿却是"大难不死,必有后福"。"文化大革命"后,人民文学出版社出了梁均译的《人生的开端》。我把两种译文一比,认为梁不如我。例如他的"英国人用骄傲来封住自己的嘴巴";我却说是"英国人以为咬紧牙关,一言不发,可以抬高身价"。我还写了一篇《巴尔扎克译论》,提出"发挥译语优势"的原则,得到翻译界的好评。于是,上海译文出版社在1983年出版了我译的《人生的开始》。我在扉页上写道:"译时三十六,出时六十三。"不料福有双至,1986年人民文学出版社出《巴尔扎克全集》时,没有选用梁译,却把我的译本改名《入世之初》出版了。同时,《水上》也选入了《外国文学小丛书》。书中说:"什么是谈天?这是一种妙不可言的艺术,一种永远不显得枯燥无聊,说到什么都津津有味,随便用什么也能讨人欢喜,不用什么却能引人入胜的艺术。"《水上》就是"谈天",无怪乎托尔斯泰说这是莫泊桑最好的作品了。法国文学研究会会长罗大冈读了译本后说:"传神与传真两全其美,可谓上品。"

20世纪60年代,我在张家口外国语学院任英文教授,不是挨批挨斗,就是修理地球,没有出版一本译著。1966年,"文化大革命"爆发,我的译著受到批判——德莱顿是宣扬爱情至上主义,罗曼·罗兰则是鼓吹个人奋斗精神,都是资产阶级思想。那时不受批判的文学作品只有一本《毛泽东诗词》。而出版了的英法文译本都把诗词译成分行散文了,读后得不到原诗的美感。于是我就在劳改批判之余,偷偷地把《毛泽东诗词》译成英法韵文。有一次在烈日下陪斗,又热又累,度日如年。我忽然想起了毛泽东的《沁园春·雪》,就默默地背诵"千里冰封,万里雪飘""惟余莽莽,顿失滔滔",并在心里试着把这首词译成英文。说来也许叫人难以相信,我一译诗,就把热、累、批、斗全都忘到九霄云外去了,眼里看到的仿佛只是"山舞银蛇,原驰蜡象",心里想到的只是"略输文采""稍逊风骚"。等到我把全词译完,批斗会也结束了。于是我心中暗喜,自以为找到了一个消磨批斗时光的绝妙方法。不料乐极生悲,"造反派"知道了我在翻译毛诗,说我是在歪曲毛泽东思想,是在逃避阶级斗争。他们抽了我一百鞭子,打得我皮青肉肿,坐立不安。他们把"文化大革命"变成"武化大革命"了。幸亏照君把孩子的游泳圈吹足了气,让我用作坐垫。就是这样,我把全部毛诗,包括当时传抄的作品,都译成了英法韵文。

20世纪70年代,我在洛阳外国语学院教授英文、法文,同时继续接受批判,改造思想。直到1976年,我才开始得到第二次解放。那时,国内新出版了《毛泽东诗词》的英译本,听说是钱锺书教授定的稿。我就写了一封信给他,同时把我的译文寄去。他的回信说

解放军外国语学院教师20世纪50年代摄于颐和园，前排右2朱树飏（参译爱伦堡《暴风雨》），4林同奇（参译《唐诗三百首》），6费致德（英译《儿女英雄传》）；二排右2鲍文蔚（曾译拉伯雷《巨人传》）；三排右1许渊冲，2胡斐佩（后为少将副院长），左2沈宝基（曾译《巴黎公社文选》），4许志华（后为副院长）。

传抄作品不可靠，我的译文甚至胜过了传抄的原作，就像波德莱尔法译的爱伦·坡著作胜过了英文原本一样。这给了我很大的鼓舞。我又把译稿寄给美学大师朱光潜教授，他的回信也说其他译文"较之尊译均有逊色"，这又肯定了我"以诗译诗"的信心。当时我不能和国外直接联系，只好请林宗基的芬兰夫人替我把译稿寄去美国密歇根大学中国文化研究所。所长费尔沃克教授回信，说译稿是"绝妙好译"。我把这些国内外的好评告诉洛阳外国语学院。刚好那时中美建交，邓小平要去美国，我就建议学院出版《毛泽东诗词英法文格律体译本》，请小平同志带去送美国总统，学院同意了。结果书虽没有带去，但在中断二十年后，我总算又出书了。

那时小平同志号召：到20世纪末，人均国民生产总值要翻两番。我已经出版了一本英译中、一本法译中，这次又出版了一本中译英、一本中译法，一共是四本。翻一番是八本，翻两番是十六本，加上已出的四本，我当时计划到20世纪末，出二十本书。这样才能挽回中断二十年的损失。

洛阳解放军外国语学院教师游少林寺摄。左1前后索天章夫妇（译莎士比亚剧），左后2王仲英（曾任人民文学出版社编辑），左3前后许渊冲夫妇，左4后梁希彦，曾去苏联讲学。

中美建交之后，小林（林同端）也从美国回来了。她送了我一本她和大哥同济合译的《周恩来诗选》，我写了一篇评论。她大哥读后，说我"眼明手快，能见人之所不能见"。他还向香港商务印书馆推荐我的《毛泽东诗词》英法译本，说我"英法兼通，为国内冠"。于是香港方面约我翻译一本《中国革命家诗词选》，包括孙中山、黄兴、秋瑾、毛泽东、周恩来、朱德、陈毅、叶剑英等的旧体诗词，如毛的六言诗《给彭德怀同志》、朱的《贺少奇五十寿辰》，还有一首《刘伯承、邓小平将军飞渡黄河》，真可以说是一部中国革命的史诗了。尤其难得的是，西方史诗中的英雄是英雄，诗人是诗人，而中国史诗中的英雄就是诗人自己。试想想看：如果《伊利亚特》的作者就是阿喀琉斯和赫克托耳，那荷马史诗的价值不是更高得多吗？中国革命史诗取名《动地诗》，表示惊天地、泣鬼神的意思，1981年在香港出版。《北京大学研究生学刊》1986年第一期评论说："译笔之美，

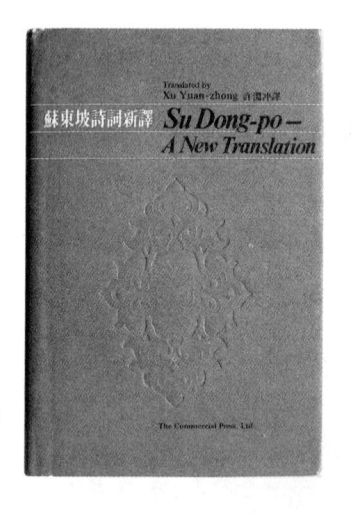

1982年香港商务印书馆出版《苏东坡诗词新译》，内有英译诗词百首。

使同类译家汗颜"；"在意美、音美的传达上，已入化境，译文堪与原作媲美"；"汉诗词的英译能到此境界者，古今中外，实不多见"。

1982年，香港商务印书馆又出版了我英译的《苏东坡诗词新译》一百首，钱锺书教授说这是"壮举盛事"。苏词《念奴娇·赤壁怀古》中有一句："故国神游，多情应笑我、早生华发。"词中"多情"二字众说纷纭，有人说是指周瑜，有人说是指苏东坡自作多情，该读作"应笑我多情早生华发"。我当时将其译成周瑜。后来读到郭沫若的遗作《读诗札记四则》，札记中说："东坡幻想的词中世界（'故国神游'），在赤壁之战时也有小乔参加。出场人物为周瑜、小乔、诸葛亮，连东坡自己也加进去了。……'多情'即指小乔。赤壁之战的当时，周瑜年三十四岁，诸葛亮年二十七岁。小乔不用说更加年轻。《赤壁怀古》作于宋神宗元丰五年壬戌（1082），东坡年四十七岁，由于'神游'而加入一群古人之中，以他最为年老，故说小乔笑他有了白头发。这幅画面画得很入神。"后来，我出版《唐宋词一百首》英法译本时，就根据郭说把"多情"译为小乔了。我并不认为郭说更有理，而是认为他说得更美，但也不能说是失真。于是我就总结出了一条规律：译诗时"求真"是必需条件，"求美"是充分条件；译得不真没有达到低标准，真而不美没有达到高标准；应该在不失真的条件下，尽力求美。

那时，国内重新出版了吕叔湘编的《英译唐人绝句百首》和《中诗英译比录》。编者在《比录》的序中说："初期译人好以诗体翻译，即令达意，风格已殊，稍有不慎，流弊丛生。故后期译人……率用散体为之，原诗情趣，转易保存。"吕先生序言的影响很大，散体论者纷纷引为根据，几乎形成了"分行散文"一统天下的局面。

1983年，我来北京大学为英语系研究生开设"唐宋诗词英译"课程，1984年又在西安出版了《唐诗一百五十首》英译本。在序言中，我针锋相对地提出："散体译文'即令达意，风格已殊'，慎而又慎，还会'流弊丛生'，更不可能保存'原诗情趣'。"

《绝句百首》中选了杨贵妃的《赠张云容舞》——罗袖动香香不已，红蕖袅袅秋烟里。轻云岭上乍摇风，嫩柳池边初拂水。还有美国意象派女诗人埃米·洛厄尔的英译文。现将《外国语》总第88期的还原译文抄录如下：

长袖摇摆。香气，甜蜜的香气
不断袭来。
是红色睡莲，红色睡莲
从秋雾之中　袅袅飘浮，袅袅飘浮。
朵朵薄云　被起伏的风吹拂，吹拂，
飘动，穿越山岭而过。
幼嫩的柳枝　触摸，擦过
园内池中　的水波。

吕先生说洛厄尔"这首诗译得很好，竟不妨说比原诗好。原诗只是用词语形容舞态，译诗兼用声音来象征。第一，它用分行法来代表舞的节拍。行有长短，代表舞步的大小疾徐。……第二，它尽量用拟声法，如用……所以结果比原诗更出色。"

我在《翻译的艺术》中提出不同的意见说："我觉得原诗有如袅袅秋烟，轻云摇风，嫩柳拂水，节奏缓慢，从容不迫，读了好像看见唐代宫女在轻歌曼舞一样。而译诗给我的感受，却像听见美国女郎在酒吧间跳摇摆舞，时快时慢，如醉如痴，印象大不相同。"这就是说，散体译文"风格已殊"，没有保存"原诗情趣"。

吕先生知道了我的意见，不但不责怪我，反而约我合作修订《中诗英译比录》。原书只有五十几首古诗，译者都是外国学人（杨宪益除外，但他也有半边天在外国），译作都是20世纪40年代以前的。我就增选20世纪40年代以后的中外译者作品，共选入一百首，1988年由香港三联书店出版，1990年又由台北书林公司重印。从这件事可以看出吕先生虚怀若谷、兼容并包的学者风度，真正令人敬佩。但有些人却抱住吕先生的旧观点不放，还在批评"诗体译诗"。更可气的是，北京有些刊物只登批评，却不登反批评，结果评者只好拿到外地刊物去发表。这也可以算是农村包围城市，外地包围北京吧！

美国康州大学教授斯特夫妇读了《唐诗一百五十首》的英译本后说："译文很美，说明译者是可以和原作者媲美的诗人。"英国《唐诗三百首》的译者英尼斯·赫尔登也非常赞赏《翻译的艺术》中提出的"三美论"，就是译诗要尽可能传达原诗的意美、音美、形美。真是"墙内开花墙外香"了。

自然，唐诗中最重要的作品是《唐诗三百首》。国外虽然出版过几种英译本，但全都译成散体，不能保存原诗情趣。于是香港商务印书馆约我和上海译文出版社编辑吴钧陶合编一本诗体译本，由我定稿。我就约请北京、天津、上海、南京、杭州、南昌、长沙、成都等地高等院校英语教师共襄盛举。由于上海译稿较多,来往通讯定稿不便,又加请上海外国语学院陆佩弦教授参加编辑。《唐诗三百首》于1987年在香港出版,后又在北京、台湾等地重印。这是第一部全由中国人翻成英文的译本,在国内外影响较大。如菲律宾《菲华文艺》22卷二期上说:"英译中诗选集之中,较为重要的有《唐诗三百首》,许渊冲等三位教授编,三十八位学者合译。许渊冲自译一百多首,炉火纯青;其他译者,多数译法与他相似,程度参差。"

译唐诗时,有时能够自得其乐。如王维的《鸟鸣涧》——人闲桂花落,夜静春山空。月出惊山鸟,时鸣春涧中。"桂花落"应是秋天,怎么又说"春涧"呢?有人说是"春桂",我总觉得牵强。译时我说:"鸟鸣使山涧充满了春意。"自己觉得很美,认为解决了一个难题。又如李商隐的诗——晓镜但愁云鬓改,夜吟应觉月光寒。主语是男是女?谁愁谁吟?又众说纷纭。我在《唐诗一百五十首》中译成女方对镜,女方夜吟。后来觉得对镜、夜吟都是常事,怎能显得一往情深呢?于是在《唐诗三百首》中改为男方"夜吟",女方"觉月光寒",这样才算心心相印,"心有灵犀一点通"!后来新世界出版社要出《中国古诗词六百首》,其中三百首还将由英国企鹅图书公司出版。我又把前一句改成男方照镜,但愁女方的"云鬓改",觉得这样才能表达"到死方尽"的刻骨相思。

1987年,四川人民出版社出版了我英译的《李白诗选》一百首。美国约翰·霍普金斯大学恩格曼教授读后,说这是他所见到的译得最美的中国诗。我去桂林广西师范大学讲学,遇见美国休斯敦大学英诗教授莱特,他也说我译的《长干行》比庞德的译文好得多。而《中国翻译》1984年九期上说:"庞德译的中国诗影响了美国现代诗的创作。"又说:"庞德译的李白的《长干行》,就作为创作经常被选入近代英美诗选……效果却是意想不到地那么好。"

1987年，北京外文出版社出了我的《唐宋词选一百首》法译本。国际比较文学学会第一任会长、巴黎大学艾江波教授来信说："你的译文很好，再现了中文诗词的音韵节奏；但法国现在盛行自由诗，格律诗恐怕不容易有大市场。"

20世纪80年代，我一共出了十本唐宋诗词的英法译文，平均一年一本，所以我在前面的诗中说"八十年代译唐宋"。

自然，"译唐宋"并不是不"翻英法"了。恰恰相反，1986年，人民文学出版社出版了我译的《雨果戏剧选》，包括《艾那尼》等六个名剧。1987年，人民文学出版社又出了我和严维明合译的《昆廷·杜沃德》，这是司各特的名著。翻译时我和责任编辑有不同的意见，结果拖了几年才得出版。例如第二章引用了莎士比亚《温莎的风流娘儿们》第二幕第二场中毕斯托尔的一句话，编辑要我援用朱生豪的译文："那么我要凭着我的宝剑，去打出一条生路来了。"我认为朱译中没有原文"蚌壳"的形象，而同一形象，朱生豪在《安东尼与克柳芭》中却译成"那忠实的罗马人把这一颗蚌壳里的珍宝献给伟大的埃及女王"。所以我把引文改成"世界就是一个蚌壳，我要用刀剖出珍珠"。最后，编辑总算向译者让了"一条生路"。

2010年中国翻译协会会长李肇星与外文局局长周明伟颁发翻译最高荣誉奖时与许渊冲合影。

与钱锺书话翻译

曾有记者问我:"钱锺书先生在离开联大之后,您和他还有联系吗?"我回答说,钱先生到蓝田师范学院的事,我当时只是听说,后来读了《围城》,才明白一点详细的情形。我非常喜欢妙语如珠的《围城》,曾打算把它翻译成英文。但一开始就在序言中碰到了一句:"人是两腿无毛的动物。""无毛"的英文是"hairless"(没有头发的),怎么能说人是秃头的呢?于是我去查了一下伏尔泰的原文,才知道"毛"是指羽毛,就译成"featherless"了。第二个问题是:方鸿渐写信给他的父亲说:"怀抱剧有秋气。""气"字一般译成"air",但在这里,钱先生会用什么英文词汇呢?我想起了雪莱《西风颂》第一句中有"breath of Autumn's being"(秋天的呼吸),这里用"breath"不是正好吗?我想写信去征求他的意见,但不知道他的地址,所以就作罢了。

钱先生到上海后,在震旦女子文理学院任教,教过杨必和孙探微。孙探微后来和香港《大公报》记者朱启平结了婚。朱启平是在第二次世界大战中跟随美军采访并在美国密苏里军舰上亲眼目睹日本投降仪式的唯一中国记者，后来在洛阳外国语学院和我同事。他说钱先生和孙探微的师生关系很好，到过北京后海他们家中，和他们作过中外古今谈。

钱先生在上海暨南大学任教时，教过一个华侨学生刘新粦。刘也和我在洛阳外国语学院同事。据他告诉我，钱先生在谈到他的学生时，说过许国璋写的英文比王佐良好。但《吴宓日记》1947年10月13日却说："煦（周煦良）议裁减复旦校阅人，已而11∶00钱锺书、杨绛夫妇来谒。赠宓、煦中央图书馆聘锺书所编撰之《书林季刊》二、三、四期各一份。又赠宓锺著小说《围城》及绛著五幕剧《弄真成假》各一册。锺书力言索天章、许国璋二君之不可用。"索天章是清华大学外文系1936年毕业的，比钱锺书低三级；许国璋比索天章低三级，我又比许国璋低三级。他们二人当时都在复旦大学任教，并兼任吴宓主编《字典》的校阅人。许国璋英文虽然写得好，但并不可用为校阅人，可见钱先生对学生是一分为二的。索天章后来在洛阳外国语学院和我同事。据他告诉我，有一次他请教钱先生一个问题，钱先生不能当场解决，还是回去查了一下书才答复的。王佐良也说过：钱先生在翻译《毛泽东选集》时，并不见得比别人突出。只有许国璋和周珏良（周煦良的弟弟）对钱先生佩服得五体投地。周珏良读清华研究院时，要请钱先生做导师，但钱先生到蓝田去了。

记者又问："您再见到钱先生是什么时候？"我说："是1951年在清华大学外文系主任吴达元先生家里。那时钱先生负责清华研究生的工作，同夫人杨绛到吴先生家来。"我发现钱先生胖了。他们谈到邻居林徽因家的猫叫春，吵得他们一夜没有睡着，钱先生就爬起来拿根竹竿去打猫，讲得津津有味。我觉得钱、杨二位这么高雅的人，怎么会对这种俗气的事感到兴趣？可见我对钱先生只是敬佩，并不了解。其实，钱先生早在1933年写的《论俗气》一文中就说了："俗"本与"雅"对立，但求雅过分，也会转为俗，而俗人附庸风雅就更俗。如果俗人俗得有勇气，"有胆量抬出俗气来跟风雅对抗，仿佛魔鬼的反对上帝"，那倒反而是"雅"。而钱先生打猫就是转俗为雅了。

钱先生在清华大学带了一个研究生，名叫黄爱，就是后来人民文学出版社的编辑黄雨石。据说论文答辩的时候，把北京大学的朱光潜先生等人也请了来。朱先生提出了一些问题，指出了一些错误。不料钱先生在作结论时，提出了一些针锋相对的意见，反而指出了朱先生的错误，这就仿佛是"魔鬼反对上帝"了。

1952年，高等院校调整，钱先生调北京大学，后调社会科学院文学研究所，又被借调到《毛泽东选集》翻译委员会，同时被借调的有金岳霖、王佐良、熊德威、王仲英等人。熊德威是我的表弟，从小在英国读书，在牛津大学毕业，据他告诉我，钱先生非常谦虚，不耻下问。王仲英是联大外文系1946年毕业生，曾任人民文学出版社英文组组长，后来在洛阳外国语学院和我同事。据他告诉我，金岳霖翻译《毛选》时，碰到一句成语"吃一堑，长一智"。他不知如何翻译，只好问钱锺书，不料钱锺书脱口答道：

A fall into the pit,

A gain in your wit.

形音义三美具备，令人叫绝。金岳霖自愧不如，大家无不佩服。还有一句成语："三个臭皮匠，顶个诸葛亮。"钱锺书译成：

Three cobblers with their wits combined,

Equal Zhuge Liang the master mind.

于是传诵一时，钱锺书无可争议地登上了中国译坛的顶峰。

我在洛阳外国语学院时，王仲英和刘新粦常去北京，去看了钱先生之后，回洛阳总要谈谈钱先生的情况。朱启平因为孙探微在北京外文出版社工作，每年寒暑假都要回家，所以我总听得到钱先生的消息。1976年年初，报上发表了毛泽东词《井冈山》和《鸟儿问答》，还有外文出版社的英译文。朱启平告诉我："这两首词是钱先生翻译的。"我看译文远不如"吃一堑，长一智"翻得好，就写信去问钱先生。我先谈到联大的事，说是非常喜欢读他写的《冷屋随笔》（后来改名《写在人生边上》），还曾回昆明旧地重游去寻访他的冷屋旧居（在文化巷11号）和他给我们讲课的昆华农校大楼；但农校已毁于"文化大革命"中，早已面目全非，无处寻找当年笳吹弦诵的旧踪影了。最后我才问到两首词的事，并且寄去我的韵体译文，请他斧正。2月26日得到他龙飞凤舞的亲笔回信，全文如下：

渊冲同志：

惠书奉悉，尊译敬读甚佩，已转有关当局。我年来衰病不常出门，承命参与定稿，并非草创之人。来书云云，想风闻之误耳。草复即致

敬礼！

钱锺书　廿六日

我得到钱先生的回信后，告诉了王仲英。他说："'敬读甚佩'

是客气话，不可当真。"钱先生为了省事，总说几句好话，免得人家麻烦。就像威克斐牧师一样，借点东西给人，人家不肯归还，从此不再上门，牧师也就乐得清静。水晶在《两晤钱锺书先生》中说："我连忙问：'你觉得於梨华（女作家）怎么样？'钱用英文答：'她很聪明。'我追问：'她仅限于聪明吗？不能比聪明多一点点吗？'钱答：'她是女士。秉诸西洋中古时代的骑士精神，你要我说什么好呢？'我无言了。于是我又问：'那么你觉得张爱玲怎么样？''她非常非常好。'我又紧追盯人地问下去：'她仅止于聪明吗？还是，她比聪明犹多一筹呢？'钱答：'她比聪明犹多一筹。'"由此可见，钱先生对於梨华是说客气话，对张爱玲就不是。我是他的学生，有无客气的必要呢？那时洛阳外国语学院级别最高的教授是索天章，他在大学时比钱先生低三级，比我却高六级。他看了我英译的《毛泽东诗词》后说："这是小学生的译文。"他一句话就定了调，于是我的英法译文在洛阳并不受重视。钱先生即使是说客气话，打个一折八扣，也比索天章的评价高呀。所以我又把索天章看过的英译《毛诗》寄给钱先生看，要听听他的意见，得到他3月29日的英文回信如下：

Dear Mr. Hsu,

　　Many thanks for showing me your highly accomplished translation. I have just finished reading it and marvel at the supple ease with which you dance in the clogs and fetters of rhyme and meter. My sub-health and almost fully-mortgaged time do not allow me to comply with your courteously expressed desire that I should be your *censeur solide et salutaire.* I'll pass the sheaf to one or two of my fellow members on the panel to read.

Your views on verse translation are very pertinent. But you of course know Robert Frost's bluntly dismissive definition of poetry as "what gets lost in translation." I'm rather inclined to say ditto to him. A *verre clair* rendition sins against poetry and a verre coloré one sinsagainst translation. Caught between these two horns of the dilemma, I have become a confirmed defeatist and regard the whole issue as one of a well-considered choice of the lesser of the two evils or risks. In my experience of desultory reading in five or six languages, translated verse is apt to be perverse, if not worse.This is not to deny that the verse may in itself be very good— "Very pretty, Mr. Pope, but you must not call it Homer," as old Bently said.

You may have heard of the sad news of Prof. Wu Ta-yuan's death. Another of us Old Boys gone！

Kindly remember me to Comrades Wang and Liu.

Yours Sincerely,
C. S. Chien

钱先生这封英文信用词巧妙，比喻生动，引经据典，博古通今，显示了他的风格。他称我为"许君"，内容大意是说：

谢谢你给我看你成就很高的译文，我刚读完。你带着音韵和节奏的镣铐跳舞，灵活自如，令人惊奇。我的健康欠佳，时间几乎完全抵押出去了，所以无法答应你婉转提出的要求，希望我对你的译文提出具体的意见。但我会把你的文稿转交给毛选英译委员会的一两个同事看看。你对译诗的看法很中肯，但你当然知道罗伯特·弗罗斯特不容分说地给诗下的定义："诗是在翻译中失掉的东西。"我倒倾向于同意他的看法，无色玻璃般的翻译会得罪诗，而有色玻璃般的翻译又会得罪译。我进退两难，承认失败，只好把这看作是一个两害相权择其轻的问题。根据我随意阅读五六种文字的经验，翻译出来的诗很可能不是歪诗就是坏诗。但这并不是否认译诗本身很好，正如本特利老兄说的："蒲柏先生译的荷马很美，但不能说这是荷马的诗。"你也许听说吴达元教授去世的消息，老同学又少一个！请向王、刘二位问好。

钱先生这封信说出了他对译诗的精辟见解。首先，他说我的译文"成就很高"。这可能是客气话，也可能是对学生的嘉勉，就像对于梨华和张爱玲的评价一样。其次，他把译诗押韵比作带着镣铐跳舞，形象生动。闻一多先生也说过：带着镣铐跳舞能跳得好才是真好。看来闻先生把镣铐当作道具，没有褒贬。钱先生却当成束缚，带有贬义，但他加上"灵活自如"字样，又带有褒义了。一褒一贬，说明译诗是个问题（问号），还没得出结论（句点）。在第二段，钱先生说我对译诗的看法"中

1976年3月29日钱锺书先生来英文信，说许译是戴着音韵和节奏的镣铐跳舞，灵活自如，令人惊奇。

肯"。这是欲擒先纵,因为他接着就引用美国诗人的话说翻译会失掉诗。他还进一步用了两个法文形象,把直译比作无色玻璃,把意译比作有色玻璃,说明译者所处的两难境地。他又再进一步,说他宁可得罪诗,而不愿得罪翻译,因为翻译的诗不是坏诗,就是歪诗。"坏"和"歪"两个字的原文和译文都押了韵,都很巧妙,可见翻译并不是有失无得的。不过这说的是散文,至于诗呢?钱先生笔锋一转,引经据典,谈到蒲柏译荷马史诗的事。蒲柏得罪了翻译,却没有得罪诗;结果他翻译出了好诗,但不能算是荷马的诗,不能算是好的译文。在我看来,钱先生认为翻译的诗最好既是好诗,又是好译;不得已而求其次,要求是好译而不是坏诗,或者不是好译而是好诗;最下等的是翻译得不好的歪诗。最后,钱先生谈到吴先生的去世,言简情深,并问候他的学生王仲英和刘新粪。

钱先生的信对我是一个鼓舞,也是一个鞭策。鼓舞的是,他说我译的诗灵活自如;鞭策则是,不要得罪翻译又得罪诗。钱先生引用了弗罗斯特的话和蒲柏的译例,我只赞成英国诗人的译法,却不同意美国诗人的说法。我认为译诗不是有失无得,而是有得有失的。如果能像蒲柏那样以创补失,那不但不能说得不偿失,反而是得多失少了。例如荷马史诗中的一个名句有两种译文:

For war shall men provide and I in chief of all men that dwell in Ilios.(Leaf)

(人们要准备打仗,而我是伊利奥人的首领)

Where heroes war, the foremost place I claim

The first in danger as the first in fame.(Pope)

(冲锋陷阵我带头,论功行赏不落后)

第一种是无色玻璃般的译文，没有得罪翻译，但是对不起诗；第二种是蒲柏的有色玻璃般的译文，可以算是好诗，但似乎对不起翻译。《阿诺德评荷马史诗的翻译》一文中谈到，蒲柏的译文"押韵加强了对偶，自然也就加强了分隔，而这也正是蒲柏的译法。蒲柏的失败，也正是在于他没有译出荷马明白清晰、直截了当的风格和措辞的特点，过分运用了自己喜欢修饰雕琢的风格。"比较一下两种译文，都是有得有失的，但哪种译文得不偿失呢？第一种译出了"荷马明白清晰、直截了当的风格"，这是有所得；但是淡而无味，只能使人知之，不能使人好之，这是有所失。是得多还是失多呢？第二种运用了"修饰雕琢的风格"，但也不能说不"明白清晰、直截了当"呀。这能算是有所失吗？即使算是有所失，但是译文能使读者知之、好之、甚至乐之，这不是得多于失吗？《英国浪漫派散文精华》上说："人们发现蒲柏较之荷马有着更多闪光的比喻和动情的描写，总体上也显得更加内容丰富、文采飞扬、细腻深入和绚丽多彩。这样，蒲柏的译文反倒比希腊文的原著更受人欢迎了。"

关于这个问题，钱先生在《林纾的翻译》一文中也说过："最近，偶尔翻开一本林译小说，出于意外，它居然还没有丧失吸引力。我不但把它看完，并且接二连三，重温了大部分的林译，发现许多都值得重读，尽管漏译误译随处都是。我试找同一作品的后出的——无疑也是比较'忠实'的——译本来读，……就觉得宁可读原文。这是一个颇耐玩味的事实。"我认为这说明了钱先生的矛盾：理智上要直译，情感上爱意译。其实，在译诗问题上，诗是本体，是第一位的；译是方法，是第二位的。诗要求美，译要求真；把美的诗译得不美，不能算是存真。我记得朱光潜先生在《诗论》中说过："'从心所欲，不逾矩'是一切艺术的成熟境界。"我觉得这也是译诗的成熟境界。"不逾矩"是消极的，说是不能违反客观规律，求的是真；"从心所欲"是积极的，说要发挥主观能动性，求的是美。结合起来就是说，在不违反求真的条件下，尽量求美。贝多芬甚至说过：为了更美，没有什么规律是不可以打破的。

钱先生在信中提到的吴达元教授是我的法文老师。他用英文讲解法文，要求严格，一年之内讲完了法文文法。后来我步钱先生的后尘，去了英国、法国，出版了古诗词的英法译本。回想起来，不能不感谢钱、吴二位先生给我打下的英法文基础。

1977年年初，我读到两首据说是毛泽东悼念周恩来的词，就译成了英文，但不知道是否是毛泽东的作品。我写信去问钱先生，得到他2月16日的信如下：

渊冲同志：

我已迁居国务院新宿舍，来书昨夜方转到（通讯处仍为文学所，每周有人转送）。所示两篇，恐非真笔；平仄不合词律（如拉丁诗之"false quantity"），即可知必出于生手学作。尊译远胜原著；Pater 阅 Poe's Tales，不读原文，而读 Baudelaire 译文，足相连类。匆复即致

敬礼！

钱锺书上　十六日晨

张朱两位前烦代致候不一一。

信中提到的国务院宿舍，就是三里河六号楼。提到的两首词，一首是《卜算子》，一首是《忆秦娥》。钱先生认为不是毛泽东的作品，又说我的译文"远胜原著"，就像法国诗人波德莱尔翻译的

美国作家爱伦·坡的短篇小说胜过原文，使英国作家佩特宁可读法译文一样。这话使我受宠若惊，说明钱先生上次说的"成就很高"不是客气话。可惜两首词的原文已经失落，只好根据我的英译把《忆秦娥》的上半首还原为："山河咽，拭泪无语心已裂。心已裂，国失栋梁，天丧人杰。"英译文是：

The land sobs, mountains, streams and all.
Wiping my eyes, silent, I'm broken-hearted.
I'm broken-hearted.
To see the pillar fall,
A man of men departed.

钱先生说英译胜过原作，是说译文更合英诗格律；但原作并不是真品，所以胜过不足为奇。这倒说明了钱先生认为译文可以胜过原文，就像蒲柏可以胜过荷马一样。

信中提到的张、朱两位，指的是张培基和朱启平，两人都在洛阳外国语学院和我同事。张培基和钱先生同时在中国共产党第八次全国代表大会上做过翻译工作。朱启平的夫人孙探微是钱先生的得意弟子，他们夫妇1978年回香港任《大公报》记者，临行前我写了一首赠别诗：

塞上风云未能忘，荆州抢险日夜忙。
十八春秋共忧乐，花开时节别洛阳。
议论风生惊四座，下笔千言成华章。
敢入虎穴探虎子，笑待捷报传香港。

第一句指"文化大革命"期间，我们同在塞北劳动改造，接受文批武斗的难忘经历；第二句指我们后来又同在江南襄阳抗洪抢险，结果还是"水淹七军"（我们所在的劳改队是"第七连"）的往事。自1960年起，我们同在一起教学、讨论、生活，还常同打桥牌，已有十八年了。记得朱启平谈到日本偷袭珍珠港的事，美国总统早已得到情报，使我们大吃一惊。他写的关于日本投降的报道，传诵一时。1978年春，他要离开洛阳到香港去了，我们都等待着他报道的好消息。

1978年年底，洛阳外国语学院出版了我翻译的《毛泽东诗词四十二首》英法文本，我寄了一本给钱先生。后来刘新粦又调去广州的暨南大学。我就写信给钱先生，问问有无可能调去北京，得到他1980年1月23日的回信如下：

渊冲同志：

屡承惠寄大作，极感，未复为歉。我赴欧赴美，皆非为讲学；亦因无学可讲，故 Princeton 等二三大学来函邀我今年去走江湖卖膏药，亦一律坚辞矣。新等他去，足下更如擎天之玉柱，校方决不放行；他校商调，亦恐如与虎谋皮！我衰朽日增，一月前牙齿尽拔，杜门谢事。《围城》英译本去秋在美出版，俄文本译者去冬来函亦云已竣事，辱问以闻。专复即颂

教安

钱锺书　二十三日

钱先生信中谈到赴欧美的事，是指1978年去意大利出席第26届欧洲汉学会议，发表《古典文学研究在现代中国》一文，及1979年

参加中国社会科学院代表团去美国各大学的访问。信中谈到的《围城》英译本，是指珍妮·凯利（Jeanne Kelly）和茅国权合译的《围城》（*Fortress Besieged*），据说原书很多妙语没有翻译出来。

1980年，香港商务印书馆约我翻译《苏东坡诗词选》。我阅读了钱先生的《宋诗选注》，发现钱先生说熙宁五年是1072年，而陈迩东注的《苏东坡诗词选》却说是1071年，不知何所适从。又读到钱先生说："苏轼的《百步洪》第一首里写水波冲泻的一段：'有如兔走鹰隼落，骏马下注千丈坡。断弦离柱箭脱手，飞电过隙珠翻荷'，四句里七种形象，错综利落……"我译成英文时，却觉得这七种形象不是写水波而是写"轻舟"的。于是就写信去问钱先生，得到他6月14日的回信：

渊冲同志：

惠函奉悉。苏诗英译，壮举盛事，不胜忻佩。垂询数则，我家无藏书，东坡集亦不例外，未能检答，至愧。诗篇编年，可借冯应榴《苏诗合注》一查。陈迩东似亦据此。七二、七一或系排印之误，当时未检出者。《百步洪》四句乃写"轻舟"，而主要在衬出水波之急泻，因"轻舟"亦可如《赤壁赋》所谓"纵一苇之所如，凌万顷之茫然"，"放一叶之扁舟"（手头无书，记忆或有误），境象迥别。匆此即致

敬礼！

钱锺书　六月十四日

我感冒发烧，恐耽误尊事，急作复，草草请原谅。又及。

那时"文化大革命"结束不久，大家对"破四旧"还心有余

悖，把古典文学都看成封建主义的作品。王仲英见我翻译苏东坡的诗就说："你还翻译老古董呀！"使我不免有点犹豫。得到钱先生的信，说是"壮举盛事"，这就给了我有力的支持。钱先生感冒发烧还赶快给我回信，更使我又感又愧，觉得如不翻好苏诗，也对不起钱先生了。

钱先生同意七种形象是写轻舟，这是求真；但他认为"主要在衬出水波之急泻"，我觉得这又是求美，并且是"主要的"。因此，我看钱先生不但是在实践上，就是在理论上也不反对译诗要求既真且美，"从心所欲，不逾矩"。

于是译苏诗时，我就还是把求真（不逾矩）作为消极要求，而把求美（从心所欲）作为积极标准。例如苏东坡最著名的西湖诗："水光潋滟晴方好，山色空濛雨亦奇。欲把西湖比西子，淡妆浓抹总相宜。"如要求真，"潋滟"和"空濛"很难翻译，所以只好求美，翻译如下：

The brimming waves delight the eyes on sunny days;
The dimming hills present rare views in rainy haze.
West Lake may be compared to Beauty of the West,
Whether she is richly adorned or plainly dressed.

钱先生的《宋诗选注》中没有词的解释。《苏东坡诗词选》的注解是："潋滟，水满的样子。""空濛，形容雨中山色。"连中文解释都不容易恰到好处，更不用说翻译成英文了。但若求美，却可以发挥主观能动性，说天气晴朗，波光水色赏心悦目；在蒙蒙细雨中，阴沉沉的山色也会透露出奇光异彩。最后两行如要求真可以译成：

If you want to compare West Lake to Western Beauty,
Both plain dress and rich adornment become her.

这样的译文，钱先生会说是"壮举盛事"吗？其实，严格说来，这种译文不但不美，也不能说是真或忠实。因为原诗具有意美、音美、形美，如果译文只是达意而没有传达原诗的音韵之美、格调之美，怎么能算是忠于原作呢？因为原诗是既真又美的，译文不美，就不能说是真或忠实，因为它不忠于原作的音韵和格调。

香港商务印书馆得到苏诗译稿后，又约我翻译《宋词一百首》。我译到李清照的《小重山》，发现有几句不好懂："春到长门春草青，江梅些子破，未开匀。碧云笼碾玉成尘，留晓梦，惊破一瓯春。"注解中说"碧云"指茶叶，我只记得李清照《金石录后序》中说："余性偶强记，每饭罢，坐归来堂，烹茶，指堆积书史，言某事在某书、某卷、第几页、第几行，以中否角胜负，为饮茶先后。中即举杯大笑，至茶倾覆怀中，反不得饮而起。"不知道是不是指这事，问过劳陇（许景渊）也没有把握，只好又写信去问钱先生，得到他11月25日的回信如下：

渊冲同志：

我昨夜自东京归，于案头积函中见尊书，急抢先作复，以免误译书期限。李清照词乃倒装句，"惊破"指"晓梦"言，非茶倾也。谓晨尚倦卧有余梦，而婢已以"碾成"之新茶烹进

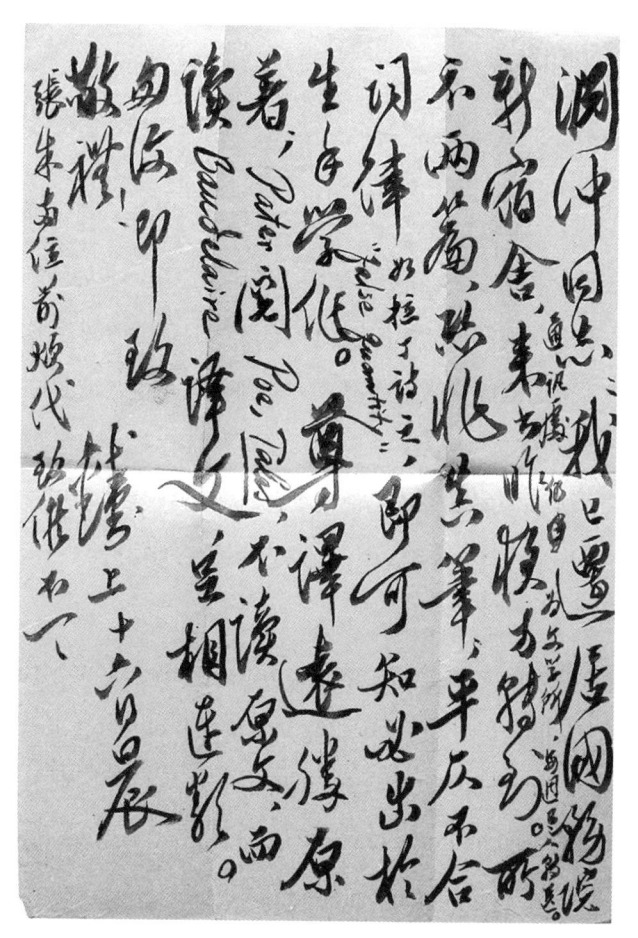

1977年2月16日钱锺书先生来信，谈到译文可以胜过原著的问题。

"一瓯",遂惊破残睡矣。鄙见如此,供参考。劳陇君是我已故堂妹的丈夫,英文甚好,能作旧诗词及画,与我无师弟关系。匆此即致

敬礼!

钱锺书　廿五日

钱先生信中说"自东京归",指他1980年11月访问日本,在早稻田大学讲《诗可以怨》的事。关于《小重山》的问题,后来读到《李清照词赏析》中说:词人把碧色的茶团碾碎后放入茶壶中去煮,同时回味拂晓时的春梦,等到茶滚开了才惊醒过来。又读到《李清照诗词评注》中说:"饮过一杯春茶,滞留于晓梦中的意识,才被惊醒过来。"都说得通。于是我就采取各家之长,译成"一杯碧云似的春茶使词人从晓梦中惊醒过来了":

When grass grows green, spring comes to lonely room,
Mume blossoms bursting into partial bloom
From deep red to light shade.
Green cloud like tea leaves ground into powder of jade
With boiling water poured in vernal cup
From morning dream have woken me up.

译文还原大致是说:春草青青,春天来到了寂静的闺房。江梅已经初开,颜色有深有浅,不太均匀。碧云般的茶叶碾成了一笼玉屑,用开水一泡,倒入泡春茶用的茶杯之中,把我从早晨的春梦中惊醒过来了。原文中的"长门"是指"冷宫"——汉武帝把

阿娇贬入长门宫，从字面上讲是冷宫，实际上是说丈夫离家在外，清照一人独守闺房，冷静寂寞；她只有梦中能见丈夫，偏偏好梦又给早茶惊醒了。所以译文不能译字求真，而要译意，才能既求真又求美。

1981年，香港商务印书馆出版了我英译的《动地诗——中国现代革命家诗词选》，1982年又出版了《苏东坡诗词新译》，我各寄了一本给钱先生，没有得到他的回信。7月28日，我就写了一封信去，可能谈到译诗求真是低标准，求美是高标准的问题，并且举了刘禹锡的《竹枝词》为例。原词为："杨柳青青江水平，闻郎江上唱歌声。东边日出西边雨，道是无晴（情）却有晴（情）。"我的英译文如下：

Between the willows green the river flows along;
My gallant in a boat is heard to sing a song.
The west is veiled in rain, the east basks in sunshine;
My gallant is as deep in love as the day is fine.

最后两句还原是说：西边笼罩在阴雨中，而东边沐浴在阳光下。情郎对我的情意就像天的晴意一样——你说天晴吧，西边在下雨；你说天雨吧，东边又天晴。情郎对我也是半心半意，就像天气是半晴半雨一样。我请教钱先生关于双关语的译法，得到他8月11日的回信如下：

渊冲教授：

我因客多信多，干扰工作，七月初"避地"，前日偶尔还家，得所内转至七月廿八日来函，迟复为歉。大译二种皆曾奉到，事冗未谢，罪过！我对这些理论问题早已不甚究心，成为东德理论家所斥庸俗的实用主义（praktizismus）者，只知 The proof of the pudding lies in eating。然而你如此仔细讨论，当然是大有好处的。《新华文摘》四月号采收我在香港刊物上发表的一篇文章，中有论及译诗语，引了德美两位诗人的话，都很 flippant，但一般人都不知道，也许稍有一新耳目之小作用。请检阅供一笑。"veiled"，"basks"似乎把原句太 fleshout；"as...as"似乎未达原句的 paradox。但原句确乎无法译，只好 belle infidele 而已。匆复即颂

暑安

钱锺书上　八月十一日夜

钱先生在信中随手拈来英、法、德三种文字：德文如 praktizismus（实用主义），英文如"The proof"句（布丁要吃了才知味）、flippant（能说会道）、fleshout（有血有肉，形象生动）、veiled（戴面纱，笼罩在）、basks（晒太阳，后改 enjoys）、paradox（似非而是，奇谈怪论），法文如 belle infidele——是说美丽的妻子不忠实，忠实的妻子不美丽，指出我译的诗就是一个不忠实的美人。外文用得非常巧妙。

怎么能使美人更忠实呢？我试把三、四句修改如下：

In the west we have rain and in the east sunshine.
Is he in love with me? Ask if the day is fine.

最后一句问道：情郎对我是否有情？那就要问天是不是晴了——

天晴就人有情，天不晴就人无情；天半晴半雨，人也就是半心半意。这个译文有没有解决信和美的矛盾呢？我看不一定比原译更好。

钱先生给我们讲过英国评论家阿诺德的《经典怎么成为经典？》，说经典并不一定受到多数人欢迎，而只得到少数知音热爱。我就来看经典中的说法，《论语》有一句名言："知之者不如好之者，好之者不如乐之者。"这就是说：知道不如爱好，爱好不如乐趣。应用到翻译上来，就成了翻译评论的三部曲：第一步，问译文能不能使人知道原文说了什么？这是低标准。第二步，问读者喜欢译文吗？这是中标准。第三步，问译文能使人感到乐趣吗？这是高标准。两种译文都能使人知之，哪一种能使人好之或乐之呢？爱好和乐趣是个主观的问题，不是客观的科学真理，各人的答案可能不同。王国维说过：诗中一切景语都是情语。原译用"笼罩"来写雨景，用"沐浴"来写晴景，传达了诗人爱恶的感情，景语也是情语；我读后能够自得其乐，所以我看还是原译比新译好。

1982年，陕西人民出版社计划出版我译的《汉英对照唐诗一百五十首》，要我请钱先生题签。我就去信请他为《唐诗》和《唐宋词》两书题写书名，得到他加盖了"钱锺书默存印"的题签和下面的回信，我高兴得不得了。

渊冲同志：

去冬得函，适以避地了文债，遂羁奉复，歉甚。属题两签，写就附上，如不合用，弃掷可也。献岁发春，敬祝撰译弘多，声名康泰。草此即致

敬礼

钱锺书上　杨绛同候　二十二日

得到钱先生的题签,我立刻把《唐诗》那一张寄去西安,出版社回信说:还要补写"许渊冲译"四字。我不好意思再麻烦钱先生,就把信封上的名字加上信中剪下的"译"字寄去。信封丢了,不知道信中的"去冬"是指1981年还是1982年,也不记得月份,只好放在1982年信的后面。至于《唐宋词》那一张,我寄去了上海。后来得到出版社回信,说是征订数字不够,不能出版,题签也弄丢了,真对不起钱先生,但是书却改由香港出版。

钱先生在1982年8月11日信中提到的《新华文摘》的文章,我在《国外文学》1982年第一期中找到了。文中引用了美国诗人罗伯特·弗罗斯特给诗下的定义:"诗就是'在翻译中丧失掉的东西'(what gets lost in translation)。"我读后不同意,认为译诗是有得有失,可以以创补失的,就写了一篇《文学翻译等于创作》。文中举了林纾的译文为例,说"钟声丁丁时,正吾开口作呱呱之声"一句中,"丁丁"和"呱呱"就是以创补失。因为原文并没有这几个字,加字后使人如闻其声,更加生动,而这就是创作。钱先生在此信中说:戴面纱、晒太阳,用字太形象化。又说:"情郎唱歌有情还是无情,就像天晴又在下雨一样",没有传达原文似非而是的口气。说得都非常对。可见他把传真看得重于求美,认为翻译不是创作,这和我的意见不同。我把文章写完,就寄到上海《外国语》去了。

1983年8月,我来北京大学西语系任客座教授,为研究生讲"唐宋诗词英译"课。那时钱先生任中国社会科学院副院长,我就问他能否调我去社科院。他回信要我找外国文学研究所卞之琳先生。我把信转给卞先生,没有留复印件,信的全文就不记得了。《外国语》发表我的文章后,我又写信给钱先生,得到他1983年12月3日的回信:

渊冲同志：

来信敬悉。上海《外国语》每期赠阅，故大作已于星期一拜读；抉剔佳处，既精细亦公允。至于译诗一事，则各尊所闻，不必强同；我今年中美双边比较文学会议开幕词所谓："The participants need not be in unison and are reasonably content with something like *concordia discors*. Unison, after all, may very well be not only a synonym of, but also a euphemism for, monotony."诗不能译，其论发于但丁，我文中注脚已拈出，而 Frost 与 Morgenstern 两人语 quotable，中国人少知者，故特标举之，并不奉为金科玉律也。（三人皆大诗人，Morgenstern 之名似国内尚无道者！）内人下周自欧洲归，家中杂事颇忙。大驾于星期五下午三时惠过，作一小时晤谈何如？余容面罄，即致

敬礼！

钱锺书上　三日（星期六午）

钱先生外文开幕词中说："与会者用不着意见一致，同中存异是理所当然的。说到底，'一致'不但是'单调'的同义语，而且是'单调'的婉转说法。"这话又是惊人妙语，也代表了他的学术思想和态度：他一方面说诗不可译，另一方面又不把这话当作金科玉律，因此他主张"各尊所闻，不必强同"。

1984年3月9日下午3时，我同内子照君去三里河拜访钱先生。他一见照君，可能是想起了五十年前我上他的课时，喜欢坐在漂亮的女同学周颜玉旁边，就开玩笑似的问我："你这个漂亮的夫人是哪里找到的？"我告诉他，照君原是外国语学院的学生，1948年参了军，她的名字还是毛泽东改的呢。我见钱先生不像七十多岁的老

人,头发也没有白。他就笑着用法文说:"La tête d'un fou ne blanchit pas."(傻瓜的头是不会白的。)我赶快说:"那么,天下就没有聪明人了。"接着,他告诉我,他在社科院只是个挂名的副院长,一不上班,二不开会,三不签阅文件,所以头也不白;但是对我调动的事他无能为力。我就谈到北京大学的情况。钱先生说:"现在有一个value(价值)和price(价格)不平衡的问题。价格高的人见到价值高的人就要退避三舍。"我们也讨论了译诗传真和求美的矛盾,钱先生说:"这个问题我说服不了你,你也说服不了我,还是各自保留意见吧。"可见他的学者风度。

说来也巧,那时北京大学新成立了一个国际文化系,正找不到教授,于是我就转去教"中西文化比较"和"中英互译"课。1984年,陕西人民出版社出版了我英译的《汉英对照唐诗一百五十首》,中国翻译公司又出版了我的《翻译的艺术》论文集。我各寄了一本给钱先生,得到他1985年4月16日的来信:

渊冲先生教席:

奉到惠赐尊译唐诗及大著论译两册,感刻感刻。二书如羽翼之相辅,星月之交辉。足征非知者不能行,非行者不能知;空谈理论与盲目实践,皆当废然自失矣。拙字甚劣,佛头着秽,罪过罪过。专此复谢,即颂

俪祉

钱锺书敬上 十六日夜

钱先生信中说到的星月,自然是客气话。但是谈到知行关系,却是真知灼见,切中时弊。20世纪中国的翻译理论界,大多是从西

方语言学派摘取片言只字,用于中文,并无多少实践经验,更无杰出成果;有些人却妄自尊大,说要指导别人的翻译实践。结果使翻译腔横行了一个世纪,流毒无穷。他们不知道西方语言学派只能解决西方文字之间的矛盾,不能解决西方拼音与东方象形文字之间的问题。据我所知,有史以来,似乎没有一个西方学者出版过一本中西互译的文学作品,"非行者不能知",他们如何提得出中西文字互译的理论呢?假如根据他们"对等"的理论来指导中国的文学翻译实践,那不是要把得到国内外好评的译本改坏,颠倒是非了吗?自从"文化大革命"以来,中国的外文水平和翻译水平都下降了,不少译者、评者、编者都到了好坏不分的地步。因此,钱先生说的"非知者不能行,非行者不能知",就显得特别重要了。

1986年,北京大学举行首届学术研究成果评奖,钱先生题签的《汉英对照唐诗一百五十首》得到了著作一等奖。我写信告诉他,并且感谢他在一片批评声中对我的支持鼓励。得到他7月17日的回信:

渊冲我兄文几:

奉函悉尊译获奖,实至名归,当仁不让,弟无与也。贱躯自去冬即苦血压偏高,服药数月,升落不恒,殊欠平稳。院方及医师皆嘱节力省事,谢客辞邀。台命不克负荷,歉甚。幸谅宥之。草复即颂

俪安

钱锺书敬上 十七日

信中提到的"实至名归",在我看来,"实"指价值,"名"指价格,"实至名归"就是价值与价格统一。这话似乎理所当然,

但在生活中却不尽然，常有价格高于价值的现象。如果价格高而价值低的人当了权，那就一定会压制价值高于他而价格低于他的人，于是劣币就驱逐良币了，所以"实至"并不一定"名归"。

1987年，四川人民出版社出版了我英译的《李白诗选一百首》，我寄了一本给钱先生，得到他1988年8月11日的来信：

渊冲教授大鉴：

顷奉惠寄尊译青莲诗选，甚感。太白能通夷语，明人小说中敷陈其"草写吓蛮书"，惜其尚未及解红毛鬼子语文，不然，与君苟并世，必莫逆于心耳。专此致谢，即颂

暑安

钱锺书上　杨绛同候　十一日

钱先生信中提到明朝人的小说《今古奇观》中有一篇《李白醉写吓蛮书》的故事，说唐朝有一个蛮夷之邦，用夷文写了一封信给唐天子，说是如果堂堂天朝没有人懂夷文，他们就不再进贡了。满朝文武大惊失色，不知如何是好。幸亏李白生于西域，能通夷语，要天子送上酒来，喝得大醉之后，立刻用夷文写了一封回信，蛮夷才肯俯首称臣。钱先生和我开玩笑，说可惜李白不懂英文，假如活到今天，那一定会和我成为无话不谈的好朋友。钱先生似乎有先见之明。20世纪90年代，德国交响乐团访问北京，演奏了马勒的《大地之歌》，第二、三乐章是根据法国戈谢翻译的唐诗创作的，但是中国诗词学者研究了一年，毫无结果。第二乐章的作者是张继，我根据第一句的"霜"字猜出是"月落乌啼霜满天"，第二句的"心上秋"合成"愁"是"江枫渔火对愁眠"，我由此断定第二乐章是张继的《枫桥

夜泊》；我又根据"玉虎"合成"琥"而猜出"玉碗盛来琥珀光"，并断定第三乐章是李白的《客中作》。详细情况就写在《破译大地之歌》中了。

1987年，外文出版社出版了我译成法文的《唐宋词选一百首》，我寄了一本给钱先生，得到他1988年10月23日的回信：

渊冲译才我兄大鉴：

奉到惠赐唐宋词法译本，感谢之至。足下译著兼诗词两体制，英法两语种，如十八般武艺之有双枪将，左右开弓手矣！钦佩钦佩！专复即颂

俪安

钱锺书上　杨绛同候　二十三日

钱先生戏称我为"译才"。他在《林纾的翻译》中说过："我记得见过康有为'译才并世称严林（严复、林纾）'那首诗，……严复一向瞧不起林纾，看见那首诗，就说康有为胡闹，天下哪有一个外国字也不认识的'译才'，自己真羞与为伍。"钱先生又说："文人好名争名，历来是个笑话；只要不发展成为无情无耻的倾轧和陷害，它终还算得'人间喜剧'里一个情景轻松的场面……"严复还只羞与林纾为伍，到了我们这一代，就发展到价格高的人压制价值高的人了。钱先生还戏称我为"双枪将"，那是指《水浒》中的董平。《水浒》中的五虎上将是：大刀关胜，豹子头林冲，霹雳火秦明，双鞭呼延灼，双枪将董平。董平是第五位，假如上升到第一位，会不会受到大刀关胜的排挤呢？！

1987年，香港商务印书馆出版了我主编的《唐诗三百首》韵译

本。约稿时，商务要我邀请全国名家共襄盛举，我第一个想到的是钱先生。他1986年7月17日信中说的"台命不克负荷"，可能是指这件事。于是我又请他的学生——联大1939年毕业的"五虎上将"参与。按年龄顺序，他们是：许国璋、杨周翰、王佐良、周珏良、李赋宁。许国璋出版英语教材出了名，他翻译诗不肯受押韵的限制。杨周翰是中国比较文学会会长，他选译了五首最短的绝句。王佐良是英语教学研究会会长，他说这是百家争鸣，译得不好拿不出去。周珏良说他只能英译中，不能中译英。李赋宁是北京大学西语系主任，他和许国璋相反，不怕押韵的限制，韵脚用得比原诗还更多。书出版后，1988年由中国翻译公司重印。我送了一本给钱先生，得到他1989年4月7日来信：

渊冲我兄大鉴：

承惠尊编唐诗译集，感感！读题记不觉哑然。报章杂志之言何可全信？观新咏想见逸兴遄飞，衰病老翁羡煞矣！草此复谢，即叩

近安

钱锺书上　杨绛同候　七日

信中说的"题记"，是我看到杂志上登了钱、杨二位的合影，并说钱老手不释卷，令人敬佩，我就写在题记中了。没想到会引起先生的反感，可见我对他所说的"不三不四之闲人，不痛不痒之废话"体会不深。至于"新咏"，是我写在扉页上的诗：

湖畔杨柳先得春，枝头黄鹂三两声。

欲假诗词双飞翼,吹绿万里纽约城。
The lakeside willows are the first to drink in spring;
On leafy branches some ancient orioles sing.
With dewdrops dripping from their warbling songs of yore,
I'd fly ten thousand miles to green the western shore.

　　英文和中文有不同之处:英文第二行中的"黄鹂"前加了"古老的",表示鸟唱的是唐声;第三行就是把唐诗中的字字珠玑比作甘露了。希望唐诗的甘霖能飞越万里,去滋润西方的文化荒原。

　　1990年,北京新世界出版社和英国企鹅图书公司要出版我英译的《中国古诗词六百首》,想请钱先生题签书名。我只好又写信去麻烦他,并告诉他我为《钱锺书研究》写文章的事,不料他拇指不方便,不能写毛笔字,只在8月8日用钢笔回了我一封信:

渊冲吾兄文几:

　　奉书知又有新译问世,忻慰之至。弟三年前大病以来,诸患缠身。日与药饵为缘,半载前右拇指忽痉挛,不能作字,多方治疗,近始可以钢笔涂鸦,而用毛笔,则如苍蝇摇石柱。大约天罚我东涂西抹,敬请免其献丑,感恩不尽。拙著何足挂齿,乃承借作题目,发为鸿文,惭惶何极!草复即颂

　　暑安

钱锺书上　杨绛并候　八日午

　　1990年年底,钱先生八十大寿,我送上北京大学新出版的《唐

宋词一百五十首》一本，并且写上"恭贺八十华诞"字样，得到他12月16日用钢笔写的回信：

渊冲学兄译席：

奉到惠赐新译，贱辰何足道，乃蒙以大作相馈，老夫真如欺骗财物矣！谢谢。《×××研究》本期有尊著一篇，多溢美失实之词，读之愧汗。拙函示众，尤出意外；国内写稿人于此等处尚不甚讲究，倘在资本主义国家，便引起口舌矣。一笑。专复即叩

冬安

钱锺书上　十六日

钱先生每次收到赠书，都来信道谢。这次八十寿辰献礼，他反说是"真如欺骗财物"，可见他多么不喜欢过生日祝寿这些俗套，也可见我多么不理解他对"不明不白的冤钱"的厌恶心情。信中提到的《×××研究》指的是《钱锺书研究》，我在书中写了一篇《钱锺书先生及译诗》。文中引用了他1976年3月29日谈到"有色玻璃"的那封信，不料他回信说我是把他的信"示众"。自从20世纪50年代我回国后，见文章引用别人信中的话（只要不是歪曲）已是常事，所以我奇怪他怎么还在乎资本主义国家的隐私权。其实在内心深处，我认为"无色玻璃"和"有色玻璃"的翻译已经是20世纪中国翻译界争论的一个大问题，并不是他和我之间的私事，不能算是"示众"。但是为了尊重老师的意见，当《钱锺书研究》的编者来信约稿，要发表钱先生的墨宝时，我就写信去征求他的同意，告诉他《古诗词六百首》英译的事，并问他李商隐的"春蚕到死丝方

尽"如何译成法文,才能保存双关意义,得到他1991年7月12日的回信:

渊冲学弟文几:

来函奉悉。大译陆续问世,可喜可贺。"Song of the Immortals"书名不甚惬鄙意。"Immortals"等字皆Asiatic or Babu English气味甚浓,而"Song",单数尤不可理解,岂大合唱一歌耶?Captious carping。聊供参考。衰老病痛,只求不增剧,已为大幸,复元乃痴想奢望。右拇仍不便,天之罚我多为人题签也。

所言该刊物闻内部分裂,不知写信向弟索稿者代表何部分。我于第二期出版前,通知该刊凡发表我"未刊"稿,须先得我同意;该刊负责人来信允诺。现在出版法已公布,此事更非等闲。我与弟除寻常通信外,并无所谓"墨宝",通信如此之类……皆不值得"发表"。"No can do", to use the pidgin English formula。

李商隐句着眼在"到"与"方",其意译成散文为"Le ver ne cesse d'effiler la soie qu'à la mort",韵文有节律,须弟大笔自推敲耳。草复即颂

暑安

钱锺书上　七月十二日

信中提到的"Song of the Immortals"(不朽之歌),是美国女专家给《古诗词六百首》取的英文名字,我写信去问她,她说:《圣经》中的"Song of Songs or Song of Solomon"也是单数,并不是大合唱;"不朽"更不能算是亚洲英语或印度英语,英国大诗人雪莱就在

悼念济慈的《阿多尼》(*Adonais*)一诗中用了"the Sire of an immortal strain",正是"不朽诗歌之父"的意思。但是英国企鹅图书公司出版我的《古诗词三百首》时,却把Song改成复数Songs,可见这是见仁见智的问题,钱先生也不算 captious carping(吹毛求疵)。信中提到的"该刊物"就是《钱锺书研究》,我后来把钱先生这封信的复印件寄给该刊编者去了。信中还用了一句洋泾浜英语"不能做",可见他是雅俗并用的。雅句如李商隐的"春蚕到死丝方尽",他的法译文是"无色玻璃"般的,我认为是"1+1=2"式的翻译;关于节律,他要我自行推敲,我就用"有色玻璃"的译法改成:

Le ver meurt de soif d'amour, sa soie épuisée.

原文"丝"又暗指"相思",我把丝字译成soie,再把相思译成soifd'amour(渴望爱情),而 soie 和 soif 声音一样,这真是巧合了!译后喜不自胜,以为这是"1+1>2"的译法,简直可以说是巧夺天工。但钱先生说我们的通信是寻常书信,不值得发表。果真如此,那20世纪就没有人翻得出这样的妙译了,岂不遗恨千古!记得钱先生说过:有人利用他是借钟馗打鬼。可能我也包括在内。他是少年得志,功成名就,不知道受压一生的人多么需要钟馗!没有他的嘉勉,我怎能把鬼打倒在地!

我的联大同学何兆武来信说:"钱锺书先生眼高手高,于并世学人甚少称许,独于足下称道不已,诚可谓可以不朽矣。"他不知道钱先生对我是既有嘉勉,又有鞭策的。至于是否不朽,要看个人的德言功业了。毛泽东说得好:外因通过内因起作用嘛!

总而言之,钱先生对我们这代人的影响很大,指引了我们前进的道路。他在联大只有一年，外文系四年级的王佐良学他，去英国牛津攻读英国文学研究生，译过《彭斯诗选》《雷雨》等；杨周翰学了比较文学，成了国际比较文学学会副会长；李赋宁听了他的文学理论，主编了《英国文学史》；许国璋学他写文章，讲究用词，出版了畅销全国的英语读本；三年级的周珏良做过外交部翻译室主任，参加过《毛泽东诗词》的英译工作；查良铮（穆旦）出版了《穆旦诗选》，翻译了普希金、拜伦、雪莱、济慈等的诗集；二年级的吴讷孙（鹿桥）在美国华盛顿大学任教，出版了回忆联大的《未央歌》；一年级的我出版了唐诗宋词的英法译本。钱先生考试时要我们写作文，论"世界的历史是模式的竞赛"。我看联大的历史也可说是人才的竞起，不少人才受过钱先生的教诲，是他在茫茫大地上留下的。

卞之琳谈写诗与译诗

卞之琳是20世纪著名的诗人、学者、翻译家。2000年12月8日是他九十华诞，不料他却在12月2日谢世，中国社会科学院外国文学研究所为他召开了追思会和学术研讨会。

卞先生20世纪40年代开始在昆明西南联大外文系任教，他当时的学生来参加追思会的有三人。两个是"九叶"派诗人杜运燮和袁可嘉，还有一个是我。我们三个人分别继承和发展了卞先生作为诗人、学者和翻译家的事业。袁可嘉和卞先生在社科院外文所工作几十年，他对现代派诗歌的研究深受卞先生的影响；而我把古典诗词译成英文、法文，却是在卞先生的启发下开始的。

袁可嘉的学弟余光中和瑞典文学院院士马悦然在台湾谈话时说："不只是音调，像杜甫《登高》里面这两句'无边落木萧萧下，不尽长江滚滚来'——无边落木，'木'的后面接'萧萧'，两个草字头，草也算木；不尽长江呢，'江'是三点水，后面就'滚滚'而来。这种字形、视觉上的冲击，无论你是怎样的翻译高手都是没有办法的。"但是他们却不知道，早在20世纪40年代，卞先生就在翻译课上把"萧萧下"译成"shower by shower"，音义双绝，使大家赞不绝口。1948年，卞先生到牛津来，我问他全句如何翻译，他说还没译好。我便根据他译"萧萧下"的方法，把这两句诗译成：

The boundless forest sheds its leaves shower by shower;
The endless river rolls its waves hour after hour.

这样，草字头就用重复sh（sheds，shower）的译法，三点水则用重复r（river，rolls）和hour的译法，表达了一点原诗的音美和形美，而这点成绩是在卞先生启发下取得的。

卞先生对翻译的贡献主要表现在莎士比亚的四大悲剧上，如《哈姆雷特》的名句：

To be or not to be — that is the question.
朱生豪译：生存还是毁灭，这是一个值得考虑的问题。
孙大雨译：是生存还是消亡，问题的所在。
梁实秋译：死后是存在，还是不存在——这是问题。
卞之琳译：活下去还是不活，这是问题。
许国璋译：是生，是死，这是问题。
王佐良译：生或死，这就是问题所在。
方平译：活着好，还是死了好，这是个问题。

比较一下几种译文，可以说没有一种比得上卞译的。朱译"毁灭"，孙译"消亡"，一般用于集体，不用于个人；梁译异想天开,不是译界共识;许译、王译像是哲学教授讲课;方译则是讨论哲学问题,不是舞台独白;所以只有卞译最好,超过了各家。

再举一个例子,可以比较《哈姆雷特》第四幕第五场莪菲丽亚唱词的朱生豪译文和卞之琳译文:

(朱译)情人佳节就在明天,
我要一早起身,
梳洗齐整到你窗前,
来做你的恋人。
他下了床披了衣裳,
他开开了房门;
她进去时是个女郎,
出来变了妇人。
凭着神圣慈悲名字,
这种事太丢脸!
少年男子不知羞耻,
一味无赖纠缠。
她说你曾答应娶我,
然后再同枕席。
——本来确是想这样作,
无奈你等不及。

(卞译)明朝是伐伦丁节日,
大家要早起身,
看我啊到你的窗口,

做你的意中人。
他起来披上了衣服,
就马上开房门;
大姑娘进去了出来,
不再是女儿身。
我的天,我的地,哎呀,
真不怕难为情!
小伙子总毛脚毛手,
可不能怪别人,
你把我弄到手以前
答应过要结婚。
这是女的说的,男的就回答说:
现在好,只怪你糊涂,
自己来送上门!

两种译文各有千秋。总的说来,朱生豪是意译,如"情人佳节""我要一早起身""梳洗齐整""来做你的恋人"。卞之琳是直译,如"伐伦丁节日""大家要早起身",但是也有意译,如"看我啊""做你的意中人"。其次,朱生豪是笔语,如"一味无赖纠缠""再同枕席";但是也有口语,如"这种事太丢脸""无奈你等不及"。卞之琳是口语,如"真不怕难为情""你把我弄到手""自己来送上门";偶尔也有笔语,如"不再是女儿身"。第三,原诗单行无韵,双行押韵。卞译和原诗一样,朱译却单双行都押韵,用韵密度超过原诗。第四,原诗单行四个音步,双行三个音步。两种译文都是单行八字,双行六字。朱译音步和原诗基本一致;奇怪的是,主张"以顿代步"的卞之琳,理论反而没有联系实际。我倒同意他的做法,在理论和实践有矛盾时,理论应该服从实践。如果为了理论而改实践,那就是本末倒置了。

1990年7月26日《英语世界》创刊十周年摄于芳园宾馆。左1许渊冲,2李赋宁(北大外语系主任),4裘克安(外交部编译室主任),6陈羽纶(《英语世界》主编),7赵萝蕤(北大英语系教授),8卞之琳(社科院外文所研究员),9沈师光(《英语世界》编辑)。

卞之琳最大的成就不在翻译,也不在理论,而在新诗的创作。他最著名的诗作是《断章》:

你站在桥上看风景,
看风景的人在楼上看你。
明月装饰了你的窗子,
你装饰了别人的梦。

前段发展了王之涣的《登鹳雀楼》:"白日依山尽,黄河入海流。欲穷千里目,更上一层楼。"王诗只是在楼上看风景,风景中没有人;卞诗却增加了在桥上看风景的人,桥上人既看风景,也被楼上人看。王诗登高望远的豪情壮语,在卞诗中成了观景人看观景人,人既是欣赏美的主体,也是被欣赏的对象,更富有人生哲学的意味。苏东坡的《题西林壁》:"横看成岭侧成峰,远近高低各不同。不识庐山真面目,只缘身在此山中。"也是前半写景,后半说理——说的是见木不见林之理。这和王之涣借景写情不同,因为景中有人。但是卞诗比苏诗更进一步:苏诗景中人只是主体,卞诗景中人却既是主体,又是客体,抒写的哲理又比苏诗更深了。卞诗后段发展了杜甫的《月夜》:"今夜鄜州月,闺中只独看。"——杜甫想象妻子独自看月,写的是个相,是明月装饰了闺中的窗子;"何时倚虚幌,双照泪痕干?"——杜甫梦想和妻子倚窗望月,写的还是个相,是妻子装饰了自己的梦,同时自己也装饰了妻子的梦,这就是主体客体合而为一。卞诗写的却是共相,比杜诗又更广了。

至于译诗的理论,卞之琳不赞成"信、达、雅",认为只要一个"信"字;他不赞成直译和意译之分,认为只要一个"译"字;他不赞成形似和神似之分,认为只要一个"似"字。在这方面,我的意见不同。我觉得理论一定要受实践的检验。从上面的译例来看,"伐伦丁节"就是形似的直译,而"情人佳节"却是神似的意译,你说哪种翻译更"信"呢?其实,直译还有程度不同的直译,意译也有程度不同的意译,如上面举的关于生和死的译例。我说卞译"活下去"那一句胜过其他译文,也是相对而言。如果在舞台上说"活下去还是不活",观众会以为是发神经了。应该改成"死还是不死",才像台词。因此,关于译论,我还是支持萧乾的意见。

文理大师顾毓琇

顾毓琇先生是20世纪著名的科学家、卓越的教育家,又是一位多才多艺的文学家。作为科学家,他在1972年得到国际电机及电子工程师学会的兰姆金质奖章;作为文学家,他于1976年获得世界诗人大会授予的"桂冠诗人"称号;作为教育家,他曾在中国和美国多所大学任教,尤其是在上海交通大学,江泽民当时选修了他讲授的"运算微积分"课程。

顾毓琇1902年生于江苏无锡,他的母亲和他的夫人都是著名的书法家、文学家王羲之的后裔。王羲之的《兰亭诗》闻名于世,前几句是:

三春启群品,寄畅在所因。
仰望碧天际,俯磐绿水滨。

顾毓琇

这几句诗显示了诗人对自然的热爱，人和天的情景交融。顾毓琇的祖母是著名的诗人秦观的后裔。秦观的名作《满庭芳》全词：

山抹微云，天连衰草，画角声断谯门。
暂停征棹，聊共引离尊。
多少蓬莱旧事，空回首、烟霭纷纷。
斜阳外，寒鸦万点，流水绕孤村。
销魂。当此际，香囊暗解，罗带轻分。
谩赢得、青楼薄幸名存。
此去何时见也，襟袖上、空惹啼痕。
伤情处，高城望断，灯火已黄昏。

这首词说明秦观是个多情善感的诗人。顾毓琇曾步秦观的原韵写了一首《满庭芳》，收在《顾毓琇诗词选》内。

顾毓琇年轻时曾受教于著名的学者钱基博。钱基博写的古文胜过了林纾，而林纾是第一个将西欧小说译成古文的国学大师，据说他曾因此提出辞职让贤，也就是让位给钱基博。钱基博的公子就是钱锺书。

1915年，顾毓琇进入清华学校（后改大学）。他在清华受教于国学大师梁启超，梁启超曾将西方文学理论应用于中国诗词的研究。在清华大学时，顾毓琇和同学闻一多、梁实秋、熊式一等组织了清华文学社。梁实秋是中国第一个把莎士比亚全集译成中文的学者。顾毓琇为他写了一首《南歌子》，前半首是：

文艺复兴也，佳音在那边。

莎翁巨著译文全。功不唐捐，终为国人先。

熊式一是戏剧家，20世纪30年代他写的英文剧本《王宝钏》在伦敦和纽约上演，取得了成功。顾毓琇写了剧本《白娘娘》，要他译成英文，好在欧美演出。

1923年，顾毓琇在清华毕业，去美国麻省理工学院学电机工程，1925年获学士学位，1926年获硕士学位，1928年又得到科学博士学位。他的论文是关于前进及后移变数的，后来这个变数被称为"顾氏变数"，又称"顾氏变换"。他是第一个在美国得到科学博士学位的中国留学生。

1929年回国后，顾毓琇在浙江大学电机系任教授兼系主任，1931年回北京清华大学任教，和许多著名学者时相过从。如中国新文化运动的倡导者胡适，顾毓琇在他逝世后写了下列诗句：

箴言永在作新民，风气开来仰哲人。
欲使文章成白话，却离世俗出凡尘。

又如哲学家冯友兰，顾毓琇为他写了一首绝句：

泰山霞举忆游踪，贞雪千年伴古松。
两度登临尘虑去，俨然道骨御仙风。

和历史学家陈寅恪，顾毓琇谈到了旧游的事：

山色湖光孰与京？昆明讲学待清平。
衡峰赏月星明灭，蒙自泛舟客醉醒。

又如诗人吴宓，顾毓琇写了纪念他的诗句：

千古多情吴雨僧，遗诗墨迹赠良朋。
清华讲学诸生悦，西蜀传经众艺能。

在作家林语堂出任新加坡南洋大学校长时，顾毓琇写了送别诗：

已有文章传海外，今开黉学到天南。
大同只待太平时，真理原从饱学探。

顾毓琇继承了先人的文化传统，接受了名师的指点教育，和当代名流学者多有交往，因此不但成了一位杰出的科学家，而且是全世界的"桂冠诗人"。

此外，顾毓琇还是一位桃李满天下的教育家。1938年，他被任命为教育部常务次长，为当时的教育部长陈立夫写了下列诗句：

四书道贯之，七十古来稀。
未老头先白，唯生论共知。

唯生论的哲学和诗合为一体，诗人也就成为哲学家了。1944年，顾毓琇被任命为中央大学校长，他为抗日战争时期参军的女大学生写下了鼓励投笔从戎的诗篇：

好男谁说不当兵？好女今朝亦请缨。
红玉临戎振士气，木兰报国逞豪英。

爱国之情溢于言表。他清华大学的同学孙立人成了中国远征军在印度、缅甸的司令官。顾毓琇在1943年去印缅参观时，写了下列爱国的诗句：

兰伽师训扬三竺，缅北功高震昊天。

抗战胜利之后，他于1950年赴美讲学，先后在麻省理工学院和宾州大学任教授。宾州大学是电子计算机的发祥地，顾毓琇又把科学和诗熔于一炉：

万能电子为人用，此处发明计算机。
神速无妨精又确，工程科学共飞驰。

科学不但和工程共飞驰，而且和诗比翼齐飞了。因此，顾毓琇被誉为20世纪唯一的文理大师，只在文艺复兴时期才有的全才。

在顾毓琇的诗词中，我们还可以听到世纪走过的脚步声，如二次世界大战、原子弹的爆炸、登陆月球；可以看到世界的名胜古迹，如中国的南京、英国的牛津、美国的哈佛；可以见到国际的风云人物，如法国的拿破仑、美国的罗斯福和杜鲁门等。英国诗人说得好：一粒沙中见世界，一小时内见永恒。在《顾毓琇诗词选》中，我们可以看到20世纪的缩影。

萧乾谈创作与译诗

我第一次见到萧乾先生的时间是1939年5月28日，地点是昆明西南联合大学东楼二层的一个教室。那时，萧乾从滇缅公路回来采访，经过昆明到香港去。他的小说《梦之谷》刚出版。联大高原文艺社得到消息，立刻请他来作报告，他只同意开个座谈会。谈到创作和模仿的关系，我记下了他的一句名言："用典好比擦火柴，一擦冒光，再擦就不亮了。"谈到理论和实践的关系，他说："理论充其量只不过是张地图，它代替不了旅行。我嘛，我要采访人生。"

那时，他只有二十九岁，已经在"梦之谷"里、滇缅路上，对人生进行过采访。我呢，我才十八岁，还在学画地图。但他这两句话，给了我很大的启发。后来我画地图，总要问问是不是可以用于旅行；学习理论，总要看看能不能用于实践。尤其是关于翻译的理论，对于那些只会制造新名词、用新瓶子装旧酒、说起来叫人听不懂、译起来叫人啃不动的理论家，我只敬而远之。像萧乾采访人生一样，我也采访了前人的文学译著，取其精华，去其糟粕，结合自己的翻译实践，提出了解决中英、中法互译问题的理论。即使是典故和成语的问题，我也不肯只按地图走路，而是脚踏实地，看看成语是不是也像火柴一样，一擦冒光，再擦不亮。如果成语运用得当，就像打火机一样，不管再擦、三擦，都会冒出火光，那我就按萧乾这位"未带地图的旅人"给我指出的道路走。因为他说得对："地图不能代替旅行，然而在人生这段旅程中，还是有一张地图的好。"不过，在我看来，如果地图不符合实际的地形，那么，应该修改的不是地形，而是地图。

萧乾在《珍珠米·答辞》中说："创作家是对人间纸张最不吝啬的消费者，而诗人恰是这些消费者中间顶慷慨的。像一位阔佬，除去住宅他还要占一个宽大空白的花园，这自然会引人妒忌。但在许多场合，这位主人是应享有那片空白的，因为他的内容毕竟来得更精密深湛，使读者首肯那空白不是浪费。在那上面，诗人留下了无色的画、无声的音乐。然而倘若一首诗连着排下去同分行隔开，在意象、气韵上并没有什么差别时，霸占一座花园别人哪肯服气！"又说："每逢看到那种除了分行和押韵之外，在辞藻意境上同散文没什么区别的诗时，我就益发难以容忍。"

这些真知灼见在我心中引起了强烈的共鸣。后来我把中国诗词译成英文、法文，都要问自己：译文中是否看得见无色的画，听得见无声的音乐？例如我译《诗经·采薇》中的名句："昔我往矣，杨柳依依。今我来思，雨雪霏霏。"看到前人把"依依"译成"softly sway"（微微摇摆），把"霏霏"译成"fly"（飞扬），总觉得"在辞藻意境上同散文没什么区别"。所以自己动手的时候，就把"依依"理解为依依不舍地流下了眼泪。恰好"垂柳"的英文是"weeping willow"，法文是"saule pleureur"，都有流泪的意思，我就把"依依"英译为"shed tear"，法译为"enpleurs"。至于

"霏霏",我的英译全句是"Snow bends the bough"(大雪压弯了树枝),来象征给战争压弯了腰肢的士兵;法译却利用岑参吟雪的名句"千树万树梨花开",译成"La neige en fleurs"。这样,译文可以使人看到士兵战后回家的形象,听到无声的音乐。我这种再创的译文得到了一些好评,也受到了一些责难,主要是说我不忠实于原文。我却认为忠实并不等于形似,更重要的是神似。1988年《英语世界》杂志社举办的一次招待会上,我和萧乾面谈过译诗的问题。他说我的成绩很大,没有浪费那些"空白",这给了我很大的鼓舞。

许渊冲(右)在北京饭店与萧乾(左)谈话,许和萧的第一位夫人王树藏是联大同学,同上过吴达元教授的法文。萧乾说散文体的诗浪费了诗歌的空白篇幅,但是许译没有浪费空白。

1994年7月,台湾太平洋文化基金会举办了一次"外国文学中译学术研讨会",邀请萧乾和我参加。我们都只作了书面发言,萧乾的发言题目是《文学翻译琐谈》,我的题目是《文学翻译何去何从?》。萧乾在《琐谈》中说:"我有时用温度来区别翻译。最冷的莫如契约性质的文字,……文学翻译则是热的,而译诗是热度尤其高的。这里的'热'指的当然是情感。科技翻译只能——也只准许照字面译,而文学翻译倘若限于字面,那就非砸锅不可。我认为衡量文学翻译的标准首先是看对原作在感情(而不是在字面)上忠不忠实,能不能把字里行间的(例如语气)译出来。""一个译者(指的当然是好译者)拿起笔来也只能揣摩原作的艺术意图,在脑中构想出原作的形象和意境,经过'再创作',然后用另一种文字来表达。"

萧乾的发言形象生动,我在发言中更用具体的事例来和萧乾的理论相印证。例如王之涣的名句"欲穷千里目,更上一层楼",有人认为"千里"一定要译成九百九十九加一里,才算忠实,这就是不知道翻译的冷热。如果是科技翻译,一千自然不能译成九百九;但这是文学翻译,这首《登鹳雀楼》的前两句是"白日依山尽,黄河入海流",而太阳距离鹳雀楼只有一千里吗?更上一层楼,看得见千里外的黄河入海处吗?所以如果译成"a thousand li",在字面上是忠实的,但并不忠实于原诗的内容;如果译出了诗人登高望远的心情,字面上也许不忠实,却译出了原作的艺术意图,反倒是表达了原诗的意境。有人又要说:登高望远不是散文吗?不错,但原诗"欲穷千里目"(望远)和"更上一层楼"(登高)对仗工整,"楼"字又和"流"字押韵,可以使人看到无形的画,听到无声的音乐。所以"登高"可以英译成"a greater height","望远"可以英译成"a grander sight"。这样,译文既有双声,又有叠韵,还有对仗,就可以传达原诗的感情了。

我和萧乾只见过三次面,第一次在理论和实践的问题上,第二次在散文和诗的问题上,第三次在翻译的问题上,他都给了我很多启发。现在萧乾虽已离开了我们,但他播下的种子已经开出了鲜艳的花朵,结出了丰硕的果实。

杨振宁和我

（一）往事

　　在人生成功的过程中，须具有三种因素：一是天才——学问方面，天才成分占的多。有无发明与创作是不只以得多少分数，几年毕业所能达成的。二是努力——道德方面，努力成分占的多。每个人都有他所应做的事，做到尽善尽美就是成功。三是命——事业方面，命或机会成分占的多。命指人在一生之中所遭遇到的宇宙之事变，而且又非一人之力所可奈何的。

——摘冯友兰语

　　在我认识的同学中，杨振宁的成功是三种因素都具备了的。第一，先谈天才。他四岁就认字，他的母亲教了他三千多个字；而我四岁时才学会三百个字，我的母亲就去世了。他五岁读《龙文鞭影》，虽然不懂意思，却能背得滚瓜烂熟；而我只会看白话小说，背《水浒》一百零八将。只有造型艺术，他用泥做的鸡使他的父亲误以为是一段藕，而我却会画唐僧取经。可见我长于形象思维，而他的逻辑思维却远远超过了常人。

冯友兰先生说，成功的人考试分数不一定高。这话对我来说不错，因为我虽然翻译了几十本诗词，但"翻译"课和"英诗"课考试的分数都在80分以下；而杨振宁却是分数既高，成功又大。他考入西南联大时，是两万人中的第二名。"大一英文"的期末考试两个小时，他只一个小时就交了头卷，成绩是全班第一。而"物理"和"微积分"课的考试，他不是100分就是99分，无怪乎他小时候就说将来要得诺贝尔奖了。这不是天才吗？

成功的第二个因素是努力。每个人应该做的事如果做得尽善尽美，那就是成功。杨振宁在初中的两个暑假里，跟清华大学历史系的高才生丁则良学上古的历史知识和《孟子》，结果他全部《孟子》都背得出来。这不是尽善尽美吗？而我的历史知识却是听乡下大伯讲《三国》，自己看《说唐》等书得来的。至于《孟子》，我只会背开头一句："孟子见梁惠王"和"王，何必曰利，亦有仁义而已矣"。我是学文的，他是学理的。这样一比，更看得出差距多么大了。

杨振宁的父亲武之教授说："1928年我回国时，振宁六岁。在厦门和在清华园，我已感到他很聪明，领悟能力很强，能举一反三，能推理，还善于观察。他的表达能力也不错，在北平崇德中学念书时，参加演讲比赛，得过两个银盾。他的演讲稿是他自己准备的。"比起他来，我的领悟力、推理力、观察力都相差很远；只有表达力，他更善于说理，我更长于抒情。我在小学演讲得过第二，中学英语演讲也得过第二，所以后来在大学讲课，还能有吸引力，甚至有感染力。

振宁的二弟振平说："六岁的大哥常去海滨散步，很多孩子都在拾贝壳。大哥挑的贝壳常常是很精致,但多半是极小的。父亲说他觉得那是振宁的观察力不同于常人的一个表现。"而我在画牛魔王大战孙悟空的时候,却只画了牛魔王的两只角,而没有画耳朵。因为我不知道牛耳朵画在什么地方,可见我的观察力差。

振平又说:"振宁生来是个'左撇子'。母亲费了一番精力把大哥吃饭、写字改成右手,可是他打乒乓、弹弹子、扔瓦片,仍旧自然地用左手。因为人的左脑控制右手,而右脑控制左手。我常常在想他后来异乎寻常的成就也许和两边脑子同时运用有关系。"我写字、打乒乓,从来都用右手,所以重文轻理,不如他文理兼优了。

振平还说:"念书对振宁是很不费劲儿的。他七岁就进了小学三年级。一般孩子对念书觉得是苦事,他则恰恰相反,他生来就有极强的好奇心,敏锐的观感。……有时翻开大哥高中时的国文课,记得在李白的《将进酒》长诗后面有他写的几个字:'劝君更尽一杯酒,与尔同销万古愁。绝对!'多年以后我问他为何把王维《渭城曲》的一句和李白的《将进酒》的一句凑在一起,他说那是父亲当年在安徽某小城的一个酒家看到的一副对联。"由此可见,他是怎样毫不费劲就学到了古代诗句的。我后来把王维的"劝君更尽一杯酒"译成英文:

I would ask you to drink a cup of wine again.

又把李白的"与尔同销万古愁"译成:

Together we may drown our age-old grief and pain.

这就发挥表达力,把这一副"绝对"译成韵文了。

振平又说:"大哥进了大学以后,开始念古典英文书籍,如《悲惨世界》。……他常常一面看,一面翻译出来,讲给弟妹们听。每天讲一小段,像从前中国的说书人一样。我们听得不但津津有味,而且上了瘾,每天吃晚饭后就吵着要他说书。可惜他有一个大毛病,在一本书还没讲完之前,他就已经开始讲第二本了。"振宁边看边翻译,说明了他学习不费劲的原因。我在大一时边听"政治学"边翻译成英文,也加强了中译英的能力。

振平还说:"大哥常和一群年纪相当的教职员子弟骑车在清华园到处跑。他说他们常常从气象台所在的坡顶上骑车冲下来,在一段没有栏杆而只用两片木板搭成的小桥上疾驰而过。车行急速,十分过瘾。"我在中学时也喜欢骑自行车从坡顶上冲下来,但不是冲上独木桥,而是平坦的阳关大道。江西南昌第二中学从大门到二门之间有一道门槛,门槛正中有个缺口,只能过一辆自行车,但前轮和后轮必须成一直线,否则车子就会摔倒。我也喜欢骑车从缺口过,过了就得意洋洋,过不了也不会摔跤。这说明振宁骑车力求尽善尽美,我却甘居中游。振宁喜欢下围棋,"桥牌也很来劲儿"。我却觉得围棋是一片汪洋大海,不知从何下手,只喜欢下五子棋。桥牌只有52张牌,我可以在有限的小天地里显显身手。

振宁的妹妹振玉说:"大哥童年时在清华的玩伴,画家熊秉明当时已显出艺术才华。他和大哥合作自制土电影放给难得有机会看电影的孩子们看。由秉明画连环图画,大哥在旧的饼干筒的圆口上装上一个放大镜,筒内装一只灯泡。当连环画在放大镜前抽过时,墙上即有移动的人物。"在当时困难的情况下,这真可以算是尽善尽美的土电影了。

武之先生作总结说，振宁"天资聪颖，得天独厚，又刻苦努力，竟集学问之大成，成为世界级的科学家，已对人类作出重要贡献，为中华民族争光"。这就是说，在取得成功的三个因素中，他既有先天的才能，又有后天的努力。那么，第三个因素——人生的机遇如何呢？

杨振宁自己说："从1929年到抗战开始那一年（1937），清华园的八年在我回忆中是非常美丽，非常幸福的。那时中国社会十分动荡，内忧外患，困难很多。但我们生活在清华园的围墙里头，不大与外界接触。"这就是他得天独厚的童年。1938年，他在昆华中学念高中二年级，却以同等学力考取了西南联大。据振平说，他是两万考生中的第二名。我也在同一年考取联大，是外文系的第七名。第一名是江苏才女张苏生，她"大一英文"的成绩最高，比振宁和我都高十分。但大二时上吴宓教授的"欧洲文学史"，我的考试成绩居然比她高出两分，这就增加了我学好外文的自信心。有一次我和她合作打桥牌（潘家洵教授音译为"不立志"），本来是一副"大满贯"的牌，她却"不立志"，只叫到"三比大"就刹车了。这似乎预示了我们后来不同的命运。1942年，她和杨振宁同时考入清华研究生院（那时叫研究院）。我因为应征到美国志愿空军去做英文翻译，直到1944年才入研究院；虽然没有念完，却将英国17世纪桂冠诗人德莱顿的诗剧《一切为了爱情》译成中文。这是我翻译的第一本文学作品。

1944年，杨振宁考取清华公费留学美国，这是他一生成功的一个重要机遇。同时考取的有联大工学院的助教张燮，张燮是我中学时代的同学，他和熊传诏同班。熊是文科冠军；张是理科冠军，曾得江西省数学比赛第一名。来联大后，杨振宁是理学院的状元，张燮是工学院的状元。当时工学院有一门必修课程的考试最难通过，全班常有一半学生不及格。张燮只用了一半时间就交了头卷，而且得了满分。工学院的同学都说他是天才。但1957年杨振宁得诺贝尔奖时，张燮却在云南大学被打成了右派，从此一蹶不振。两个天才的命运如此不同，真有天渊之别！

在他们两人公费留美时，我报考了法国文学专业，成绩是第四名，只能自费出国。这是我一生的重要关头，假如我也去了美国，那20世纪就不一定有人能将中国古典诗词译成英法韵文了。在杨振宁得奖的前一年，我出版了英国名剧《一切为了爱情》，后一年又出版了法国罗曼·罗兰的小说《哥拉·布勒尼翁》，还将毛泽东的诗词译成英文诗和法文诗。当时的高等教育部公布了"高教六十条"，说外语一级教授必须精通两种外文。在我看来，"精通"至少是要出版两种外文的中外互译作品，这也就等于外文界的诺贝尔奖了。不料评的结果，没有一个一级教授用两种外文出版过作品。而我这个符合规定、出版了中英法三种文字作品的人，却只被评为最低等级的教授。因此我想到，假如杨振宁像我一样在20世纪50年代初就回到中国，他肯定得不到诺贝尔奖；假如我留在国外，也取不到今天的成绩。因为中国人的作品在国外属于少数民族的文学，在美国如果不受种族歧视就算好事，而在法国出版的中国古诗选都是不押韵的，所以我的诗体译文在国外很难出版。现在国内出版了五十多本我的诗体译文，已经可以算是不幸中的大幸，这就是命运了。

杨振宁说过："我一生最重要的成就是帮助克服了中国人觉得自己不如人的心理。"英文和法文是英美人和法国人的最强项，中国人的英法文居然可以和英法作家比美，这也可以长自己的志气，灭他人的威风了。

（二）久别重逢

衡量天才的标准是有所创造，而所创造的须对人类发生有益的影响而且有持久性。

什么样的人才能做出什么样的作品。但丁在我们看来是伟大的，但是他以前有几个世纪的文化教养。

——朱光潜译《歌德谈话录》

1997年，杨振宁在南京参加"杨振宁星"命名仪式之后，于5月28日来到北京。我们自从西南联大毕业，已有五十多年没有见面。那时我已出版了回忆录《追忆逝水年华——从西南联大到巴黎大学》，书中谈到我们当年一同上课的往事。他读了有兴趣，从美国发来电传，约我在北京面谈，并且寄来了两本《杨振宁文选》。

我在香港《今日东方》创刊号上读到他的文章，他说："我那时在西南联大本科生所学到的东西及后来两年硕士生所学到的东西，比起同时美国最好的大学，可以说是有过之而无不及。"这就是说，当时西南联大已经可以算是世界一流的大学了。西南联大是抗日战争时期北大、清华、南开三校在昆明联合组成的大学；现在三校都在争创国际一流水平，那联大的历史不是可以作为借鉴吗？

杨振宁为什么说联大比当时的美国大学还好呢？联大常委梅贻琦校长有一句名言，说大学不是有大楼而是有大师的学校。我们现在回顾一下，当年联大有哪些大师。杨振宁"大一物理"的教师是赵忠尧教授，赵在1930年第一次发现了正负电子对的湮灭现象。杨"大二电磁学"的教师是吴有训教授，吴在1923年随康普顿研究X射线的散射，证实了康普顿效应的解释，使康普顿在1927年得到诺贝尔物理学奖。杨的"大二力学"教师是周培源教授，学士论文的导师是吴大猷教授——杨说，他从周、吴二位"学到的物理已能达到当时世界水平。比如说，我那时念的场论比后来我在芝加哥大学念的场论要高深，而当时美国最好的物理系就在芝加哥大学"。杨振宁又说："周先生……是中国广义相对论研究和液体力学研究的带头人。吴先生则是量子力学研究……在中国的带头人。量子力学是20世纪物理学最重要的革命性的新发展。……没有量子力学，就没有今日的半导体元件，也就没有今日的计算机。"杨的硕士论文导师是王竹溪教授。吴大猷和王竹溪两位"引导杨振宁走的两个方向是对称原理和统计力学，这是他一生中主要的研究方向"，而在1949年至1950年间，在普林斯顿高等学术研究所里还"没有人研究统计力学"。杨振宁在大三时选修过陈省身教授的"微分几何"，后来明白了陈省身—韦伊定理，领悟到"客观的宇宙奥秘与纯粹用逻辑及优美这些概念发展出来的数学观念竟然完全吻合，那真是令人感到悚然"。有了这些理学院的大师，西南联大成了当时世界一流的大学。

联大文学院如何呢？文学院院长先是胡适，后来是冯友兰。冯先生总结了两千五百年来儒家礼乐治国的哲学，可以说是20世纪的哲学大师。陈寅恪先生倡导以诗文证史，以史释诗文的方法，沟通了文史两科的内在联系，是文史界的一代宗师。中国文学系有散文大师朱自清、小说大师沈从文、诗人闻一多，他们的研究都达到了国际水平。外文系吴宓先生是第一个研究中西比较文学的大师。钱锺书先生则学贯中西，直到目前为止，还很少有人能和他媲美。

在这些文理学院的大师引导之下，西南联大出了很多人才。除了杨振宁、李政道这两位得到诺贝尔物理学奖的校友之外，物理系还有"两弹元勋"邓稼先、核武器专家朱光亚、半导体专家黄昆等人；数学系最突出的是数理逻辑学家王浩。工学院的人才也不少，如三峡水利枢纽的设计大师曹乐安、1959年对美国发射第一颗卫星有功的何广慈、创建三元流动通用理论的气动热力学家吴仲华、在美国最早参加电子计算机开发的陈同章、我国中远程火箭的总设计师屠守锷等人。文法学院则有香港基本法的起草委员与《国际法》的主编端木正、作家汪曾祺、诗人穆旦等。我虽然在学术上没有什么惊人贡献，但在国内外出版了《诗经》、《楚辞》、唐诗、宋词英译本，也是出自文法学院。

杨振宁说："中国学生念书远比美国学生念得好。中国学生中，念得好的很好，即使念得中等的也比美国学生中念得好的要好。因为中国学生受到几千年来的传统教育，学习上严格、认真、努力。""中国学生在考试成绩上一般名列前茅，但在做研究工作方面，中国学生就显得吃力，创造能力不够。"在我看来，杨振宁就是念得好的典型。他在联大微积分和物理的成绩是99分和100分，其他各科也都名列前茅，就连英文，也比我这个外文系的学生高出一分。而我却只是个中等学生，虽然法文和俄文也考了99分和100分，但英诗和翻译却只得78分。后来，我把古典诗词译成英法韵文，却是重视了"创造能力"的结果。杨振宁说得好："一个人要用功读书，这是对的。可是除了用功之外，还要提倡能够想办法发展每个人的兴趣。有了兴趣，'苦'就不是苦了，而是乐。假如到了这个境地，我想很多工作就比较容易出成果了。"我出成果，正是因为把创造美当成了人生的最高乐趣。

杨振宁说："我在中国学到了推演法。在芝加哥大学又学到了归纳法，先后得到了中西教育精神的好处。"芝加哥大学费密教授研究风格的特点，杨振宁认为"是从物理现象出发，不是自原理出发"。我认为这个特点很重要，和我国一些翻译理论家的研究风格恰恰相反。他们不从现象出发，而自原理出发，凡是不合乎他们的原理的现象，他们就认为是错误的，或者是不好的。举例来说，《杨振宁文选》中引用了杜甫的诗句："文章千古事，得失寸心知。"他们夫妇来京时，我就问他们是如何译的。振宁向我要了我的两本著译，一本是北京大学名家名著《中诗英韵探胜》，另一本是英国企鹅图书公司出版的《中国不朽诗三百首》。我在两本书上都题了这两句杜诗的英译文，一本把"得失"直译为"gain and loss"，另一本意译如下：

A verse may last a thousand years.

Who knows the author's smiles and tears ?

我自己更喜欢意译，但译论家却从直译的原理出发，认为前译更好，这就妨碍了创造力的发挥了。

我们久别重逢，振宁问我译了晏几道的《鹧鸪天》没有。接着他就背诵起来："从别后，忆相逢，几回魂梦与君同！今宵剩把银釭照，犹恐相逢是梦中。"我说译了，并且翻到《中诗英韵探胜》415页。他一读到"舞低杨柳楼心月，歌尽桃花扇影风"，就说他记得是"桃花扇底风"。我说有两种版本，"桃花扇底"说扇子上画了桃花，歌女边唱边摇扇子，歌舞通宵，累得连扇子都扇不动，扇子底下都没有风了。这样解释，那么上联的"杨柳"就是楼名。如说"桃花扇影"，那杨柳和桃花都是实物，指楼周围的杨柳和桃花留在扇上的影子，甚至留在风中的影子，月亮低沉，扇上和风中的桃花影子都消失尽了。两种版本，哪种对呢？两种解释，哪种美呢？如果很难说哪种对，我就按照更美的解释翻译。因为译诗的主要目的不是使诗人流传后世，而是使人能分享诗人美的感情。我认为译诗要巧，要发挥创造力。

杨振宁曾说过："中国的文化是向模糊、朦胧及总体的方向走，而西方的文化则是向准确与具体的方向走。"又说："西洋诗太明显，东西都给它讲尽了，讲尽了诗意也没有了。""中文的表达方式不够准确这一点，假如在写法律是一个缺点的话，写诗却是一个优点。"我很赞成他的见解。相对而言，"桃花扇底"更加准确、具体，是用空间的变化来表示时间的流逝，欢歌达旦，连歌女扇底下的风都停了。"桃花扇影"却更模糊、朦胧，可以说是扇上画了桃花，也可以说是月亮把花影留在扇上，甚至可以说是把花影留在风中，连风也染上了桃花色，和桃花一样"陶"醉、融"化"在歌声中——这就不只是用空间来表示时间，而是用声色的交融、视觉和听觉合而为一来描写欢乐之情，那不是比"桃花扇底"更有诗意吗？同样的道理，上联"舞低杨柳楼心月"可以理解为跳舞跳得月下柳梢头了，那是用空间表示时间。"楼心"我看应该是楼在杨柳中心的意思，和"扇影"是桃花留在扇上的影子一样；月"低"则不只是表示空间和时间，还可把月亮拟人化，说月亮观舞听歌入了迷，要低下头来看个清楚、听个分明，那描写歌舞通宵的欢乐之情，不是又更深了一步吗？不是更能表明中文写诗的优越性吗？无怪乎英美意象派诗人都以中国诗为师了。

《杨振宁文选》上说："做物理研究之三要素是三个P：Perception、Persistence、Power，即眼光、坚持与力量。"我对振宁说："可以译成'眼力、毅力与能力'。"他说："那不是把'三P'变成'三力'了吗？"我说："你本来就是力学大师嘛！"他在《文选》上说：把"已有的知识和自己的见解……结合起来，从而冒出新的方向，这才是研究工作最重要的一点。"我看他不仅是在文化上，就是在科学上的论述，也能给我启发。杨振宁认为："自然界中存在四种基本相互作用：强作用、电磁作用、弱作用和引力。现在知道，传递这些作用的都是杨-米尔斯场。"把这些作用和自己的见解结合起来，我认为，两种文学在翻译时存在三种势态：优势、均势、劣势。译者要化劣势为均势，充分发挥优势。这种说法似乎牵强，但对我而言，却能解决问题。

总而言之，振宁在科学研究上取得了大成就，我也在文学翻译上取得了小成果。归根结底，不能不感谢西南联大和清华研究院给我们的教育。联大之所以成为世界一流的大学，我看一是因为有一批学贯中西的大师，二是因为培养了一批有创造力的学生，三是因为学术自由、领导民主、员工精干。联大师生比例是一比十，教职员的比例是十比一，可供今天的大学参考。邓小平同志说过，不管白猫黑猫，能抓老鼠就是好猫。又说他愿做知识分子的后勤部长。我看联大师生多是好猫，领导又是后勤部长，所以能成为世界一流大学。今天我国不少大学都在争创一流，我看可在出人才、出大师、学术民主三方面下功夫。

振宁是和夫人杜致礼同来北京的，我和内人照君同去清华园看他们，并且共进早餐。振宁在昆明教过致礼，他问照君是否也是我的学生？照君说是，并且告诉他，她年轻时见过毛泽东主席，毛主席一听她的名字就说："昭君是要出塞的。"结果她果然在塞外工作了十八年。我问致礼："1945年昆明市在拓东体育场开运动会，杜聿明将军带了子女绕场一周，其中有没有你？"致礼说有。那就是说，五十年前，我们曾经相逢不相识了。致礼说，她同振宁参观过吴冠中的画展，非常欣赏。振宁问我是不是认识吴冠中。我说是留法同学，近来我们还互相赠书，会过两次餐。我问振宁，能不能为我的《追忆逝水年华》英文本写篇序言。致礼说他太忙，振宁却说："我在睡觉前抽时间看看，给你写一篇好了。"照君说："你们下次再来北京，我们一定请你们和吴冠中夫妇便餐。"振宁在会见江泽民主席后已经离京，欲知三路人马如何会师，只好听下回分解了。

（三）科学与艺术

叶公超是第一个把艾略特介绍到中国来的学者。《叶公超散文集》引用艾略特的话说："一个人写诗，一定要表现文化的素质；如果只表现个人才气，结果一定很有限。"现在看来，《荒原》开始说："四月天最是残忍，它在荒地上生丁香，掺和着回忆和欲望。"这表现的是他个人的才气。他引用罗马诗人奥维德《变形记》等文化典故，而且正典反用，这就是表现文化素质了。

赵萝蕤在1946年见过艾略特。她在《我与艾略特》中写道："7月9日晚上艾略特请我在哈佛俱乐部晚餐，……他还为我带去的两本书签上他的名字，在扉页上他写了'为赵萝蕤签署，感谢她翻译了《荒原》'。他还给了我两张照片，并在上面签了名字。……在我们交谈之际，我十分留意察看这位学问十分渊博，诗艺又确实精湛的奇人，他高高瘦瘦的个子，腰背微驼，声音不是清亮而是相当低沉，神色不是安详而似乎稍稍有些紧张，好像前面还有什么不能预测的东西。那年他五十八岁。"

关于艾略特精湛的诗艺，赵萝蕤说："最触目的便是他的用典。"她觉得艾氏的引古据今和唐宋诗人用典不同："宋人之假借别人佳句慧境与本诗混而为一，假借得好，几可乱真，因为在形式情绪上都已融为一体，辨不出借与未借"；而艾略特的用典，乃是

"熔古今欧洲诸国自己精神与传统于一炉","处处逃避正面的说法而假借他人用他事来表现他个人的情感"——如借《安魂曲》的水手欢喜回家和女打字员回家后的庸俗生活进行对比,表达他对凡夫俗子有欲无情的讽刺。

杨振宁也见过艾略特,他在《逝水年华》英文序中说:"许多年前,艾略特来参观普林斯顿高等学术研究所。有一天,在所长奥本海默家举行的招待会上,奥本海默对他说:'在物理方面,我们设法解释以前大家不理解的现象。在诗歌方面,你们设法描述大家早就理解的东西。'许在这本回忆录中写道:'科学研究的是一加一等于二,艺术研究的是一加一等于三。'不知道他的意思和奥本海默有无相通之处。"

我曾说过:"科学研究的是'真',艺术研究的是'美';科学研究的是'有之必然,无之必不然'之'理',艺术研究的是'有之不必然,无之不必不然'之'艺'。"又说过:"中国诗词往往意在言外,英诗却是言尽意穷。"这就是说,中诗意大于言,英诗意等于言。如果言是一加一,意是二,那言和意相等的公式就是"1+1=2"。如果言还是一加一,意却是三,那意就大于言了,所以公式是"1+1=3"。"三"其实就是大于"二"的意思。

这和奥本海默的话有无相通之处呢?奥本海默说,科学家设法解释以前大家不理解的现象。如1957年,杨振宁解释了宇称不守恒定律。在1957年以前,这是大家不理解的现象;但到1957年以后,大家就理解了。理解就是言等于意:"1+1=2"。奥本海默说,诗人设法描述大家早就理解的东西。如李商隐的"春蚕到死丝方尽",如只理解为春蚕吐丝到死为止,那是大家都理解的,言等于意:"1+1=2";如更理解为相思到死,那就不是大家都理解的意思,意大于言:"1+1>2"或"1+1=3";如还理解为诗人写诗不死不休,那更不是大家都能理解的,意更大于言,可以说是"1+1=4"了。

杨振宁为我的《逝水年华》写了英文序言,我先在《英语世界》上发表,题目是《旧雨重逢》。后来他来北京,我把《英语世界》给他;还给了他一张西南联大教学大楼的照片,问他记不记得一楼左手是陈福田教授讲"大一英文"A组的教室,对面是钱锺书教授的B组,隔壁是潘家洵教授的C组,陈省身教授讲数学也在那个教室;而三楼大教室则是朱自清、闻一多等教授给我们讲"大一国文"的地方。我还问他,1939年1月2日朱自清陪茅盾来大教室作报告,他听了没有?他记不清了,但对照片很感兴趣。

杨振宁1997年来北京大学作"美与物理学"的报告,讲到1933年得诺贝尔物理学奖的狄拉克有一次在普林斯顿大学讲演。讲后有人站起来说:"我有一个问题请回答:我不懂怎么可以从公式(2)推导出公式(5)来。"狄拉克没有回答。主持报告会的人说:"狄拉克教授,请回答他的问题。"狄拉克说:"他并没有提出问题,只说了一句话。"这个故事说明狄拉克逻辑性强,因为听众不懂公式只是一句话,不是问题,所以他不回答。杨振宁说狄拉克的风格直截了当、不含渣滓,犹如"秋水文章不染尘"。

杨振宁又讲到海森伯在1925年引导出了量子力学的发展,直接影响了核子发电、原子武器、激光、半导体元件等。海森伯的风格和狄拉克的完全不同:朦胧、不清楚、有渣滓。他自己说:"爬山的时候,你想爬某个山峰,但往往到处是雾……"杨振宁说:"我想不到有什么成语可以描述海森伯有时似乎是茫然乱摸索的特点。"但是他说,狄拉克、海森伯方程的极度浓缩性和包罗万象的特点,也许可以用布莱克的不朽诗句来描述:

一粒沙中见世界，一朵花里见天堂。

一手掌握无限大，永恒不比片刻长。

而他们的巨大影响也许可以用蒲柏的名言来描述：

自然规律暗中藏，天命牛顿带来光。

那天晚上，北京大学陈佳洱校长在勺园设宴招待振宁，作陪的有我和几位副校长。沈克琦副校长拿出一份联大优秀生的名单来，物理系42级是杨振宁，43级是沈克琦，生物系43级是陈德明，数学系42级是廖山涛，43级是王浩，外文系42级是张苏生，43级是林同珠。廖山涛和我大一时都住北院22号宿舍，说一口湖南话，很不好懂。有一次我发现了用六条直线画二十个三角形的方法，要考考他。不料他却从理论上证明，只要不是平行线，都可以画出二十个三角形的。振宁却说，山涛在美国读博士学位时，说一口湖南英语，也不好懂；幸亏他的导师陈省身是中国人，答辩才能通过。

1997年杨振宁（左）来北京大学讲学，陈佳洱（中）校长设宴招待，许渊冲致祝酒词，说杨振宁的报告把古今中外科学的"真"和艺术的"美"合而为一，为建设世界文化奠下一块基石。

宴席之前，北大送来一个蛋糕，祝贺振宁七十五岁生日。振宁说他的生日有三个：第一个是阴历的；到美国后，把阴历8月改成阳历8月，这是第二个；回国后一查，才知道阴历折合阳历，应该是10月1日——所以今天是假生日，只能算是虚度七十五个春秋了。

宴席开始时，因为我是振宁大学同班，就由我来致祝酒词。我说："振宁今天下午作了一个非常精彩的报告。狄拉克是科学的风格，海森伯是艺术的风格。振宁的报告沟通了科学和艺术，把真和美结合起来了。他说狄拉克的文章读起来有如'秋水文章不染尘'，我看海森伯摸索前进的风格却像'山在虚无缥缈间'。振宁用中国古诗和西方名诗来描述科学家，不但沟通了中西文化，而且把古代和现代结合起来了。他讲到海森伯开创的方向经过狄拉克等的努力，最后完成了量子力学的架构，使物理学进入了新时代。这使我们看到科学是如何通过实验来发展理论的。总而言之，他的报告把古今中外科学的真和艺术的美合而为一，为建立21世纪的世界文化奠下了一块基石。"

振宁回美国后，11月15日早上起来时觉得胸口隐隐作痛。致礼要他去看医生，检查结果是有三条血管已经堵塞了70%，需要立刻住院进行心脏搭桥手术。手术进行了六个小时，接改了三条血管。后来他在香港中文大学的秘书黄小姐来信告诉我，他的身体康复得很好。

1999年5月，振宁在纽约州立大学石溪分校退休了。在荣休的宴会上，他致辞时引用了李商隐的诗句："夕阳无限好，只是近黄昏。"并且译成英文：

The evening sun is infinitely grand,
Were it not that twilight is close at hand.

原诗每行五字,译成五个音步,不但内容准确,而且音韵节奏优美,显示了狄拉克的科学风格。我的译文却更接近海森伯的艺术风格:

The setting sun appears sublime.
But O, it's near its dying time!

他又引用了朱自清改作的诗句:"但得夕阳无限好,何须惆怅近黄昏?"并且译成英文:

Given that the evening sun is so grand,
Why worry that twilight is close at hand?

"Given"是几何学上常用的词,说明了这是科学家的诗。我也把译文作了相应的修改:

If the setting sun is sublime,
Why care about its dying time?

11月4日,我同照君去美术馆看吴冠中的画展,遇见了杨振宁、熊秉明,还有法国驻华大使等人。那时我的《中国古诗词三百首》法文本出版了,得到诺贝尔文学奖评委的好评,说是"伟大的中国传统文学的样本","令人赞赏钦佩"。我送了一套给吴冠中、熊秉明和法国大使,并问振宁要不要。他点点头,微微一笑,要了一套。可见他不但能用英文译诗,连法文诗也能欣赏。法国大使说我译的古诗"冲淡典雅"。我听说法国总统希拉克也喜欢中国诗

1999年许渊冲夫妇（右1、5）同杨振宁（右2）在北京参观吴冠中画展，与吴夫妇（右3、4）合影。

词，就请大使转交一套，大使说总统收到后一定非常高兴。我就对照君说："今天真是夕阳无限好，何须惆怅近黄昏了。"并且译成法文：

Ce soir le soleil couchant est si beau.

Ne vous souciez donc pas de son tombeau !

（四）落叶归根

振宁八十岁时，清华大学为他在香格里拉举行宴会。他在演说时引用了莎士比亚的话说：

人生就像一出七幕戏，其第七幕即最后一幕是："返回童年，返回茫然，无牙齿，无眼睛，无味觉，无一切。"

假如我的一生是一出戏。那么我实在十分幸运，今天我不但"有牙齿，有眼睛，有味觉，有几乎一切"。

我们几个联大同学参加了这次盛会，有梅校长的儿子祖彦、冯友兰的女儿宗璞、马约翰的儿子启伟、熊庆来的儿子秉明。振宁要秉明为他八十岁生日题词，熊写了几遍都不满意。熊夫人开玩笑说，不要写到九十岁还没写好。不料第二年，秉明、祖彦、启伟以及宗璞的丈夫和振宁的夫人都先后去世了。

后来振宁落叶归根，定居清华，约了我和照君去他的新居。我看六十年前的老人见面不易，就约他和几个老同学来北京大学午餐。由我代表文学院，王传纶代表法学院（他和振宁在联大时都喜欢张景昭，后来张成了王夫人，不幸在"文革"中去世了），朱光亚代表理学院，王希季代表工学院，沈克琦代表物理系，对他表示欢迎。他谈到我翻译的杜诗"无边落木萧萧下，不尽长江滚滚来"，说是如果拿到美国去讲，可以大受欢迎。我却说这两句诗对称，等于强相互作用下的宇称守恒；不对称的诗句如"夕阳无限好，只是近黄昏"却等于弱相互作用，所以不守恒。我就这样把他打破的宇称守恒定律和我的翻译理论乱点鸳鸯谱似的结合起来了。他问照君我得到灵感时，会不会突然叫起来。照君告诉他我有时半夜里坐起，打开电灯，把梦里想到的东西写下，生怕第二天忘记了。也许就是这样入迷，才能得到与众不同的妙句吧。

报载1988年七十五位荣获诺贝尔奖的科学家在巴黎聚会，发表了一个声明说：21世纪的人类如果要过和平幸福的生活，应该到两千五百年前的孔子那里去寻找智慧，因为孔子早就主张："大道之行也，天下为公，选贤与能，讲信修睦。"大道之行，就是礼乐之治；天下为公，就是社会主义；选贤与能，就是民主政治；讲信修睦，就是和平共处。如果我们能够与时俱进，吸取孔子思想的精华，排除糟粕，重义轻利，培养好人，那就可以对世界文化作出重要贡献。现代西方文化的缺点正是见利忘义、以强凌弱，所以天下不得太平。用毛泽东《昆仑》中的词句来说就是：

而今我谓昆仑：不要这高，不要这多雪。
安得倚天抽宝剑，把汝裁为三截：
一截遗欧，一截赠美，一截还东国。
太平世界，环球同此凉热！

（五）新世纪的曙光

我们几个老同学聚会时，都有夫人陪同，只有振宁一个人孤零零的。大家觉得像他这样有成就的科学家，应该算是没有年龄的人，最好能够续弦，才好安度晚年。果然，不久得到他的电话，说有个年轻人要研究我的翻译理论，而这个年轻人竟是他的新夫人翁帆。得到喜讯之后，照君立刻给他打电话表示祝贺，并谈到法国大作家雨果和大画家毕加索八十多岁还和十八岁的少女相恋的事。振宁说他和毕加索不一样，毕加索是多次离婚又多次结婚的。他又谈到美国有个八十几岁的诗人娶了二十几岁的女学生，过上了幸福的晚年生活。振宁打算婚后扬帆远航去度蜜月。我就送了他们一首诗，中文英文分别是：

振宁不老松，
扬帆为小翁。
岁寒情更热，
花好驻春风。

The ageless won't grow old.

（没有年龄的人不会变老）
You sail with your young bride.
（你和你的新人扬帆远航）
Love will warm winter cold.
（爱情会使寒冬温暖美好）
With you spring will abide.
（青春永远伴随新郎新娘）

2005年2月，杨振宁和翁帆从三亚度蜜月后回到北京，邀请我和照君到王府井全聚德烤鸭店餐叙。应邀赴宴的还有清华大学物理系主任等两对夫妇。海淀电视台闻讯来到现场，拍了实况，制成光盘，送了振宁夫妇和我各一套。南京大学外国语学院研究生陈寒和翁帆一样，她们的学位论文都是研究我的文学翻译理论的。看了光盘之后，陈寒写了一篇报道，寄给《山西文学》发表，因为山西刊登了我祝贺振宁和翁帆新婚的中文诗和英文诗。

与杨振宁夫妇（左1、2）、叶嘉莹教授（右1）摄于北京饭店。叶教授说许译诗词"音韵谐美，情味悠长"。

早在我的《诗书人生》出版时,《山西文学》主编韩石山就在上海《文汇报》上发表了一篇评论,名为《许渊冲的自负》。因为我在《诗书人生》中说:1957年,杨振宁得到诺贝尔物理学奖前后,我出版了中英、中法互译的世界文学名著;直到今天,全世界还没有第二个人出版过中国诗词英法文的韵译本,连诺贝尔奖的文学评委也说是"伟大的中国传统文学的样本",所以我认为可以算是外文界的诺贝尔奖。韩石山却说我是"自负",我写了一篇反批评《是自负还是自信?》。文中说杨振宁认为他最大的贡献不是得诺贝尔奖,而是帮助中国人恢复自信。我说诺贝尔文学奖一年一个,而唐诗宋词却流传了千秋百代,译成英法两种韵文难道不能得外文界的诺贝尔奖?这到底是自负还是自信?不料反批评寄去《文汇报》却不予发表。我觉得这是中国媒体最不民主的表现,就直接寄去《山西文学》,结果韩石山立刻刊用,并且欢迎我再投稿。我就把祝贺振宁和翁帆新婚的诗寄去,并且介绍陈寒投稿了。

陈寒是我见到过的外语界第三代的才女。她一岁半就能背诵唐诗,在南京大学的毕业论文得到了江苏省优秀论文一等奖,论文主题是"优势竞赛论"。她认为"竞赛论"在指导文学翻译的过程中,与其他各家译论"竞赛",优势明显。她举李白《送友人》的法译文为例:

青山横北郭,Au nord ondoient les verts coteaux;
白水绕东城。A l'est serpente un blanc ruisseau.
……
浮云游子意,Il part en nuage flottant;
落日故人情。Je descends avec le couchant.

她在论文中说:"李白起笔用了一个'横'字,这是形容词的动词用法。'诗仙'飘逸的风格跃然纸上,译成法语却不容易。无论是'traverser'还是'se dresser haut',都诗意尽丧,破坏了整体美感。此处若直译,呆板是不可免的。另外,原诗对仗工整,'横'与'绕'两字相对,动感很强;欲传神,必定非另起炉灶不可了。许渊冲在法语中选择了'ondoyer'(波浪起伏)与'serpenter'(蜿蜒曲折)两个词,不但把山形与水势勾勒了出来,而且使山与水都灵动地'活'了起来,达到了汉语中画龙点睛的效果。"关于"浮云"一联,她说译者"敢于和诗人竞赛,试图在新的语言环境中更好地重构诗人所创造的意境。诗人让'浮云'、'落日'成为'游子'与'故人'的所见,让离别之人触景生情,感慨万千;而译者似乎更高一筹,将'他'与'我'的情感外化成为与'浮云'、'落日'相仿的动作(partir与flotter, descendre与coucher),同时构成读者的所见,让读者见景生情,从而与作者产生共鸣。译诗由内化外,再由外化内,'意美'达到与'音美'、'形美'的浑成效果,在译诗中实属难得!这是否可以看成译者胜过诗人的范例呢?……竞赛的结果是'双赢'!难怪钱锺书感叹道:太白'与君苟并世,必莫逆于心耳'。"

陈寒在给我的信中说:"我的这篇论文以'优势竞赛论'为中心,答辩时遇到了考官的一些有趣的问题(整个答辩是用法语进行的,以下译为中文):

"一、你认为许渊冲的'优势竞赛论'是怎样发挥译者主体性的?答:以史为鉴,可以知得失。从传统译论看,中国讲求一个'信'字,西方追寻一个'等'字。两方面各有优劣,若论得失,一言难尽,但许渊冲的译论跳出了狭义的'忠'与'叛'这一对矛盾。为信而信，为等而等，只能得'形'忘'意'，捉襟见肘，两败俱伤，工于技巧而损害神韵。面对两难局面，译者既然不能'忍气求和'，就必须迎难而上，发挥译入语优势，八仙过海，开展竞赛。'优势竞赛论'能使译者'敢为天下先'，对翻译实践'知之、好之、乐之'。许渊冲成功的法译唐诗即为证明。

"二、你是否认为许的译论离翻译的正确道路相去太远？答：那么在您看来，哪一条是翻译的正确道路呢？从目前来看，不要论世界，就拿中国来说，也没有哪位译家敢称自己的译论是颠扑不破的真理。翻译的标准何以久攻不克？我认为是由翻译的本质决定的。翻译需要科学来研究、解释，但它首先是一门高难度的'融化再创'的艺术。艺术从来只有优劣之分，而无对错之说。许先生倡导翻译实践要遵循'优势竞赛论'，我再更进一步说，翻译理论界是不是也应该开展'优势竞赛'呢？是好的理论，就不要怕比，就要敢于拿出来，接受'实践'与'时间'的双重检验。

"答辩结束后，许钧教授对我说：'表现得很出色！我一直敬重许渊冲先生，但学术观点与他相异。这次看了你的论文，有些地方居然被说服了。'"

我读了陈寒的论文和来信，觉得她的"内化""外化"之说表现出她欣赏能力很高，创新意识很强。论文除个别地方可能过誉之外，可以说是一篇达到国际水平的译论。今年在《中国翻译》上读到一篇诺贝尔文学奖评委的翻译论文，比起陈寒的译论来，可以说是相去甚远。所以我同意杨振宁的话，要恢复中国人的自信心，要敢于为天下先，敢于承认中国翻译无论在理论还是实践上都是"世界之最"（季羡林语）。也就是说，中国的翻译理论胜过了西方的翻译理论，中国的译者出版了西方还没有一个人能翻译成英法韵文的中国古典诗词。许钧教授能够被学生说服，说明他有学者风度，承认学术面前人人平等，老师不必"贤于弟子"。这样发展下去，第三代一定可以接好前人的班，使中国翻译走在世界的最前列。

2005年夏天，翁帆去广东外语外贸大学参加论文答辩回来。振宁打电话告诉我说，论文顺利通过，成绩优秀。我就约他们俩来黎昌君苑晚餐，还邀了我在北京大学的几个学生（现在都是教授）作陪。翁帆带来了她的论文，题目是研究我的"再创论"。论文是用英文写的，这里只好用中文来说明。翁帆引用了我英译的汉乐府《北方有佳人》："北方有佳人，绝世而独立。一顾倾人城，再顾倾人国。宁不知倾城与倾国？佳人难再得！"英译文如下：

There is a beauty in the northern lands;
Unequaled, high above the world she stands.
At her first glance, soldiers would lose their town;
At her second, a monarch would his crown.
How could the soldiers and monarch neglect their duty?
For town and crown are overshadowed by her beauty.

翁帆在论文中说：原诗第一联很平常，只是说北方有一个美人。第二联没有描写这个美人看起来如何美丽，而是用了"倾国倾城"四个字来指出她的美貌产生的强烈影响。这四个字成了中文的成语，描写一个美人不可抗拒的魅力。从字面上看来，倾国倾城是说美丽得足以使士兵放弃他们所守的城池，使国王放弃他的王国。这四个字非常精练，很难译成外文而不失去原文的美学价值。但是许用创译法把"倾城"译为"to lose one's town"（失守城池），把

"倾国"译成"to lose one's crown"（失去王冠）；而"town"和"crown"还押了韵，可以说是一石双鸟。最后一联的译文具有更大的创造性，还原成中文是：士兵和国王怎么会玩忽职守呢？因为美人使城池和王冠都相形失色了。这个译文结果就不忠实于原文的意思了，所以"形似派"认为这是失败；但从总体的精神和美学价值看来，这个译文却是成功的。

读了翁帆的论文，我觉得她的中心思想是：从微观上看来，创译似乎不够忠实；但从宏观来看，创译却是传情达意的。参加答辩的老师们在"论文评语"最后一段中说："像作者（指翁帆）所指出的，一些著名的译者、学者，如陆（谷孙）、王（佐良）、江（枫）都曾对许的'理论'提出过质疑。这是否意味着：许的'理论'确实存在一些问题？而本篇颇有些为许一辩味道的论文是否对这些问题有回护或回避？"从评语看来，老师们认为许的"理论"是有问题的，就和参加陈寒论文答辩的老师们一样。但是南京大学的教授们在答辩后，承认老师不一定比学生高明，广外的老师却对许的"理论"加上引号，表示并不承认的意思。这是一个关系到中国翻译是否"世界之最"的大是大非问题，我不知道翁帆有没有回答。当时她同振宁到美国去了，只好由我代为回答。

陆谷孙对我的质疑发表在《中国翻译》上。他反对"优势论"和"竞赛论"，提出了"紧身衣"的说法，并举例说："精明而不聪敏"（原文记不准确）可以译成"penny-wise and pound-foolish"（小事精明而大事糊涂）。我却觉得这个译例并不能说是原文的"紧身衣"，反倒是发挥了英文的优势，在和原文竞赛，正说明了优势论和竞赛论是正确的。陆谷孙的理论不能联系实际，说明他的质疑并无道理。他的译例从微观上看并不形似，而从宏观上看反倒神似，符合翁帆总结的"创译论"的思想，所以翁帆并没有回避什么。问题倒是出在《中国翻译》的编辑身上，因为他们发表了陆谷孙的批评，却不发表我的反批评。这就使广外的老师分不清是非了，由此可见媒体对学术发展的重要性。由于缺乏学术民主，《中国翻译》对于中国文学翻译理论的发展，可以说是起了阻碍的作用。后来我在大连和陆谷孙会面，谈到他的实践恰恰证明了我的理论的正确，他并没有提出异议。

  王佐良和我的论战也发表在《中国翻译》上。他在文章中盛赞瓦雷里《风灵》的译文："无影也无踪，换内衣露胸，两件一刹那。"我认为瓦雷里是把灵感比作美人换内衣露出酥胸的一刹那，译成"两件一刹那"并不达意，就在《世界文学》上发表批评，说不如译成"无影也无踪，更衣一刹那，隐约见酥胸"。王佐良又在《中国翻译》上发表反批评，说我译成"酥胸"是鸳鸯蝴蝶派。什么是鸳鸯蝴蝶派？从内容上说，大约是卿卿我我；从形式上说，大约是对对双双。而瓦雷里恰恰说过："对称是人类高度文明的表现。"可见瓦雷里并不反对我的译文。不料我的文章寄去《中国翻译》，他们又不发表，我只好改寄上海《外国语》刊登。由此可以再度看出《中国翻译》编辑部多么缺乏学术民主，对中国翻译界展开的批评与反批评起了多大的阻碍作用。王佐良去世前在清华大学参加吴宓先生百周年纪念会，我们见了最后一面。那时我的《诗经》英文本刚刚出版，送了清华大学一本。他对我说希望我不要再批评他了，可见他并不坚持错误。他盛赞过的"两件一刹那"，正是翁帆说的在微观上形似而在宏观上不神似的典型，而他批评过的"隐约露酥胸"却正是微观上不形似而在宏观上神似的例子。

  江枫和我的论战最初也发表在《中国翻译》上。他的文章《形似而后神似》认为翻译如不形似,就不可能神似。我却指出他只看到形似和神似的统一,没看到二者之间的矛盾。在文学翻译中,形似和神似的矛盾多于统一。我并举他译的雪莱的《哀歌》为例,说形似的译文并不神似,而且十行诗中,译文犯了十个错误。我的评论《中国翻译》又不刊登,只好发表在《外语与翻译》上。现将雪莱《哀歌》中的一行原文和江枫的译文抄在下面:

Fresh spring and summer, and winter hoar.
春夏的鲜艳,冬的苍白。

江译可以算是形似的了,但是不是神似呢?那就需要分析。首先,雪莱为什么说春夏和冬,而不说秋呢?一查雪莱原稿,的确有个"autumn"(秋),但是又划掉了。为什么要划掉呢?因为这行诗是五音步抑扬格的,加上一个"autumn"就多了一个音节,不符合格律了,所以雪莱在"夏"之后空了一个字。不料雪莱不幸在海上淹死,他的妹妹整理遗稿,没有把"秋"字补进去,所以译者都将错就错,译成"春夏冬"了,其实这是形似而不神似的。我认为英文还有一个表达秋天的词汇"fall",而且只有一个音节,正好符合格律。如果雪莱想到了这个词,一定会用上的。不料江枫在香港的《诗网络》上提出批评,标题是《雪莱写诗,会用美国英语?》。他认为"fall"是美国英文,但《牛津高级词典》上已经注明:"fall"当"秋天"讲,"现在主要用于美国"。而雪莱并不是现代人,19世纪诗人华兹华斯诗中就有"from spring to fall"(从春到秋),可以证明该词并非专属美国英语。江枫不会查字典,难道《诗网络》的编者也不会?不然,怎么会发表江枫这种错误的文章?结果广外的老师就根据江枫的错误来评翁帆的论文。幸亏翁帆这一代人能够分辨是非，青胜于蓝。我在她和陈寒身上，看到了新世纪的新希望。

翁帆和陈寒的鉴赏力很高，如果外文表达力也一样强，那就可以使中国的翻译维持世界一流的水平。《傅雷论艺札记》中说："艺术特别需要创造才能，不高不低，不上不下之艺术家，非特与集体无益，个人亦易致书空咄咄，苦恼终身。……艺术乃感情与理智之高度结合，对事物必有敏锐之感觉与反应，具备了这种条件，方能有鉴赏；至若创造，则尚须有深湛的基本功，独到的表达力。"从翁帆和陈寒的论文看来，她们的感觉与反应都很敏锐，如何提高外文表达力呢？

我在香港报上看到杨振宁和翁帆新婚的喜讯时，还看到一个故事说：北宋词人张先在八十岁时娶了十八岁少女为妾，其友苏轼等去拜访他，问这位老前辈得此美眷作何感想。张先随口说：

我年八十卿十八，
卿是红颜我白发。
与卿颠倒本同庚，
只隔中间一花甲。

幽默的苏东坡当即和了一首诗：

十八新娘八十郎，
苍苍白发对红妆。
鸳鸯被里成双夜，
一树梨花压海棠。

我就把这两首诗译成英法韵文，给翁帆和陈寒看看，说明"八十"和"十八"这种中文所有、外文所无的颠倒关系如何处理。

Zhang Xian: For My Young Bride

I'm eighty years old while you're eighteen;

I have white hair while you're a fairy green.

You and I are the same age, it appears,

If you ignore between us sixty years.

Su Shi: For the Newly-Weds

The bridegroom is eighty and eighteen the bride;

White hair and rosy face vie side by side.

The pair of love-birds lie in bed at night;

Crab-apple overshadowed by pear white.

ZhangXian: Pour Ma Maitresse

J'ai quatre-vingts ans; tu en as dix-huit.

J'ai les cheveux blancs et ta beauté luit.

Mais je serais aussi jeune que toi,

Si soixante ans ne nous séparaient pas.

Su Shi: Pour le Nouveau-Marié

Tu as quatre-vingts ans et elle en a dix-huit;

Tes cheveux blancs font ressortir son beau visage.

Quand deux oiseaux s'accouplent au lit à la nuit,
Le poirier fleuri donne au pommier bel ombrage.

    我先把这两首诗的原文给了翁帆和陈寒，要她们自己译成英文或法文，然后再对照我的译文加以修改，这样也许可以得到"长江后浪推前浪"的效果吧。

    我在翁帆和陈寒的论文中似乎看到了"中国世纪"的曙光。美国《新闻周刊》有一期的封面上写着：21世纪是中国世纪。我想，中国世纪不仅包括经济方面的崛起，还应该包括科技的发展和文化的复兴，文学翻译理论的建立正是中国文化在全世界崛起的先声。如果说杨振宁和李政道是20世纪中国科学走向世界的开路人，那在翁帆和陈寒这一代人身上，我就看到了"中国文化世纪"的曙光。

逝水余波

> 对于中国知识分子的评价，并不以他们在学术上、艺术上的成就而定，却以他们的政治、社会地位而定。
>
> ——杨宪益

冯友兰先生的女公子宗璞去香港中文大学讲学，谈到冯先生《新原人》中的四种境界：自然境界，功利境界，道德境界，天地境界，举了我的著作《追忆逝水年华》中联大学生对境界的讨论为例。我在献词中就写道：

幸从冯师早闻道，
乐得劫余逍遥游。

所谓同道，首先是指这四种境界。简单说来，自然境界指不自觉的精神状态，功利境界指为私的状态，道德境界指为公的状态，而天地境界则指纯理性的精神状态。联系到翻译上来说，翻译而不理解，逐字硬译是自然境界，抢译畅销书是功利境界，把翻译当任务是道德境界，从必然王国到自由王国是天地境界。所谓闻道，还指听过冯先生讲《哲学与诗》："诗写可以感觉的东西，但却在里面显示出不可以感觉的，甚至是不可思议的东西。诗的含蕴越多越好。满纸'美'呀，读来不美，这是下乘；写'美'也使人觉得美，那是中乘；不用'美'字却使人感到美，才是'上乘'。"联系到翻译上来，"形似"是"下乘"，"意似"是"中乘"，"神似"是"上乘"。按照这些道理译诗，就可以从必然王国进入自由王国，在天地境界逍遥游了。早在五十年前，我就听过冯先生讲道，但一直到"文革"劫后，才能理论联系实践。

吴宓先生的女公子学昭正在整理吴先生的日记，需要《追忆逝水年华》参考作注，我又写上两句：

幸从吴师少年游，
译诗方得惊人句。

吴先生说过："真境与实境迥异，而幻境之高者即为真境。"应用到翻译上来，我认为形似是实境，意译接近幻境，神似是意译的最高境界，接近真境。吴先生还要我们熟读英诗，这样才能从"实境"通过"幻境"进入"真境"，从机械唯物主义通过浪漫主义进入理想的现实主义，这样才能译出"得意忘形"的妙句。

和我同从吴师少年游的有赵瑞蕻、杨苡夫妇，赵是五十年前第一个翻《红与黑》的译者，他的翻译思想和我的有所不同，所以我送他们《追忆》时写了两句：

五十年来《红与黑》，
谁红谁黑谁明白？

《文汇读书周报》1995年发表了他和我的论战，例如同一句法文，他译成"我喜欢树荫"，我译成"大树底下好乘凉"；他赞成市长夫人"去世"了，我赞成"魂归离恨天"。我认为这两个译例典型地说明了"实境"与"真境"的区别。"喜欢树荫"是实境，但如果经过幻境，想象一下市长为什么"喜欢树荫"，那就会进入真境，知道市长喜欢树荫是因为大树底下好乘凉了。同样的道理，"去世"也是实境，是指自然死亡；如果通过幻境想象一下：市长夫人也是自然死亡吗？回答却是"含恨而死"，"含恨而死"还找得到比"魂归离恨天"更好的译文吗？所以说"魂归离恨天"进入了真境。我和瑞戏学长通信时，他还补充了一件往事，说吴宓先生上"欧洲文学史"点名点到"金丽珠"时，用英文说了一句"A beautiful name！"（一个美丽的名字）。现在回想起来，名字也是"实境"，通过回忆的显微镜看一下这个亭亭玉立的女学生，真境应该是"一个美人"！美国诗人弗洛斯特说过："诗说一指二"，吴先生是诗人，所以说的是"名"，指的是"人"。

吴先生（欧洲文学史）班上学生还有诗人杜运燮，他是《九叶集》诗人之一，我给他的题词就把屈原的《湘夫人》改了一下：

袅袅兮秋风，
滇池波兮九叶下。

吴先生在清华研究院指导的研究生中，有女词人茅于美。于美是茅以升先生的女公子,联大同班徐璇的夫人。早在20世纪40年代,她就出版了《夜珠词》和《海贝词》,冯至先生说她是当代的李清照。她和璇兄都曾和我同听闻一多、朱自清几位先生的"大一国文"。我的题词是把贺铸的《青玉案》改为:

锦瑟华年曾共度,听我追忆春知处。

吴先生的研究生中,还有历史系毕业的何兆武,他出版了英文专著《中国思想发展史》,对中西文化交流作出了贡献。他是少数在清华大学做研究工作的联大校友,我送他的题词是:

当年春城梦蝴蝶,今日清华听杜鹃。

联大中文系汪曾祺(已故)、外文系赵全章(已故)、袁可嘉(《九叶集》诗人)都对外文系女同学施松卿有意,我见到一张他们四个人在桂树前的照片。后来施成了汪夫人,我给他们的题词是:

同是联大人,
各折月宫桂。

清华研究生端木正和我同船赴欧,我还旁听了他在巴黎大学取得国际法博士学位的答辩会。回国后他任中山大学教授,参加了香港基本法的起草工作,担任过最高法院副院长。我给他写了两句:

香港回归在今年，
基本法规有萧曹。

留法同学吴冠中送了我一本《谈艺录》，第9页上说："扬弃了今天已不必要的被动地拘谨地对对象的描摹……尽情发挥和创造美的倾城，这是绘画发展中的飞跃。"我觉得这话如果应用于翻译，就可以说：扬弃了"形似"的描摹，创造性地发挥译语的优势，是翻译艺术的飞跃。因此，我在送他的题词中说：

诗是抽象的质，
画是具体的诗。

联大物理系同学朱光亚和我同在昆明天祥中学任教，我们同去阳宗海度过假，同在一起打过桥牌，他无论叫牌或打牌，计算都很精确，无怪乎他后来对我国的核事业作出了重要的贡献。我给他题词是：

当年桥战阳宗海，
今日核弹上青天。

南开大学化学系申泮文在天祥任教，也同去过阳宗海，现在是中科院化学部院士。我给他的题词是：

译学也是化学，
化原文为译文。

联大工学院同班王希季，夫人聂秀芳是天祥校友，所以我们是双重关系。王希季是我国回收卫星的总设计师，回收安全率达到百分之百，超过了美国和苏联。我给他的题词是：

卫星是天上的诗词，
诗词是人间的明星。

留法同学徐采栋是我中学同班，他在法国取得博士学位回国后，发表了许多炼钢的论著。20世纪50年代我国提出钢铁生产要赶美超英，现在跃居世界第一，有他的功劳在。他是中科院院士，曾任贵州省副省长，现在是九三学社中央第一副主席。我给他写了一联：

亿吨钢铁百年梦，
赶美追日乘东风。

还有一个中学同学张燮，中学数学竞赛就是全省第一；入联大后，又是工学院的状元。考微分方程时，很多人不及格，他却只用半小时就交头卷，且得满分，真是聪颖超群。毕业后他和理学院杨振宁一同考取公费留美，回国后在云南大学任教。1957年杨振宁得诺贝尔物理学奖时，张燮却不知为什么被打成了"右派"，使他超群的才智得不到发挥，真是国家的损失。他的夫人黄庆龄也是天祥校友，我给他的题词是：

南昌春，昆明秋，
回首往事已白头。

以上提到的都是我的同代人。至于新一代，我给南京大学许钧教授用法文写了一句："Creer, c'est la seule joie digne de l'homme."意思是说：只有创造的乐趣才值得人去追求。在翻译上，我和许钧有三大分歧：第一，在认识论方面，他认为翻译是科学，我认为是艺术；第二，在方法论方面，他强调"再现原作风格"，我强调"发挥译语优势"；第三，在目的论方面，他认为翻译的目的是交流文化，我却认为交流的目的是双方得到提高。

《追忆逝水年华》在《清华校友丛书》、《联大校友会刊》、台北《中国时报》等报刊选载之后，得到杨振宁1997年3月6日从美国来信说："渊冲兄：多年不见，近来偶然看到你写的《追忆逝水年华》中的两段和你《回忆录》稿之一段，很希望看到全文。今年6月初我会来清华大学访问数日，如果那时你在北京，望能见面。"得信之后，我立刻将书寄去，并且写了两句：

三十年代老同学，
二十世纪超前人。

"超前人"是说他的成就超越了前人，又可以说他的"场论"是超前于时代的。还用英文写了两句：

科学是多中见一，
艺术是一中见多。

"多"指现象，"一"指本质或规律。这就是说，科学从千变万化的现象中总结出简单明了的规律来，而艺术却用千变万化的现象来解释简单明了的本质。振宁得书后回信说：

收到你的《追忆逝水年华》与三月十六日的信。又看到你近年来的书目，惊喜你成绩累累……内子杜致礼和我将于五月二十日去香港，住中文大学宿舍；将于五月二十八日到北京，住清华大学，会给你打电话。见面当能畅谈。

振宁　一九九七年四月二日

见面后的情况，前面已经谈到。振宁在北京大学作了"美与物理学"的报告，我说他沟通了科学和艺术。他对现代派艺术的欣赏力远远在我之上。《追忆逝水年华》英文本出版后，我又给他和致礼寄去两本，并用英文写下了德国哲学家叔本华的一句话：

Art is greater than science ; science can get along with talents, but art requires genius.

（艺术高于科学；人才可以取得科学成就，艺术却需要天才。）

《追忆逝水年华》中的女同学林同端和美国国家工程院院士李耀滋结了婚。我寄书给她的时候，用英文写了一句我们当年同唱的一支施特劳斯的华尔兹舞曲：

Do you remember one day when were young？

（你还记得我们年轻的时候吗？）

得到我寄去的书，耀滋先生1997年3月14日来信说："同端这几个月记性减退,写字发抖,因此嘱我代笔。多年的老同学,承你垂念……凑巧本月大波士顿区中华文化协会通讯上登了一篇有关我们的生活的短文,其中也有昆明岁月一段,提到阳宗海,为此同端让我剪下寄给你作纪念。你们那次去阳宗海夏令营,我从各方面都听说过。先是我的父母盛夸同端,……说来说去,只有你写的最诗意,究竟是诗人嘛。"

我们那次在阳宗海夏令营,有个男同学和同端打赌。他在桌上摆了四张扑克牌,说他在门外,随便同端挪哪一张,他都可以猜到。同端不信,等他出去后,她摸了一下第一张牌,于是有人叫门外的同学:"来呀!"男同学一回来就说是第一张,又出去了。同端摸第二张,那人又叫:"来看呀!"男同学又猜对了。同端摸第三张,那人叫道:"来猜呀!"结果猜得不错。最后摸第四张,那人再叫:"快来呀!"四次都猜对了,于是同端认输,被罚在晚会上唱一支歌。她不知道,两个男同学是合伙戏弄她的,"来""看""猜""快"是一二三四的暗号。在晚会上,她找了两个最要好的女同学合唱:一个是李宗蕖,另一个是何申。

李宗蕖原来是外文系的学生,后来转心理系。《吴宓日记》1942年5月6日中有记载:"李宗蕖心理系四年级女生,似缃(指周珏良夫人方缃),可爱。"宗蕖有自己的见解,和老师的不同,老师给她59.5分。她宁可不拿毕业文凭,也不改变自己的观点。她和我南昌二中的老同学程应镠结婚后,两人感情很好。我们打桥牌时,应镠打错了牌怪她,她也从不争辩,和联大时完全不同。我寄书给她,在书中结合往事写道:

宗蕖记否:阳宗烟雨,鹅塘月色,柳丝难钓万点愁!

她回信说:"读到大作,一是佩服你的记忆力、洞察力,一是为了那份真情所感动,仿佛那时的生活又回到眼前。小儿子念祺读了说:'为什么我就没有能在这样的学校、这样的学术气氛中生活过?'……我也在联大学习、生活过,怎么就写不出这样的文章呢?"

宗蕖夫妇和我同在昆明天祥中学任教,后都在上海师范大学。《追忆逝水年华》中的如萍原来是天祥中学学生,现在听说也在上海。我就请宗蕖代为打听,并寄了一本书去请她转交,书中写了一句苏东坡的诗"事如春梦了无痕"。宗蕖寄来回信告诉我:"她(如萍)电话说我不必去她家,也不给你回音了。因为她'要平静',说我一定能理解这心情和情况。我'唔'了一声,其实并不理解。我说旧日的情谊,现在都进入老年了,作为友谊,这是很可贵的。她说不,书也不必寄去,什么时候'或许'会来我处取,但说不一定。于是相互道声'再见',挂断了电话。唉,我可怜的古老的中国啊!'要平静'她说了三遍。我的小女儿说许叔叔听了一定很高兴,我不这么想。在两个家庭间建立友谊该多好!那才令人高兴的!"五十多年前的往事还会打破她的平静!是内心的平静,还是家庭的平静呢?

曾在天祥中学任教的谢光道最欣赏如萍和小芬,说她们是女学生中的飞燕和玉环。我们谈到:如果有情人都成了眷属,能把天祥中学发展成为清华那样的大学,那就可以终老于斯乡了。后来他任中国空军气象研究所副所长,我在赠给他的书上写道:

当年清华天祥梦,
今日改天换地声。

天祥的有情人成了眷属的有彭国焘和丽莎，我改动了情圣李后主的词句赠给他们：

春花秋月无时了，
往事知多少！

彭兄曾任天祥校友会会长，他的接班人是七级校友、云南大学中国文学系教授杨玉宾，我给她写了两句：

曾饮昆明水，
难忘天祥情。

八级校友陈若兰曾得天祥中学全校总分第一名，我赠给她的话是：

滇水流不尽，
总是故园情。

我给洛阳外国语学院的年轻教授们也留下了艾略特的英文题词：

The progress of an artist is a continual self-sacrifice to what is more valuable.

（艺术家的前进历程就是为了更高的价值而不断作出自我牺牲。）

对北京大学的年轻教授辜正坤,我的题词是另外两句英文:

Art never improves,but the material of art is never quite the same.(T.S.Eliot)

(艺术永远不会改进,但是艺术的素材不会永远一样。——艾略特)

No man is equal to his books into which go the best products of his mental activity and where they are separated from the mass of inferior products with which they are mingled in his daily life.(Will Durant)

(没有人比得上他自己的书,人的精华都在书中,日常生活却渗入了大量的糟粕。——杜朗特)

这就是我逝水年华流不尽的余波。

后记

九十年代领风骚，
二十世纪登顶峰。

到了20世纪90年代，中国对外翻译出版公司约我翻译美国亨利·泰勒的《飞马腾空》。这本诗选在1986年得了普利策诗歌奖，是我翻译的唯一一本现代诗集。现将主题诗抄录如下：

一片树叶随风侧着飘飞，
来及时挽救残余的一天；
我像噼啪响的鞭子被举起来，
在梳理过的地面上打拍子，
这样才能学会如何训练

自己抛弃必须超越的技巧。
有时我用手掬起水来，

看着水从手指间漏掉，
岁月使我的手成了筛子，
但变化的世界顷刻间停止

飞行，又再一次倾向太阳，
仿佛要打断无心的跃进，
不再飞过不复返的工作和时光。
我一动不动地在晴空中，
在换腿之间的刹那里暂停。

　　我联大的同班、诗人杜运燮读后说："一口气读了几首，很喜欢，也得到不少启发。虽然泰勒的诗从未读过，但他的写诗主张与风格，却觉得是'一见如故'，因为我对诗的看法与他略似。比如我也主要用现代口语写诗，避免用旧诗词的套语；也写生活中的普通事物（我喜欢写咏物诗）；在形式上，除写自由诗外，多数也'力求完善'。总的说，我觉得他的诗颇合我的口味。你的译诗，一贯重视'形'，从这本新作中也可看出你的功力。"

　　至于法国文学名著，1990年，南京译林出版社出版了普鲁斯特的《追忆逝水年华》七大厚册，其中第三册是潘丽珍和我合译，其实是她译我校的。1992年，译林又出版了我重译的《包法利夫人》。福楼拜的这本名著也有李健吾的名译，《法汉翻译教程》中曾大加引用。现在将第一部第六章回忆艾玛的修道院生活的两种译文摘抄于后，以便比较：

　　浪漫主义的忧郁，回应大地和永生，随时随地，发出嘹亮的哭诉,她头几回听了,十分入神!……她看惯安静风物,反转过来,喜好刺激。她爱海只爱海的惊涛骇浪,爱青草仅仅爱青草遍生于废墟之间。她必须从事物得到一种切身利益;凡不直接有助于她的感情发泄的,她就看成无用之物,弃置不顾——正因为天性多感,远在艺术爱好之上,她寻找的是情绪,并非风景。(李译)

她头几回多么爱听这些反映天长地久、此恨绵绵的浪漫主义的悲叹哀鸣啊!……过惯了平静的日子,她反倒喜欢多事之秋。她爱大海,只是为了海上的汹涌波涛;她爱草地,只是因为青草点缀了断壁残垣。她要求事物投她所好;凡是不能立刻满足她心灵需要的,她都认为没有用处;她多愁善感,而不倾心艺术,她寻求的是主观的情,而不是客观的景。(许译)

1993年,湖南文艺出版社出版了我重译的《红与黑》。前言中说:"我曾作了一个独一无二的试验,就是把中国的《诗经》、《楚辞》、唐诗、宋词、元曲中的一千多首古诗,译成有韵的英文;再将其中的二百首唐宋诗词译成有韵的法文,结果发现一首中诗英译的时间大约是英诗法译时间的十倍。这就大致说明了:中英或中法文之间的差距,大约是英法文差距的十倍,中英或中法互译,比英法互译大约要难十倍。因此,能够解决英法互译问题的理论,恐怕只能解决中英或中法互译问题的十分之一。由于世界上似乎还没有出版过一本外国人把外文译成中文的文学作品,因此,解决世界上最难的翻译问题,就只能落在中国译者身上了。"这就是说,只有解决了三种以上中西文字互译问题的人,才有可能登上国际译坛的顶峰。

20世纪90年代，我出版了四本世界文学名著；80年代也出版了四本；加上50年代两本，一共是十本世界名著；再加上十本中国古典文学名著的英法译本，正好是二十部。这就是说，还不到20世纪末，我已经提前完成了翻两番的目标。

不过，我20世纪90年代更重要的译著是《诗经》和《楚辞》。1992年，北京大学出版社出版了我的英文翻译专著《中诗英韵探胜——从〈诗经〉到〈西厢记〉》。书中选了《诗经》十篇、《楚辞》五篇、汉魏晋诗十五首、唐宋诗词六十五首、《西厢记》词曲五篇，每篇配了两种以上的英译文，还和英诗作了比较。《博览群书》1993年第二期对书作了简介，说中西文化竞赛的金牌，在秦汉唐宋的黄金时代几乎全都落在中国人手里。得主中有帝王将相，如项羽、刘邦；有文化名人，如李白、杜甫；有才子佳人，如苏东坡、李清照；有平民百姓，如《古诗十九首》《孔雀东南飞》的作者等。直到欧洲文艺复兴，金牌才落到西方诗人手里。这就是说，在中西文化竞赛场上，有一千几百年都是"东风压倒西风"。

"人间春色第一枝"是《诗经》，主要发源地是河南。河南人民出版社就在1992年出版了《诗经·国风欣赏》和《诗经·雅颂欣赏》，取名为《人间春色第一枝》。1993年，湖南出版社又出版了《诗经》汉英对照本。我在译序中说：

一些诗有不同的解释，难分高下。如《周南·卷耳》，余冠英说："这是女子怀念征夫的诗。她在采卷耳的时候想起了远行的丈夫，幻想他在上山了，过冈了，马病了，人疲了，又幻想他在饮酒自宽。"钱锺书认为这不是幻想，而是实事："作诗之人不必即诗中所咏之人，妇与夫皆诗中人，诗人代言其情事，故名曰'我'。……夫为一篇之主而妇为宾也。男女两人处两地而情事一时，批尾家谓之'双管齐下'，章回小说谓之'话分两头'。"从真的观点看来，钱说更高；但从美的观点来看，则又以余说为上，因为"不言己之怀人，而愈见怀人情笃"。因此，我在河南译本中采用余说，而在湖南译本中则采用钱说。这样更可以看出《诗经》内涵的丰富。

美国加州大学韦斯特教授读了《诗经》后说，许译读来是种乐趣。1994年，中国文学出版社出版了我的《诗经》英译本，作为《楚辞》发源地的湖南出版了我的《离骚》，所以我说"九十年代领风骚"了。

除了这五六本书之外，北京大学出版社还在1990年出版了我译的《唐宋词一百五十首》，外文出版社又在1992年出版了我译的《西厢记》。在《西厢记》英译本的序言中，我把这个名剧和莎士比亚的《罗密欧与朱丽叶》作了简单的比较："《西厢记》和莎剧

2000年许渊冲（右4）在《唐诗三百首》出版座谈会上发言，右2为诗人杜运燮，3最高法院副院长端木正，5教育部周副部长，7北大英语系主任胡壮麟，8英语系辜正坤博士（曾选修许渊冲文学翻译课程），右1为北京交通大学教授孙田庆教授（解放军外国语学院毕业，和熊光楷同班）。

情节都很曲折，但《西厢记》的曲折是内心的，莎剧是外界的。人物性格的刻画，《西厢记》描写外在形象，更加生动；莎剧描写内在情感，更加深刻。至于文辞，《西厢记》善用抽象迭词、历史典故，如'绿依依''静悄悄''离恨天'等；莎剧善用具体形象、双关文字，如'我心情沉重，只愿拿轻轻的火把'就在玩弄'轻重''光暗'等字。"美国北卡州大学希顿教授读后说，许译《西厢记》才华横溢，是诗体译文的典范。

1994年是我诗画结合的一年。1月，桂林漓江出版社出版了《埃及艳后》插图本；3月，新加坡教育出版公司出版了《词画》，其中六十多首词都是我的译文。此前一年中国对外翻译出版公司出版了《毛泽东诗词选》五十首，配上电视片《诗人毛泽东》，也可算是更高的"诗画结合"了。这样一算，20世纪90年代我又出版了十本书，加上前面的二十本，可以说是"书销中外三十本"。

除了这三十本书之外，我还发表了五六十篇论文：1984年以前的收入《翻译的艺术》论文集，由中国对外翻译出版公司出版，主要提出了"译诗三美论"和"发挥译语优势论"；1984年以后的收入《文学翻译谈》，由台北书林出版有限公司出版，主要提出了"文学翻译是两种语言的竞赛"和文学翻译的公式是"一加一大于二"等观点。

我的三十本书出版之后，请了几个中学、大学、留学时期的老同学会餐，到了端木正、林宗基、陈舜礼、徐采栋几对夫妇。《毛泽东诗词四十二首》出版时，端木正就说这是世界上第一本英法合译。《唐诗三百首》出版后，林宗基说我已经进入历史，但他反对我自称"书销中外三十本，诗译法英唯一人"，认为好话要等别人来说。我却觉得这是中西文化的不同：西方投票选举自己，中国以前只选别人。在"武大郎开店"的时代，如果开烧饼品尝会，武二

后记

2014年8月2日，在德国柏林召开的第二十届世界翻译大会上，国际翻译家联盟2014"北极光"杰出文学翻译奖授予了许渊冲。

自然可以推选武大参加；如果开打虎会，武二也不投自己一票，而选哥哥，那岂不是要让武大像烧饼一样给老虎吃掉！

20世纪是科学技术高度发达的世纪，自然科学继承和发展了19世纪的伟大业绩。爱因斯坦的相对论、海森堡的量子力学以及原子能发电、计算机和遗传工程学的技术进步等，都是人类智慧和创造力的硕果，但是这些硕果并没有给西方带来政治上和军事上的胜利。西方的文化如果要用一个字来概括，那就是一个"利"字；如果要用一句话来说明，那就是《圣经》中的"己之所欲，亦施于人"。而中国的文化，如果要用一个字来概括，那就是一个"义"字；如果要用一句话来说明，那就是《论语》中说的"己所不欲，勿施于人"。但自"文化大革命"以来，中国传统文化受到了极大的破坏。旧的被破坏了，新的没有建立，遇到西方的物质文明，就不得不节节败退，让痞子文化流行于世。中国能否吸收外来文化，兼容并包，那就要看中国传统的融和力和中华民族的生命力了。

日本《读卖月刊》1994年1月号说："20世纪在文化方面没给我们这一代留下多少有益的东西。"又说："当中国在21世纪具备了与其人口和面积相称的影响力时，中国文明将在世界文化中占有重大的比重。"因此，在20世纪末，把中国文化的精粹《诗经》、《楚辞》、唐诗、宋词、元曲等译成外文，就是为中国文化登上世界文坛的宝座开辟道路。但在前进的征途中，我已经是"前不见古人"了，但愿：

长江后浪推前浪，一代新人胜旧人！